Organverantwortlichkeit für Finanzanlagegeschäfte in der AG

Stefan Hammerschmidt

Organverantwortlichkeit für Finanzanlagegeschäfte in der AG

Springer

Stefan Hammerschmidt
Linz, Österreich

Johannes Kepler Universität Linz, Dissertation 2015

ISBN 978-3-658-11391-9   ISBN 978-3-658-11392-6 (eBook)
DOI 10.1007/978-3-658-11392-6

Die Deutsche Nationalbibliothek verzeichnet diese Publikation in der Deutschen Nationalbi-
bliografie; detaillierte bibliografische Daten sind im Internet über http://dnb.d-nb.de abrufbar.

Springer

Gedruckt auf säurefreiem und chlorfrei gebleichtem Papier

Springer Fachmedien Wiesbaden ist Teil der Fachverlagsgruppe Springer Science+Business Media
(www.springer.com)

Alle wissenschaftlichen Angaben zu den Forschungsergebnissen in diesem Buch erfolgen nach sorgfältiger Bearbeitung und ohne Gewähr. Eine Haftung des Autors oder des Verlags diesbezüglich ist ausgeschlossen.

Inhaltsverzeichnis

Abkürzungsverzeichnis...XI

Einleitung... 1

A. Finanzinstrumente im Unternehmensvermögen – eine ökonomische Betrachtung. 3

B. Sorgfaltspflichten des Vorstands bei der Veranlagung von Gesellschaftsvermögen 5

I. Prinzipielle Zulässigkeit des Erwerbs von Wertpapieren zu Anlagezwecken 5

II. Die allgemeinen Sorgfaltspflichten des Vorstands im AktG...................................... 7
  1. Der Sorgfaltsmaßstab des § 84 AktG... 7
  2. Nähere Konkretisierung der Sorgfaltspflichten durch § 70 Abs. 1 AktG.................... 9
  3. Conclusio.. 10

III. Der Vorstand als Vermögensverwalter der AG?.. 11
  1. Allgemeines.. 11
  2. Charakteristika und Pflichten eines professionellen Vermögensverwalters i.S.d. WAG
     2007.. 12
    a. Portfolioverwaltung i.S.d. WAG 2007... 12
    b. Allgemeine Pflichten.. 12
    c. Informationseinholung und Eignung der Portfolioverwaltungsdienstleistung......... 13
    d. Grundsätze ordnungsgemäßer Vermögensverwaltung.. 14
    e. Informations- und Berichtspflichten.. 14
    f. Bestmögliche Durchführung der Dienstleistung (Best Execution) 15
  3. Direkte Anwendung der im WAG 2007 normierten Sorgfaltspflichten? 16
  4. Konkretisierung des Sorgfaltsmaßstabs im Bezug auf Veranlagungsgeschäfte 16

IV. Die Sorgfaltspflichten des fremdvermögensverwaltenden Vorstands 20
  1. Verpflichtung zur ehrlichen, redlichen und professionellen Leistungserbringung im
     bestmöglichen Interesse der Gesellschaft?... 20
  2. Definieren der Anlageziele und des Veranlagungsvolumens 23
  3. Eruieren einer geeigneten Veranlagungsstrategie und Asset Allocation 24
    a. Allgemeines... 24
    b. Tragbarkeit des Anlagerisikos unter Berücksichtigung des Anlagezwecks............. 25
    c. Berücksichtigung des Anlagehorizonts 26
    d. Berücksichtigung des Investitionsvolumens 27
    e. Asset Allocation 27
  4. Auswahl der einzelnen Veranlagungstitel 28
  5. Grundsätze ordnungsgemäßer Unternehmensportfolioverwaltung........................... 29
    a. Allgemeines... 29
    b. Pflicht zur Heranziehung von betriebs- bzw. finanzwirtschaftlichen
       Veranlagungsmethoden? 29
    c. Spekulationsverbot 30
    d. Gebot der Diversifikation 32

 e. Pflicht zur produktiven Fremdvermögensverwaltung 36
6. Sorgfaltsanforderung bei Durchführung der Wertpapiertransaktion 37

V. Der Ermessensspielraum des Vorstands im Zusammenhang mit
 Wertpapiergeschäften **39**
 1. Allgemeines 39
 2. Ermessensspielraum des Vorstands bei der Erstellung einer Veranlagungsstrategie ... 43
  a. Bewusste unternehmerische Entscheidung 43
  b. Angemessene Informationsbasis 44
  c. Unbefangenheit des Vorstands 47
  d. Handeln zum Wohle der Gesellschaft 47
 3. Ermessensspielraum des Vorstands bei der Einzeltitelauswahl 48
  a. Bewusste unternehmerische Entscheidung 48
  b. Angemessene Informationsbasis 49
   aa. Allgemeines 49
   bb. Eigenständige Analyse 49
   cc. Ratings als ausreichende Informationsgrundlage? 52
  c. Unbefangenheit des Vorstands 55
   aa. Entgegennahme von Vorteilen 55
   bb. In-sich-Geschäfte 56
  d. Handeln zum Wohle der Gesellschaft 58

VI. Beiziehung externer Wertpapierdienstleister **58**
 1. Prinzipielle Zulässigkeit 58
  a. Allgemeines 58
  b. Beiziehung eines Anlageberaters 59
  c. Beiziehung eines Vermögensverwalters 61
 2. Die Pflichten des Vorstands bei Beiziehung eines Anlageberaters bzw. bei
  Beauftragung eines Vermögensverwalters 62
  a. Allgemeines 62
  b. Sorgfältige Auswahl 62
  c. Informations- und Vorgabepflichten des Vorstands 65
   aa. Informationspflichten 65
   bb. Pflicht zur Vereinbarung einer Anlagerichtlinie? 67
  d. Überwachungs- und Kontrollpflichten 67
   aa. Allgemeines 67
   bb. Bei Beiziehung eines Anlageberaters 68
   cc. Bei Beiziehung eines Vermögensverwalters 68

VII. Verhalten bei Verfehlung der Veranlagungsziele **71**

VIII. Berichtspflicht gegenüber dem Aufsichtsrat und Einholung der notwendigen
 Zustimmung **72**

C. Sorgfaltspflichten des Aufsichtsrats bzgl. der Überwachung des am Finanzmarkt
 tätigen Vorstands **75**

I. Allgemeines **75**

II. Veranlagungsgeschäfte als Teil des Aufsichtsbereichs? **75**

III. Retrospektive Überwachungs- und Kontrollpflichten des Aufsichtsrats 76
1. Inhalt der Überwachungspflichten 76
2. Beurteilungskriterien 78

IV. Begleitende Überwachungs- und Beratungspflichten des Aufsichtsrats 80

V. Zustimmungspflichtige Geschäfte 81
1. Die Veranlagungsstrategie bzw. der Wertpapiererwerb als zustimmungspflichtiges
   Geschäft? 81
   a. Zustimmungspflicht gem § 95 Abs. 5 Z. 1 AktG? 81
   b. Zustimmungspflicht gem § 95 Abs. 5 Z. 4 AktG? 81
   c. Zustimmungspflicht gem § 95 Abs. 5 Z. 6 AktG? 82
   d. Zustimmungspflicht kraft Satzung oder Aufsichtsratsbeschlusses 83
2. Maßstab für die Erteilung der Zustimmung 83

VI. Sonderfall: Überwachungsaufgaben des Aufsichtsrats bei Beiziehung eines
    Vermögensverwalters 84

VII. Ermessensspielraum des Aufsichtsrats im Zusammenhang mit
     Wertpapiergeschäften 85
1. Bewusste unternehmerische Entscheidung 85
2. Angemessene Informationsbasis 86
3. Unbefangenheit des Aufsichtsrats 87
4. Handeln zum Wohle der Gesellschaft 88

D. Schaden 89

I. Art und Umfang des Schadenersatzes 89

II. Schadensbemessung und maßgeblicher Zeitpunkt 90

E. Kausalität und Adäquanz 93

F. Rechtswidrigkeitszusammenhang 95

G. Verschulden 97

H. Beweislastverteilung 99

I. Allgemeines 99

II. Schaden, Kausalität und Adäquanz 99

III. Rechtswidrigkeit und Verschulden 99

I. Haftungsverteilung innerhalb und zwischen den Gesellschaftsorganen 103

I. Allgemeines 103

II. Haftungsverteilung innerhalb des mehrgliedrigen Vorstands 103

1. Rechtslage bei Gesamtgeschäftsführung... 103
2. Rechtslage bei Ressortverteilung 104

III. Haftungsverteilung innerhalb des Aufsichtsrats 106

IV. Haftungsverteilung zwischen den Gesellschaftsorganen........................... 107

J. Verjährung 109

K. Geltendmachung von Schadenersatzansprüchen 111

Zusammenfassung der wesentlichsten Erkenntnisse 113

Literaturverzeichnis... 115

Entscheidungsverzeichnis... 123

Abkürzungsverzeichnis

A2d	Atlantic Reporter Second Series
AA	Abänderungsantrag
a.A.	anderer Ansicht
ABGB	Allgemeines Bürgerliches Gesetzbuch
ABl.	Amtsblatt
Abs.	Absatz
AcP	Archiv für die civilistische Praxis
AG	Aktiengesellschaft
AktG	Aktiengesetz
ARA	Aufsichtsrat Aktuell (Zeitschrift)
ArbVG	Arbeitsverfassungsgesetz
Aufl.	Auflage
BB	Betriebs-Berater (Zeitschrift)
BGE	Entscheidungen des Schweizerischen Bundesgerichts
BGH	(deutscher) Bundesgerichtshof
BKR	Zeitschrift für Bank- und Kapitalmarktrecht
Blg.	Beilage(n)
bspw.	beispielsweise
bzgl.	bezüglich
bzw.	beziehungsweise
CFO	Chief Financial Officer
D&O-Versicherung	Directors-and-Officers-Versicherung
dAktG	deutsches Aktiengesetz
DB	Der Betrieb (Zeitschrift)

DCGK	Deutscher Corporate Governance Kodex
Del.	Delaware, Supreme Court of
DStR	Deutsches Steuerrecht (Zeitschrift)
DZWIR	Deutsche Zeitschrift für Wirtschafts- und Insolvenzrecht
EB	Erläuternde Bemerkungen
EG	Europäische Gemeinschaft
EGT	Ergebnis der gewöhnlichen Geschäftstätigkeit
etc.	et cetera
EU	Europäische Union
EvBl	Evidenzblatt der Rechtsmittelentscheidungen, in: Österreichische Juristen-Zeitung
f.	folgend (-e; -er)
ff.	und die folgenden
FMA	(österreichsche) Finanzmarktaufsicht
FN.	Fußnote
FS	Festschrift
GES	Zeitschrift für Gesellschaftsrecht und angrenzendes Steuerrecht
GesRZ	Der Gesellschafter, Zeitschrift für Gesellschafts- und Unternehmensrecht
GmbH	Gesellschaft mit beschränkter Haftung
GP	Gesetzgebungsperiode
GuV	Gewinn- und Verlustrechnung
h.L.	herrschende(n) Lehre
Hrsg.	Herausgeber
HS	Handelsrechtliche Entscheidungen

i.d.R.	in der Regel
InvFG 2011	Investmentfondsgesetz 2011
IOSCO	International Organization of Securities Commissions
i.S.d.	im Sinne des
i.V.m.	in Verbindung mit
JBl	Juristische Blätter
KMG	Kapitalmarktgesetz
KSzW	Kölner Schrift zum Wirtschaftsrecht
leg. cit.	legis citatae
lit.	litera
MiFID	Markets in Financial Instruments Directive
NJW	Neue Juristische Wochenschrift
NR	Nationalrat
Nr.	Nummer
NZ	Österreichische Notariats-Zeitung
NZG	Neue Zeitschrift für Gesellschaftsrecht
ÖBA	Österreichisches Bankarchiv (Zeitschrift)
ÖCGK	Österreichischer Corporate Governance Kodex
OGH	Oberster Gerichtshof
ÖJZ	Österreichische Juristen-Zeitung
OLG	Oberlandesgericht
PSR	Privatstiftungsrecht (Zeitschrift)
RdA	Das Recht der Arbeit (Zeitschrift)
RdW	Österreichisches Recht der Wirtschaft (Zeitschrift)
RV	Regierungsvorlage

Rz.	Randziffer
SEC	United States Securities and Exchange Commission
sog.	sogenannt (-e; -er; -es)
SZ	Entscheidungen des österreichischen Obersten Gerichtshofes in Zivil- (und Justizverwaltungs-) sachen
UGB	Unternehmensgesetzbuch
UMAG	Gesetz zur Unternehmensintegrität und Modernisierung des Anfechtungsrechts
u.U.	unter Umständen
vgl.	vergleiche
WAG 2007	Wertpapieraufsichtsgesetz 2007
wbl	Wirtschaftsrechtliche Blätter, Beilage zu den Juristischen Blättern
WiPolBl	Wirtschaftspolitische Blätter
WM	Zeitschrift für Wirtschafts- und Bankrecht
WpHG	(deutsches) Wertpapierhandelsgesetz
Z.	Ziffer
Zak	Zivilrecht aktuell (Zeitschrift)
z.B.	zum Beispiel
ZBB/JBB	Zeitschrift für Bankrecht und Bankwirtschaft/Journal of Banking Law and Banking
ZFR	Zeitschrift für Finanzmarktrecht
ZfRV	Zeitschrift für Rechtsvergleichung
ZfS	Zeitschrift für Stiftungswesen
ZGR	Zeitschrift für Unternehmens- und Gesellschaftsrecht
ZHR	Zeitschrift für das gesamte Handelsrecht und Wirtschaftsrecht

ZIK	Zeitschrift für Insolvenzrecht und Kreditschutz
ZIP	Zeitschrift für Wirtschaftsrecht

Einleitung

Seit Ausbruch der Weltwirtschaftskrise im Jahre 2008 ist die Thematik der Organhaftung verstärkt in den Fokus der Öffentlichkeit gerückt. Dies nicht zuletzt deswegen, da auch namhafte Unternehmen nicht mehr davor zurückschrecken, gerichtlich gegen ihre ehemaligen Vorstandsmitglieder vorzugehen[1]. Wie die Praxis zeigt, sind aber auch Angehörige des Aufsichtsrats nicht vor Regressforderungen wegen etwaigen Sorgfaltswidrigkeiten gefeit[2].

Ein weiterer wesentlicher Grund für die häufigere Inanspruchnahme ehemaliger Organmitglieder dürfen auch in der rasanten Ausbreitung von Directors-and-Officers-Versicherungen (kurz: D&O-Versicherungen) zu erblicken sein. Sofern als Haftpflichtversicherung ausgestaltet, verpflichtet sich hier der Versicherer dazu, etwaige Schadenersatzverpflichtungen der Vorstands- oder Aufsichtsratsmitglieder zu erfüllen[3]. Die Wahrscheinlichkeit, dass es tatsächlich zu einem vollständigen Schadensausgleich kommt, ist bei Vorhandensein einer derartigen Versicherung für die geschädigte Gesellschaft natürlich ungleich höher, muss sie sich doch nicht auf das Privatvermögen des sorgfaltswidrig handelnden Organs beschränken, sondern kann gegebenenfalls auch in die Masse des finanziell potenten Versicherers exekutieren[4].

Die Thematik der Organhaftung wurde auch in der rechtswissenschaftlichen Lehre ausführlich behandelt. Zahlreiche wissenschaftliche Arbeiten beschäftigen sich mit der Frage, wie das in den §§ 84 und 99 AktG für Vorstands- bzw. Aufsichtsratsmitglied normierte Sorgfaltsgebot auszulegen ist und wie weit der den Verantwortlichen zugestandene Ermessensspielraum reicht. Anhand der allgemeinen Ausführungen zur Maßfigur des ordentlichen und gewissenhaften Geschäftsleiters wurde auch versucht, die Sorgfaltsanforderung für bestimmte Situationen, mit denen sich die Organangehörigen im Geschäftsalltag häufig konfrontiert sehen, näher herauszuarbeiten. Beispielhaft seien hier etwa die Zulässigkeit von Spendenleistungen aus Gesellschaftsmitteln durch den Vorstand[5] bzw. die Verhaltensstandards des Aufsichtsrats bei Unternehmensübernahmen[6] genannt.

---

[1] Siehe etwa: http://derstandard.at/1318461304854/Rail-Cargo-Austria-OeBB-wollen-Ex-Manager-im-Gueterverkehr-klagen (04.03.2014).
[2] Siehe etwa: http://kaernten.orf.at/news/stories/2505353/(04.03.2014).
[3] Vgl. *P. Doralt/W. Doralt* in Semler/v. Schenck, Arbeitshandbuch für Aufsichtsratsmitglieder[3] (2009) § 13 Rz. 217.
[4] *Harrer*, Grundlagen der Organhaftung, in: Artmann/Rüffler/U. Torggler, Die Organhaftung (2013) 6; vgl. *Gruber*, Aktienrechtliche Zulässigkeit einer D&O-Versicherung, GesRZ 2012, 93 (98).
[5] Siehe etwa: *Schlosser*, Die Organhaftung der Vorstandsmitglieder der Aktiengesellschaft (2002) 42 f.; *Kort* in Hopt/Wiedemann, Aktiengesetz Großkommentar[4] (2008) Band 3, § 76 Rz. 65 ff.
[6] Siehe etwa: *Hödl* in Kalss/Kunz, Handbuch für den Aufsichtsrat (2010) § 26.

Bis heute im Bereich der Organverantwortlichkeit kaum beachtet wurde hingegen die Thematik der Veranlagung von Unternehmensvermögen am Kapitalmarkt. Nur vereinzelt finden sich in der Lehre diesbezüglich Ausführungen[7].

Die vorliegende Arbeit hat es sich zum Ziel gesetzt, jene Sorgfaltsanforderungen herauszuarbeiten, welche Vorstands- bzw. Aufsichtsratsmitglieder im Zusammenhang mit Finanzanlagegeschäften erfüllen müssen, um im Falle von Verlusten vor Regressforderungen der Aktiengesellschaft geschützt zu sein. Die Untersuchung dieser Verhaltenspflichten stellt das Kernstück der Dissertation dar. Selbstverständlich werden jedoch auch die übrigen Elemente der klassischen Schadenersatzprüfung näher erörtert, wobei insbesondere geklärt werden soll, wann vom Vorliegen eines Schadens ausgegangen werden kann, unter welchen Umständen der Kausal- und Rechtswidrigkeitszusammenhang gegeben sind bzw. wen ein Verschulden an der verlustreichen Vermögensveranlagung trifft.

---

[7] Siehe etwa: *Bauer* in Kalss/Kunz, Handbuch für den Aufsichtsrat (2010) § 40; *Kalss*, Verantwortlichkeit von Vorstand und Aufsichtsrat bei Verwendung von Finanzinnovationen, in: Jahrbuch Wirtschaftsstrafrecht und Organverantwortlichkeit 2012, 143; *Fleischer/Schmolke*, Klumpenrisiko im Bankenaufsichts-, Investment- und Aktienrecht, ZHR 2009, 649; *Fleischer* in Fleischer/Goette, Münchener Kommentar zum GmbH-Gesetz (2012) Band 2, § 43 Rz. 96.

A. Finanzinstrumente im Unternehmensvermögen – eine ökonomische Betrachtung

Bevor auf die rechtlichen Rahmenbedingungen, die es als Unternehmensleiter beim An- und Verkauf von Veranlagungstiteln zu beachten gilt, näher einzugehen ist, sollen im Folgenden die ökonomischen Motive für derartige Geschäfte näher beleuchtet und gegenüber anderweitigen Einsatzmöglichkeiten von Finanzinstrumenten abgegrenzt werden. Generell kann deren Erwerb durch die Geschäftsleitung zu drei unterschiedlichen Zwecken erfolgen.

Zum einen besteht die Möglichkeit, auf diese Weise momentan nicht für den eigentlichen Gesellschaftsgegenstand benötigtes Kapital zu veranlagen und dieses somit vor einem Kaufkraftverlust zu schützen. Mit dieser Thematik beschäftigt sich auch die vorliegende Arbeit.

Im Bereich der Unternehmensfinanzierung wird ebenfalls häufig auf Kapitalmarktinstrumente zurückgegriffen, um etwa der Gefahr von Zahlungsausfällen entgegenzuwirken[8] und so die Finanzkraft der Gesellschaft langfristig zu stabilisieren[9]. Darüber hinaus können gewisse Arten von Produkten zur Absicherung der operativen Tätigkeit dienen[10]. Insbesondere Unternehmen, welche im Rahmen ihres Produktionsbetriebs gewisse Rohstoffe benötigen, sind bspw. daran interessiert, diese zu einem möglichst konstanten Preis zu beziehen[11]. Durch den Einsatz von Futures oder Optionen kann das Risiko eines späteren Wertanstiegs entschärft werden. Bei ersteren verpflichtet sich etwa ein Vertragspartner, zu einem künftigen Zeitpunkt eine bestimmte Menge der benötigten Ressource zu einem vorher festgelegten Preis anzubieten[12]. Vom Bereich der Kapitalanlage unterscheiden sich derartige Geschäfte somit bereits hinsichtlich der Zielsetzung. Hier steht der Aspekt der Risikoabsicherung im Mittelpunkt und nicht die Erwirtschaftung von Erträgen. Kein taugliches Abgrenzungskriterium ist hingegen die Art des akquirierten Finanzprodukts. So werden etwa Derivate, wie bspw. Futures nicht nur als Hedgeinstrumente, sondern auch zu Spekulationszwecken eingesetzt[13].

Ein weiteres potentielles Interesse der Geschäftsleitung könnte darin bestehen, mittels großflächigen Anteilserwerbs eine unternehmerische Beteiligung zu schaffen bzw. eine bereits bestehende Verbindung auszubauen. Die betriebswirtschaftliche Motivation, welche derartigen Transaktionen zugrunde liegt, wird von Fall zu Fall verschieden sein. Ist die Gesellschaft etwa auf einen Zulieferer angewiesen, z.B. weil nur dieser die benötigten Waren anbietet oder ein

---

[8] *Kalss*, Verantwortlichkeit von Vorstand und Aufsichtsrat bei Verwendung von Finanzinnovationen, in: Jahrbuch Wirtschaftsstrafrecht und Organverantwortlichkeit 2012, 143 (146).

[9] *Randow*, Derivate und Corporate Governance, ZGR 1996, 594 (601).

[10] *Kalss*, Verantwortlichkeit von Vorstand und Aufsichtsrat bei Verwendung von Finanzinnovationen, in: Jahrbuch Wirtschaftsstrafrecht und Organverantwortlichkeit 2012, 143 (144).

[11] Vgl. *Dryander/Apfelbach* in Habersack/Mühlbert/Schlitt, Unternehmensfinanzierung am Kapitalmarkt (2008) § 22 Rz. 14.

[12] *Bauer* in Kalss/Kunz, Handbuch für den Aufsichtsrat (2010) § 40 Rz. 103 f.

[13] *Bauer* in Kalss/Kunz, Handbuch für den Aufsichtsrat (2010) § 40 Rz. 110.

Wechsel des Vertragspartners mit übermäßigen Kosten verbunden wäre, so kann es für die Geschäftsleitung durchaus Sinn machen, mittels Beteiligung auf die Unternehmensführung Einfluss zu nehmen und dadurch die mit einem derartigen Abhängigkeitsverhältnis typischerweise einhergehenden Gefahren zu reduzieren[14].

Daneben ist es auch denkbar, dass der Anteilserwerb zur Erschließung neuer Geschäftsfelder dient. Auf diese Weise kann sich das Unternehmen schnell in attraktiven Märkten betätigen, ohne dass langwierige Aufbauarbeit geleistet werden muss[15]. Der Erwerb von Unternehmensanteilen zu Anlagezwecken unterscheidet sich von derartigen Transaktionen insbesondere hinsichtlich der Beteiligungshöhe. Da eine strategische Beteiligung darauf abzielt, Einfluss auf die Unternehmensleitung auszuüben, bedarf es hier eines relativ hohen Beteiligungsgrades. Beim Wertpapiererwerb zu Anlagezwecken wird der Vorstand hingegen eher darauf bedacht sein, nicht nur Anteile eines einzigen Unternehmens zu akquirieren sondern das Portfolio entsprechend zu diversifizieren. Dem Aspekt der Risikominimierung wird hier somit Vorrang vor etwaigen Einwirkungsmöglichkeiten eingeräumt[16].

---

[14] Vgl. *Haeseler*, Beteiligungen aus betriebswirtschaftlicher Sicht, wbl 1989, 52 (53).
[15] Vgl. *Haeseler*, Beteiligungen aus betriebswirtschaftlicher Sicht, wbl 1989, 52 (54).
[16] Vgl. diesbezüglich zur Portfolioverwaltung: *Benicke*, Wertpapiervermögensverwaltung (2006) 22.

B. Sorgfaltspflichten des Vorstands bei der Veranlagung von Gesellschaftsvermögen

I. Prinzipielle Zulässigkeit des Erwerbs von Wertpapieren zu Anlagezwecken

Im Zusammenhang mit dem Erwerb von Wertpapieren aus Unternehmensmitteln stellt sich zunächst die Frage, unter welchen Umständen ein solcher überhaupt zulässig ist. Zwar kommt dem Vorstand die Aufgabe zu, die Geschäfte der Aktiengesellschaft „unter eigener Verantwortung" (siehe § 70 Abs. 1 AktG) zu führen, doch wäre es verfehlt daraus abzuleiten, dass er bzgl. der Frage, worin vorhandenes Gesellschaftskapital investiert wird, keinerlei Einschränkungen unterliegt. Insbesondere an den in der Satzung festgelegten Unternehmensgegenstand (siehe § 17 Z. 2 AktG) ist der Vorstand bei derartigen Entscheidungen gebunden[17]. Dieser beschreibt die Art der wirtschaftlichen Tätigkeit, welcher das Unternehmen nachgeht bzw. nachzugehen plant[18].

Wird in der Satzung nun ausdrücklich festgehalten, dass das An- und Verkaufen von Finanztiteln zu Anlagezwecken – wenn auch in einer nur untergeordneten Rolle – zum unternehmerischen Wirkungsbereich der Gesellschaft gehört, steht die prinzipielle Zulässigkeit des Wertpapiererwerbes außer Frage. In der Praxis sind derartige Regelungen aber wohl eher selten.

Es gilt somit zu klären, ob der die Veranlagung tätigende Vorstand nur dann sorgfaltsgemäß handelt, wenn ihm derartige Geschäfte ausdrücklich durch die Satzung (und den darin festgelegten Unternehmensgegenstand) gestattet werden. Dies ist letztlich zu verneinen, zumal durch die Festlegung eines Unternehmensgegenstandes i.d.R. nur der Schwerpunkt des wirtschaftlichen Handelns definiert wird. Die Vornahme von anderweitigen Geschäften, sofern diese die Haupttätigkeit(en) unterstützen, ist daher zulässig[19]. Wie bereits erwähnt soll durch die Veranlagung von Gesellschaftsmitteln jenes Kapital vor einer inflationsbedingten Abwertung geschützt werden, welches vorläufig nicht für Anschaffungen bzw. Aufwendungen im gewöhnlichen Geschäftsfeld der AG benötigt wird. Da im Falle einer erfolgreichen Umsetzung eines Anlagekonzeptes der Realwert des Portfolios am Ende des

---

[17] *Heidlinger/Schneider* in Jabornegg/Strasser, Kommentar zum Aktiengesetz[5] (2010) § 17 Rz. 16; *Gruber* in Doralt/Nowotny/Kalss, Kommentar zum Aktiengesetz[2] (2012) § 17 Rz. 12; *Schlosser*, Die Organhaftung der Vorstandsmitglieder der Aktiengesellschaft (2002) 17; *Spindler* in Goette/Habersack/Kalss, Münchener Kommentar zum Aktiengesetz[3] (2008) Band 1, § 23 Rz. 86.

[18] *Heidlinger/Schneider* in Jabornegg/Strasser, Kommentar zum Aktiengesetz[5] (2010) § 17 Rz. 13; *Gruber* in Doralt/Nowotny/Kalss, Kommentar zum Aktiengesetz[2] (2012) § 17 Rz. 10; *Schlosser*, Die Organhaftung der Vorstandsmitglieder der Aktiengesellschaft (2002) 17.

[19] *Hüffer*, Aktiengesetz[11] (2014) § 23 Rz. 24; in diesem Sinne auch *Gruber* in Doralt/Nowotny/Kalss, Kommentar zum Aktiengesetz[2] (2012) § 17 Rz. 11, welche unter dem Gegenstand der Gesellschaft jene Geschäfte versteht, „die die AG nicht bloß vorübergehend oder vereinzelt betreibt".

Investitionszeitraumes zumindest gleich hoch ist wie zu Beginn, können diese Mittel anschließend ohne jeglichen Kaufkraftverlust bzw. u.U. sogar mit geringfügigen Zuwächsen wieder für den eigentlichen Gegenstand des Unternehmens aufgewendet werden. Der Erwerb von Wertpapieren zu Anlagezwecken ist somit als eine den geschäftlichen Schwerpunkt unterstützende Tätigkeit zu qualifizieren, welche vom Vorstand selbst dann vorgenommen werden darf, wenn dies nicht ausdrücklich in der Satzung der AG normiert ist[20].

Wird ein Teil des Gesellschaftsvermögens aktuell nicht benötigt, so trifft das Leitungsorgan sogar die Pflicht, das Kapital vor einem inflationsbedingten Wertverlust zu schützen. Dies muss freilich nicht zwangsläufig durch das Akquirieren von Anlageinstrumenten geschehen, doch wird die Geschäftsleitung hierin häufig eine attraktive Investitionsmöglichkeit sehen. Kommt es nämlich auf Grund von Inaktivität zu Realverlusten, stellt dies ebenfalls eine Sorgfaltspflichtverletzung dar[21].

Unzulässig wäre es hingegen, wenn der Vorstand den An- und Verkauf von Finanztiteln in einer Art und Weise betreiben würde, welche über eine reine Hilfsfunktion hinausgeht. Dies wäre etwa dann der Fall, wenn auch Kapital, welches eigentlich im Rahmen der unternehmerischen Kerntätigkeit des Unternehmens benötigt wird, in den Aufbau eines Finanzportfolios fließt. Gleiches gilt, wenn die Geschäftsleitung bei der Festlegung der Renditeziele die eigentliche Intention des Veranlagungsgeschäfts, nämlich den Inflationsausgleich sowie die Erwirtschaftung geringfügiger, weitestgehend risikolos erzielbarer Zuwächse[22] aus den Augen verliert und stattdessen eine übermäßig aggressive Anlagepolitik verfolgt. Wäre dies der Fall, würde er damit einen neuen, zusätzlichen Unternehmensgegenstand schaffen und somit den in der Satzung festgelegten Wirkungsbereich der Aktiengesellschaft unzulässigerweise abändern[23]. Die Befugnis zur Vornahme einer solche Satzungsänderung kommt nämlich ausschließlich der Hauptversammlung zu (siehe § 145 Abs. 1 AktG).

---

[20] So auch: *Winner* in Goette/Habersack/Kalss, Münchener Kommentar zum Aktiengesetz³ (2011) Band 4, § 179 Rz. 244; *Kalss*, Verantwortlichkeit von Vorstand und Aufsichtsrat bei Verwendung von Finanzinnovationen, in: Jahrbuch Wirtschaftsstrafrecht und Organverantwortlichkeit 2012, 143 (151); ähnlich in Bezug auf spekulative Finanzgeschäfte: *Hölters* in Hölters, Aktiengesetz² (2014) § 93 Rz. 159.
[21] Vgl. *Strasser* in Jabornegg/Strasser, Kommentar zum Aktiengesetz⁵ (2010) § 70 Rz. 8.
[22] Vgl. diesbezüglich für die Privatstiftung: *Hofmann*, Überlegungen zur Verantwortung des Stiftungsvorstands bei Investitionsentscheidungen, PSR 2010, 173 (177).
[23] Vgl. zur Schutzfunktion des in der Satzung festgelegten Unternehmensgegenstandes: *Heidlinger/Schneider* in Jabornegg/Strasser, Kommentar zum Aktiengesetz⁵ (2010) § 17 Rz. 16; *Gruber* in Doralt/Nowotny/Kalss, Kommentar zum Aktiengesetz² (2012) § 17 Rz. 12.

II. Die allgemeinen Sorgfaltspflichten des Vorstands im AktG

1. Der Sorgfaltsmaßstab des § 84 AktG

§ 84 AktG normiert in Form einer Generalklausel[24] jene Sorgfalt, welche der Vorstand einer Aktiengesellschaft im Rahmen seiner Tätigkeit aufzubringen hat. Jede Entscheidung, die der Unternehmensleiter während seiner Organschaft trifft, ist an der Maßfigur eines ordentlichen und gewissenhaften Geschäftsleiters zu messen[25]. Die Veranlagung von Gesellschaftskapital stellt hierbei selbstredend keine Ausnahme dar. Bei besagtem Leitbild handelt es sich um einen objektiven, normativen Maßstab, welcher großteils jenen Anforderungen ähnelt, die das Gesetz an Sachverständige stellt (siehe § 1299 ABGB)[26]. Schon vor der Übernahme eines Vorstandsmandats hat der Geschäftsführer darauf zu achten, dass er die für seine Position erforderlichen Fähigkeiten besitzt[27]. Entscheidet sich der Vorstand dafür, Teile des Unternehmensvermögens in Wertpapiere zu investieren, kann er sich somit nicht im Nachhinein mit der Behauptung, er sei diesbezüglich kein Fachmann, exkulpieren[28]. Bereits leicht fahrlässiges Handeln des Organwalters ist ausreichend, um bei Vorliegen der übrigen Voraussetzungen für sämtliche Schäden, wie etwa im Zusammenhang mit Veranlagungsentscheidungen, gegenüber der Gesellschaft regresspflichtig zu werden[29].

Bei der näheren Konkretisierung der Maßfigur des ordentlichen und gewissenhaften Geschäftsleiters ist insbesondere auf die Situation innerhalb des Unternehmens, wie die Größe, die finanziellen Verhältnisse und die Art des Gesellschaftsgegenstandes, aber auch auf externe Faktoren, wie die nationale und internationale Wirtschaftslage Rücksicht zu nehmen[30].

Der im AktG normierte Maßstab gleicht dem eines Treuhänders, welcher fremde Vermögensinteressen zu vertreten hat[31]. Eine derartige fremdvermögensverwaltende Tätigkeit

---

[24] *Strasser* in Jabornegg/Strasser, Kommentar zum Aktiengesetz[5] (2010) §§ 77-84 Rz. 95; *Schlosser*, Die Organhaftung der Vorstandsmitglieder der Aktiengesellschaft (2002) 27.

[25] *Strasser* in Jabornegg/Strasser, Kommentar zum Aktiengesetz[5] (2010) §§ 77-84 Rz. 95; *Nowotny* in Doralt/Nowotny/Kalss, Kommentar zum Aktiengesetz[2] (2012) § 84 Rz. 4; *Ratka/Rauter*, Handbuch Geschäftsführerhaftung[2] (2011) Rz. 9/144.

[26] *Frotz*, Grundsätzliches zur Haftung von Gesellschaftsorganen und für Gesellschaftsorgane, GesRZ 1982, 98 (103).

[27] *Strasser* in Jabornegg/Strasser, Kommentar zum Aktiengesetz[5] (2010) §§ 77-84 Rz. 98; *Ratka/Rauter*, Handbuch Geschäftsführerhaftung[2] (2011) Rz. 9/148.

[28] Vgl. dazu allgemein: *Strasser* in Jabornegg/Strasser, Kommentar zum Aktiengesetz[5] (2010) §§ 77-84 Rz. 95; *Nowotny* in Doralt/Nowotny/Kalss, Kommentar zum Aktiengesetz[2] (2012) § 84 Rz. 4; OGH 10.01.1978, 3 Ob 536/77, SZ 46/113 = HS 11.291 = HS 11.302 = HS 11.305.

[29] *Strasser* in Jabornegg/Strasser, Kommentar zum Aktiengesetz[5] (2010) §§ 77-84 Rz. 98; *Nowotny* in Doralt/Nowotny/Kalss, Kommentar zum Aktiengesetz[2] (2012) § 84 Rz. 6; *Schlosser*, Die Organhaftung der Vorstandsmitglieder der Aktiengesellschaft (2002) 110; vgl. OGH 31.10.1973, 1 Ob 179/73, SZ 46/113 = EvBl 1974/83 = NZ 1974, 190 = HS 8451.

[30] *Strasser* in Jabornegg/Strasser, Kommentar zum Aktiengesetz[5] (2010) §§ 77-84 Rz. 95; *Völkl*, Der österreichische Corporate-Governance-Kodex im Licht der §§ 70 und 84 Aktiengesetz, GesRZ 2003, 73 (73); *Ratka/Rauter*, Handbuch Geschäftsführerhaftung[2] (2011) Rz. 9/141.

[31] *Ratka/Rauter*, Handbuch Geschäftsführerhaftung[2] (2011) Rz. 9/139; *Schlosser*, Die Organhaftung der Vorstandsmitglieder der Aktiengesellschaft (2002) 29; *Hüffer*, Aktiengesetz[11] (2014) § 93 Rz. 6; *Spindler* in Goette/Habersack/Kalss, Münchener Kommentar zum Aktiengesetz[4] (2014) Band 2, § 93 Rz. 25.

kann jedoch nur dann sinnvoll ausgeübt werden, wenn im Rahmen von Haftungsfragen klar zwischen pflichtwidrigem Verhalten und unternehmerischen Fehlentscheidungen differenziert wird[32]. Alleine die Tatsache, dass die Gesellschaft auf Grund der vom Vorstand getroffenen Veranlagungsentscheidungen einen Schaden erlitten hat, macht diesen somit noch nicht automatisch ersatzpflichtig, da ihn ansonsten das Unternehmerrisiko treffen würde. Eine derartige Erfolgshaftung der Organe ist dem österreichischen AktG aber fremd[33]. Aus den Ausführungen von Judikatur und Lehre lassen sich jedoch einige Kriterien ableiten, die wohl jedenfalls gegeben sein müssen, damit sich der Vorstand auf jenen Handlungsfreiraum berufen kann. So hat es sich etwa um eine unternehmerische Entscheidung[34] zu handeln, die sich ausschließlich am Gesellschaftswohl orientiert[35] und welche nach Schaffung einer entsprechenden Informationsgrundlage[36] und ohne Berücksichtigung etwaiger Eigeninteressen[37] getroffen wurde. Jener Ermessensspielraum weist durchaus Ähnlichkeiten mit dem aus dem US-amerikanischen Raum stammenden Rechtsinstitut der Business Judgement Rule auf[38]. Abhängig von der konkreten Ausprägung besagt jenes Prinzip, dass die klagende Partei eine Sorgfaltswidrigkeit des Managements beweisen muss bzw. dass pflichtgemäßes Verhalten unwiderlegbar vermutet wird, sofern der Geschäftsleiter im Vorfeld gewisse Verhaltensstandards beachtet hat[39].

Festzuhalten ist, dass es sich bei der in § 84 Abs. 1 Z. 1 AktG normierten Generalklausel um eine zwingende gesetzliche Regelung handelt[40]. Selbst durch Satzung oder Vertrag besteht daher nicht die Möglichkeit, das Maß an erforderlicher Sorgfalt anzuheben und dem Geschäftsleiter jenes Risiko aufzubürden, welches typischerweise mit der Verfolgung

---

[32] *Strasser* in Jabornegg/Strasser, Kommentar zum Aktiengesetz[5] (2010) §§ 77-84 Rz. 98a; vgl. *Ratka/Rauter*, Handbuch Geschäftsführerhaftung[2] (2011) Rz. 9/140.

[33] So die völlig herrschende Auffassung: *Strasser* in Jabornegg/Strasser, Kommentar zum Aktiengesetz[5] (2010) §§ 77-84 Rz. 98a; *Nowotny* in Doralt/Nowotny/Kalss, Kommentar zum Aktiengesetz[2] (2012) § 84 Rz. 6; *Ratka/Rauter*, Handbuch Geschäftsführerhaftung[2] (2011) Rz. 9/140; *Schlosser*, Die Organhaftung der Vorstandsmitglieder der Aktiengesellschaft (2002) 28; OGH 31.10.1973, 1 Ob 179/73, SZ 46/113 = EvBl 1974/83 = NZ 1974, 190 = HS 8451.

[34] OGH 26.02.2002, 1 Ob 144/01k, RdW 2002, 342 = GES 2002, 26 = GesRZ 2002, 86 = ZIK 2002, 92 = wbl 2002, 325 = ecolex 2003, 34 = SZ 2002/26; Jabornegg/Strasser, Kommentar zum Aktiengesetz[5] (2010) §§ 77-84 Rz. 98a; *Schlosser*, Die Organhaftung der Vorstandsmitglieder der Aktiengesellschaft (2002) 28.

[35] *Ratka/Rauter*, Handbuch Geschäftsführerhaftung[2] (2011) Rz. 9/152, 9/177; *Nowotny* in Doralt/Nowotny/Kalss, Kommentar zum Aktiengesetz[2] (2012) § 70 Rz. 11, 15; *Schima*, Organ-Interessenkonflikte und Corporate Governance, GesRZ 2003, 199 (200).

[36] *Strasser* in Jabornegg/Strasser, Kommentar zum Aktiengesetz[5] (2010) §§ 77-84 Rz. 95; *Kalss* in Goette/Habersack/Kalss, Münchener Kommentar zum Aktiengesetz[4] (2014) Band 2, § 93 Rz. 346.

[37] *Schima*, Organ-Interessenkonflikte und Corporate Governance, GesRZ 2003, 199 (200); *Schlosser*, Die Organhaftung der Vorstandsmitglieder der Aktiengesellschaft (2002) 57; *Ratka/Rauter*, Handbuch Geschäftsführerhaftung[2] (2011) Rz. 9/251; siehe für die GmbH: OGH 09.01.1985, 3 Ob 521/84, GesRZ 1986, 97 = HS 16.256 = 16.869.

[38] Siehe dazu die Ausführungen in Kapitel B.V.

[39] *Kapsch/Grama*, Business Judgement Rule: Pflichtwidrige oder bloß unglückliche Geschäftsentscheidung? ecolex 2003, 524 (525).

[40] *Nowotny* in Doralt/Nowotny/Kalss, Kommentar zum Aktiengesetz[2] (2012) § 84 Rz. 2; *Ratka/Rauter*, Handbuch Geschäftsführerhaftung[2] (2011) Rz. 9/145.

wirtschaftlicher Interessen einhergeht[41]. Auch eine Regelung, welche die Sorgfaltspflichten des Vorstands im Vergleich zur gesetzlichen Bestimmung abmildert, wäre als unzulässig zu qualifizieren[42].

2. Nähere Konkretisierung der Sorgfaltspflichten durch § 70 Abs. 1 AktG

Einen Anhaltspunkt zur näheren Konkretisierung der Sorgfaltspflicht bietet § 70 Abs. 1 AktG[43]. Dort werden diverse Interessengruppen genannt, welche der Vorstand bei seinen Entscheidungen – und somit auch bei der Veranlagung von Gesellschaftsvermögen – stets zu berücksichtigen hat.

Im Mittelpunkt dieser Interessengruppen steht natürlich zunächst das Wohl des Unternehmens. Ziel des Vorstands muss es sein, den Fortbestand der Gesellschaft und deren Liquidität dauerhaft zu sichern[44]. Der langfristigen Bestandssicherung wird somit Vorrang vor einer kurzfristigen Gewinnmaximierung eingeräumt[45]. Will der Vorstand Teile des Unternehmensvermögens veranlagen, um diese vor einer Entwertung durch die Inflation zu schützen, so muss er besagte Zielvorgabe dabei stets im Auge behalten. Wählt er hingegen eine Veranlagungsstrategie, welche auf Grund ihres Risikopotentials sogar den Fortbestand des Unternehmens gefährdet, handelt er jedenfalls sorgfaltswidrig[46].

Aktionäre werden von § 70 Abs. 1 AktG ebenfalls als berücksichtigungswürdige Interessengruppe genannt. Dies kann insofern zu Problemen führen, als sich deren Bedürfnisse nicht zwangsläufig mit jenen der Gesellschaft decken müssen. So wird ein spekulierender Aktionär wohl eher an einer möglichst hohen Dividende interessiert sein, als an einer kontinuierlichen Wertentwicklung des Unternehmens[47]. Derartige Einzelinteressen sind vom Vorstand bei seiner Geschäftsführung allerdings nicht zu berücksichtigen[48]. Ausschlaggebend ist lediglich das objektive Aktionärsinteresse[49]. Dieses deckt sich weitestgehend mit dem Wohl

---

[41]   Ratka/Rauter, Handbuch Geschäftsführerhaftung² (2011) Rz. 9/146; Hopt in Hopt/Wiedemann, Aktiengesetz Großkommentar⁴ (2008) Band 3, § 93 Rz. 23 ff.; Hüffer, Aktiengesetz¹¹ (2014) § 93 Rz. 2.

[42]   Strasser in Jabornegg/Strasser, Kommentar zum Aktiengesetz⁵ (2010) §§ 77-84 Rz. 99, Ratka/Rauter, Handbuch Geschäftsführerhaftung² (2011) Rz. 9/145; Spindler in Goette/Habersack/Kalss, Münchener Kommentar zum Aktiengesetz⁴ (2014) Band 2, § 93 Rz. 27.

[43]   Schlosser, Die Organhaftung der Vorstandsmitglieder der Aktiengesellschaft (2002) 28.

[44]   Strasser in Jabornegg/Strasser, Kommentar zum Aktiengesetz⁵ (2010) §§ 70 Rz. 24; Nowotny in Doralt/Nowotny/Kalss, Kommentar zum Aktiengesetz² (2012) § 70 Rz. 11; Mertens/Can in Zöllner/Noack, Kölner Kommentar zum Aktiengesetz³ (2010) Band 2/1, § 76 Rz. 21; Kort in Hopt/Wiedemann, Aktiengesetz Großkommentar⁴ (2008) Band 3, § 76 Rz. 52.

[45]   Ratka/Rauter, Handbuch Geschäftsführerhaftung² (2011) Rz. 9/156.

[46]   Siehe dazu allgemein: Schlosser, Die Organhaftung der Vorstandsmitglieder der Aktiengesellschaft (2002) 29; Ratka/Rauter, Handbuch Geschäftsführerhaftung² (2011) Rz. 9/140; Kort in Hopt/Wiedemann, Aktiengesetz Großkommentar⁴ (2008) Band 3, § 76 Rz. 51 f.

[47]   Schlosser, Die Organhaftung der Vorstandsmitglieder der Aktiengesellschaft (2002) 24; vgl. Ratka/Rauter, Handbuch Geschäftsführerhaftung² (2011) Rz. 9/163.

[48]   Strasser in Jabornegg/Strasser, Kommentar zum Aktiengesetz⁵ (2010) §§ 70 Rz. 24.

[49]   Nowotny in Doralt/Nowotny/Kalss, Kommentar zum Aktiengesetz² (2012) § 70 Rz. 12; Ratka/Rauter, Handbuch Geschäftsführerhaftung² (2011) Rz. 9/163 ff.

des Unternehmens, weshalb auch aus der Aktionärsperspektive die langfristige Rentabilität der AG im Mittelpunkt steht[50]. Ist der Vorstand bei der Auswahl der Wertpapiere somit auf kurzfristige Gewinne aus und vernachlässigt dabei die langfristige Perspektive der Vermögensanlage, agiert er pflichtwidrig. Ein Anreiz für ein derartiges Handeln könnte etwa dann entstehen, wenn sich die Höhe der Vorstandsvergütung anhand bestimmter Kennzahlen (z.B. Börsenkurs oder Jahresgewinn) an einem Stichtag bemisst[51].

Auch Arbeitnehmerinteressen gilt es bei der Unternehmensleitung zu beachten. Die Belegschaft ist jedoch ebenfalls primär an einem langfristig gesicherten und finanziell stabilen Unternehmen interessiert[52], zumal deren persönliche Verhältnisse maßgeblich dadurch beeinflusst werden. So ist etwa der Erhalt von Arbeitsplätzen wesentlich von der wirtschaftlichen Lage der Gesellschaft abhängig[53].

Abschließend nennt § 70 Abs. 1 AktG noch das öffentliche Interesse, welches der Vorstand im Rahmen seiner Tätigkeit berücksichtigen muss. Werden bei der Ausübung der Leitungsbefugnis die entsprechenden gesetzlichen Regelungen eingehalten, so ist dem Gemeinwohl damit aber i.d.R. Genüge getan[54], weshalb auf diesen Punkt bei der hier behandelten Problematik nicht näher einzugehen ist.

3. Conclusio

Ein Blick auf die Literatur und Rechtsprechung zur Sorgfaltspflicht des Vorstands zeigt somit, dass einige allgemeine Grundsätze existieren, welche auch bei der Veranlagung von Gesellschaftsvermögen von Bedeutung sind. Darüber hinaus herrscht bislang aber Unklarheit, welche konkreten Pflichten die Geschäftsleitung beim Erwerb von Anlageprodukten treffen. So ist zwar wohl unstrittig, dass sich das Leitungsorgan sowohl bei Erstellung eines Investitionskonzepts als auch bei der Auswahl der einzelnen Finanztitel stets am Unternehmenswohl[55] orientieren muss, jedoch bleibt nach dem bisherigen Stand der Lehre weitestgehend offen, unter welchen Voraussetzungen dieses Erfordernis als erfüllt anzusehen ist. Gleiches gilt für die Frage, welche Kenntnisse das Leitungsorgan hinsichtlich eines

---

[50] *Nowotny* in Doralt/Nowotny/Kalss, Kommentar zum Aktiengesetz[2] (2012) § 70 Rz. 11 f.; *Ratka/Rauter*, Handbuch Geschäftsführerhaftung[2] (2011) Rz. 9/167; *Kort* in Hopt/Wiedemann, Aktiengesetz Großkommentar[4] (2008) Band 3, § 76 Rz. 53.
[51] Vgl. *Ratka/Rauter*, Handbuch Geschäftsführerhaftung[2] (2011) Rz. 9/172.
[52] *Strasser* in Jabornegg/Strasser, Kommentar zum Aktiengesetz[5] (2010) §§ 70 Rz. 25; *Schlosser*, Die Organhaftung der Vorstandsmitglieder der Aktiengesellschaft (2002) 24 f.
[53] *Ratka/Rauter*, Handbuch Geschäftsführerhaftung[2] (2011) Rz. 9/174.
[54] *Nowotny* in Doralt/Nowotny/Kalss, Kommentar zum Aktiengesetz[2] (2012) § 70 Rz. 14.
[55] Siehe zu dieser allgemeinen Verpflichtung: *Ratka/Rauter*, Handbuch Geschäftsführerhaftung[2] (2011) Rz. 9/152, 9/177; *Nowotny* in Doralt/Nowotny/Kalss, Kommentar zum Aktiengesetz[2] (2012) § 70 Rz. 11, 15; *Kalss* in Goette/Habersack/Kalss, Münchener Kommentar zum Aktiengesetz[4] (2014) Band 2, § 93 Rz. 346.

Anlageobjekts besitzen muss, um als angemessen informiert[56] zu gelten. Im weiteren Verlauf der Untersuchung ist nun zu klären, ob eine Präzisierung des allgemeinen Sorgfaltsmaßstabes unter Heranziehung anderweitiger Normen möglich ist.

III. Der Vorstand als Vermögensverwalter der AG?

1. Allgemeines

Wie bereits erwähnt, ist die Frage, welche Sorgfalt der Vorstand einer Aktiengesellschaft an den Tag zu legen hat, wenn er Teile des ihm anvertrauten Vermögens in Wertpapiere investiert, noch weitestgehend ungeklärt. Das AktG und die diesbezügliche Literatur liefern nur grobe Anhaltspunkte, anhand derer der Sorgfaltsmaßstab konkretisiert werden kann. Auch Rechtsprechung existiert in diesem Zusammenhang (soweit ersichtlich) nicht.

Da der Vorstand die Anlageprodukte nicht auf eigene Rechnung sondern für die AG erwirbt, liegt es nahe zu fragen, welche Pflichten jene Personen treffen, die eine solche Dienstleistung hauptberuflich erbringen. Angesichts der Tatsache, dass der Vorstand weitestgehend selbständig arbeitet und einen etwaigen An- bzw. Verkauf von Finanzanlageprodukten ohne vorherige Rücksprache mit den Eigentümern des Gesellschaftsvermögens vornehmen darf, stellt sich die Frage, ob eine derartige Tätigkeit nicht als Vermögens- bzw. Portfolioverwaltung i.S.d. § 1 Z. 2 lit. d WAG 2007 zu qualifizieren ist. Wäre dies der Fall, so könnten die gesetzlichen Pflichten, die im Rahmen der Ausübung dieser Dienstleistung zu beachten sind, Aufschluss darüber geben, welche Sorgfalt der Geschäftsleiter bei dem Aufbau und der Verwaltung des Wertpapierbestandes einer AG an den Tag zu legen hat.

Im Folgenden werden nun zunächst die wesentlichsten Charakteristika und Pflichten eines professionellen Vermögensverwalters skizziert. Daran anschließend gilt es zu klären, ob die Regelungen des WAG 2007 auch für einen auf dem Wertpapiermarkt tätigen Vorstand zur Anwendung gelangen bzw. – sofern dies zu verneinen ist – inwieweit jene Normen zur Präzisierung des in § 84 AktG festgelegten Verhaltensmaßstabs herangezogen werden können.

---

[56] Siehe zu dieser allgemeinen Verpflichtung: *Strasser* in Jabornegg/Strasser, Kommentar zum Aktiengesetz[5] (2010) §§ 77-84 Rz. 95; *Kapsch/Grama*, Business Judgement Rule: Pflichtwidrige oder bloß unglückliche Geschäftsentscheidung? ecolex 2003, 524 (528).

2. Charakteristika und Pflichten eines professionellen Vermögensverwalters i.S.d. WAG 2007

a. Portfolioverwaltung i.S.d. WAG 2007

§ 1 Z. 2 lit. d WAG 2007 definiert die Portfolioverwaltung als die Verwaltung von Portfolios auf Einzelkundenbasis mit einem Ermessensspielraum im Rahmen einer Vollmacht des Kunden, sofern das Kundenportfolio ein oder mehrere Finanzinstrumente[57] enthält. Der Wertpapierdienstleister nimmt hierbei Umschichtungen ohne vorherige Rücksprache mit dem Auftraggeber bzw. Kunden vor[58]. Er ist jedoch nicht berechtigt, Bestandteil des Portfolios in seinen Besitz zu bringen[59].

Wie aus der Formulierung „Verwaltung von Portfolios auf Einzelkundenbasis" bereits hervorgeht, regelt das Wertpapieraufsichtsgesetz 2007 hierbei den Typus der individuellen Vermögensverwaltung. Bei dieser steht die Betreuung einzelner Kundenvermögen im Mittelpunkt, während der Begriff der kollektiven Vermögensverwaltung die Veranlagung jenes Vermögens beschreibt, welches von mehreren Personen einer gemeinsamen Kapitalsammelstelle zugeführt wurde[60].

b. Allgemeine Pflichten

Im Rahmen seiner Tätigkeit trifft den Vermögensverwalter die Pflicht, stets ehrlich, redlich und professionell im bestmöglichen Interesse seiner Kunden zu handeln (siehe § 38 WAG 2007). Daraus folgt, dass der Finanzdienstleister die gesetzlichen Regelungen einzuhalten[61] und von jedweder Täuschung des Kunden abzusehen hat[62]. Zudem muss er über die für die Portfolioverwaltung notwendige Sachkenntnis – insbesondere hinsichtlich der Eigenschaften der Finanzanlageobjekte – verfügen[63]. Das Erfordernis, im bestmöglichen Kundeninteresse zu agieren ist stets dann als erfüllt anzusehen, wenn sich der Wertpapierdienstleister loyal verhält und er bestrebt ist, die Interessen seines Vertragspartners optimal zu wahren[64]. Relevant sind

---

57 Siehe hierzu die Legaldefinition in § 1 Z. 6 und Z. 7 WAG 2007.
58 *Frölichsthal/Hausmaninger/Knobl/Oppitz/Zeipelt*, Kommentar zum Wertpapieraufsichtsgesetz (1998) § 11 Rz. 12.
59 *Hartmann/Heidinger* in Gruber/Raschauer, Kommentar zum Wertpapieraufsichtsgesetz 2007 (2011) § 1 Rz. 36.
60 *Müller* in Schäfer/Müller, Haftung für fehlerhafte Wertpapierdienstleistungen (1999) Rz. 199.
61 *Graf* in Gruber/Raschauer, Kommentar zum Wertpapieraufsichtsgesetz 2007 (2011) § 38 Rz. 15.
62 *Brandl/Klausberger* in Brandl/Saria Wertpapieraufsichtsgesetz² (2010) § 38 Rz. 20; *Graf* in Gruber/Raschauer, Kommentar zum Wertpapieraufsichtsgesetz 2007 (2011) § 38 Rz. 15.
63 Siehe statt vieler: *Fuchs* in Fuchs, Wertpapierhandelsgesetz (2009) § 31 Rz. 21 f.
64 *Graf* in Gruber/Raschauer, Kommentar zum Wertpapieraufsichtsgesetz 2007 (2011) § 38 Rz. 24.

hierbei nicht etwa objektivierte Kundenwünsche sondern die konkreten Interessen des Einzelnen[65].

An einer diesen Sorgfaltskriterien entsprechenden Dienstleistungserbringung mangelt es, wenn der Portfolioverwalter im Rahmen seiner Tätigkeit Vorteile annimmt oder solche gewährt (§ 39 Abs. 1 WAG 2007). Erfasst sind sowohl Geldleistungen als auch sonstige, nicht in Geld bestehende Zuwendungen (Abs. 2 leg. cit.). Das Gesetz sieht jedoch einige Ausnahmesituationen vor, in welchen die Gewährung oder Annahme derartiger Vorteile keine Sorgfaltspflichtverletzung darstellt. Dies ist etwa dann der Fall, wenn die Leistung vom Kunden oder von einer durch diesen beauftragten Person erbracht wird oder es sich bei einem der beiden um den Leistungsempfänger handelt (Abs. 3 Z. 1 leg. cit.). Unbedenklich sind auch jene an oder durch Dritte gewährte Vorteile, welche gegenüber dem Kunden offengelegt werden und darauf abzielen, eine Qualitätsverbesserung hinsichtlich der Portfolioverwaltung zu erreichen, sowie darüber hinaus den Wertpapierdienstleister nicht davon abhalten, im besten Kundeninteresse zu agieren (Z 2 leg. cit.). Die dritte Ausnahmeregelung betrifft Zuwendungen, welche für die Erbringung der Portfolioverwaltung notwendig sind (wie etwa Gebühren) und die ihrer Konzeption nach nicht zur Entstehung von Interessenkonflikten führen können (Z 3 leg. cit.).

c. Informationseinholung und Eignung der Portfolioverwaltungsdienstleistung

Der professionelle Vermögensverwalter hat sich vor Erbringung seiner Dienstleistung hinsichtlich der Kenntnisse und Erfahrungen seines Kunden im Bereich der Portfolioverwaltung, dessen finanzieller Situation sowie der durch die Veranlagung verfolgten Ziele zu informieren (§ 44 Abs. 1 WAG 2007). So ist insbesondere zu erfragen, welche Typen von Wertpapierdienstleistungen, Geschäften oder Anlageprodukten dem Vertragspartner bereits bekannt sind (§ 43 Abs. 1 Z. 1 WAG 2007). Zudem ist zu klären, welcher Art die vom Kunden getätigten Finanzanlagegeschäfte waren, mit welchem Volumen und wie häufig sie betrieben wurden, sowie über welche Zeitspanne sich diese erstreckten (Z 2 leg. cit.). Auch hinsichtlich des Bildungsniveaus sowie der relevanten beruflichen Erfahrungen des Kunden muss sich der Portfolioverwalter ein klares Bild verschaffen (Z 3 leg. cit.).

Jene Informationen erlauben es dem Rechtsträger, sich ein Urteil hinsichtlich der Angemessenheit der von ihm angebotenen Dienstleistung zu bilden[66]. Gem § 44 Abs. 2 WAG 2007 ist der Vermögensverwalter nämlich zur Durchführung eines sog. Eignungstests verpflichtet[67], deren Gegenstand die mit dem Kunden vereinbarte Anlagestrategie ist. Eine

---

[65] *Brandl/Klausberger* in Brandl/Saria Wertpapieraufsichtsgesetz[2] (2010) § 38 Rz. 22; *Fuchs* in Fuchs, Wertpapierhandelsgesetz (2009) § 31 Rz. 35; *Koller* in Assmann/Schneider, WpHG-Kommentar[6] (2012) § 31 Rz. 17.

[66] *Brandl/Klausberger* in Brandl/Saria Wertpapieraufsichtsgesetz[2] (2010) § 38 Rz. 26; *Graf* in Gruber/Raschauer, Kommentar zum Wertpapieraufsichtsgesetz 2007 (2011) § 44 Rz. 22.

[67] *Kühne/Eberhardt* in Schäfer/Sethe/Lang, Handbuch der Vermögensverwaltung (2012) § 26 Rz. 66.

solche ist dann als geeignet anzusehen, wenn sie im Einklang mit den vom Kunden formulierten Anlagezielen steht, die mit ihr verbundenen Risiken unter Berücksichtigung dieser Ziele finanziell tragbar sind und sich der Vertragspartner hinsichtlich jener Risiken im Klaren ist (§ 44 Abs. 2 Z. 1 bis 3 WAG 2007). Zu den eben erwähnten Anlagezielen zählen neben dem geplanten Investitionszeitraum die Risikopräferenz und das Risikoprofil des Kunden sowie auch der durch die Veranlagung verfolgte Zweck (§ 44 Abs. 4 WAG 2007). Letzterer beschreibt das Ziel, welches der Kunde durch die Veranlagung zu erreichen versucht[68], wie beispielsweise die Vorsorge für die Pension, die Tilgung eines Kredits oder die Finanzierung eines Immobilienerwerbs[69].

Einzelne Wertpapiergeschäfte erfüllen das Erfordernis der Eignung hingegen dann, wenn sie im Einklang mit der ebenfalls geeigneten Veranlagungsstrategie stehen[70].

d. Grundsätze ordnungsgemäßer Vermögensverwaltung

Neben den bereits erwähnten Sorgfaltspflichten wurden von der deutschen Judikatur und Literatur zur Portfolioverwalterhaftung einige Grundsätze geschaffen, welche eine lege artis durchgeführte Vermögensverwaltung kennzeichnen[71]. Hierzu zählen etwa ein Spekulationsverbot[72], die Verpflichtung zur Senkung des Risikopotentials durch Diversifikation[73], sowie das Gebot der produktiven Verwaltung[74] des Kundenportfolios. Wie ein Blick auf die österreichische Lehre[75] zur Vermögensverwaltung zeigt, genießen jene Thesen auch in der heimischen Rechtslandschaft weitestgehend Anerkennung.

e. Informations- und Berichtspflichten

Dem Portfolioverwalter obliegt es nicht nur, Informationen einzuholen, sondern auch – wie im 6. Abschnitt des WAG 2007 geregelt – solche an den Kunden zu erteilen. So hat der Wertpapierdienstleister unter Zugrundelegung der Anlageziele des Vertragspartners und der

---

68   *Graf* in Gruber/Raschauer, Kommentar zum Wertpapieraufsichtsgesetz 2007 (2011) § 44 Rz. 29.
69   *Brandl/Klausberger* in Brandl/Saria Wertpapieraufsichtsgesetz² (2010) § 44 Rz. 4.
70   *Fuchs* in Fuchs, Wertpapierhandelsgesetz (2009) § 31 Rz. 274; *Rothenhöfer* in Schwark/Zimmer, Kapitalmarktrechts-Kommentar⁴ (2010) § 31 Rz. 288; *Koller* in Assmann/Schneider, WpHG-Kommentar⁶ (2012) § 31 Rz. 169; *Teuber/Müller* in Clouth/Lang, MiFID Praktikerhandbuch (2007) Rz. 289.
71   *Graf* in Gruber/Raschauer, Kommentar zum Wertpapieraufsichtsgesetz 2007 (2011) § 44 Rz. 15; *Fuchs* in Fuchs, Wertpapierhandelsgesetz (2009) § 31 Rz. 262.
72   Siehe etwa: OLG Frankfurt a.M. 27.06.1995, 10 U 156/94, WM 1996, 665.
73   Siehe etwa: BGH 29.03.1994, XI ZR 31/93, WM 1994, 834; *Benicke*, Wertpapiervermögensverwaltung (2006) 765 f.; siehe zu diesem Begriff Kapitel B.IV.5.d.
74   Siehe etwa: *Benicke*, Pflichten des Vermögensverwalters beim Investitionsprozess, ZGR 2004, 760 (765); *Schäfer* in Schäfer/Sethe/Lang, Handbuch der Vermögensverwaltung (2012) § 10 Rz. 32 ff.
75   Siehe: *Schopper*, Haftung für Veranlagungsentscheidungen bei Portfolioverwaltung auf Einzelkundenbasis, ÖBA 2013, 17 (22 ff.); *Graf* in Gruber/Raschauer, Kommentar zum Wertpapieraufsichtsgesetz 2007 (2011) § 44 Rz. 15; nicht unumstritten ist jedoch die Annahme eines Spekulationsverbots, da der Begriff der Spekulation teils unterschiedlich definiert wird.

Art der im Portfolio befindlichen Finanzprodukte eine Bewertungsmethode zu bestimmen, durch welche der Kunden in die Lage versetzt werden soll, die Performance der erbrachten Dienstleistung zu vergleichen und zu evaluieren (§ 40 Abs. 1 Z. 1 WAG 2007). Sofern es hinsichtlich jener Informationen zu Änderungen kommt, die für die Portfolioverwaltung von Bedeutung sind, muss der Rechtsträger dies seinem Vertragspartner mitteilen (Abs. 4 leg. cit.). Den Wertpapierdienstleister trifft darüber hinaus auch eine Berichtspflicht (8. Abschnitt). So hat er dem Kunden periodisch eine Aufschlüsselung der für diesen getätigten Geschäfte zu übersenden. Eine Ausnahme besteht lediglich für den Fall, dass solche Aufstellungen von einem Dritten übermittelt werden (§ 50 Abs. 1 WAG 2007). Wie häufig ein derartiger Bericht zu erstatten ist, hängt wesentlich von der Einstufung des Vertragspartners als Privatkunde oder professioneller Kunde ab, zumal für letztere keine gesetzliche Regelung besteht, weshalb eine entsprechende Festsetzung der freien Parteienvereinbarung unterliegt[76]. Für Privatkunden normiert hingegen § 50 Abs. 2 WAG 2007, wie oft eine solche Mitteilung zu erfolgen hat.

f. Bestmögliche Durchführung der Dienstleistung (Best Execution)

Neben den Sorgfaltsanforderungen bei der Erarbeitung einer Veranlagungsstrategie und der Auswahl der Einzeltitel treffen den Vermögensverwalter gegenüber dem Kunden auch bei der Umsetzung der getroffenen Veranlagungsentscheidung gewisse Verhaltenspflichten. So hat der Portfolioverwalter, welcher andere Institutionen mit der Ausführung von Finanzanlagegeschäften betraut oder diese Dienstleistung selbst erbringt, eine Durchführungspolitik festzulegen, welche es ihm ermöglicht, für seine Kunden bei Wertpapiertransaktionen konstant das bestmögliche Ergebnis zu erzielen. Darüber hinaus hat der Rechtsträger dafür Sorge zu tragen, dass die Umsetzung entsprechend dieser Vorgaben erfolgt (§ 52 Abs. 1 WAG 2007). Die Verpflichtung zur „Best Execution" ist jedoch nicht dahingehend zu interpretieren, dass jede einzelne Transaktion bestmöglich durchgeführt werden muss[77], wäre dies aus wirtschaftlicher Perspektive doch realitätsfern[78]. Vielmehr kommt es hier auf eine längerfristige Durchschnittsbetrachtung an[79].

Sofern der Portfolioverwalter die Transaktionen nicht selbst vornimmt, sondern sich zur Ausführung einer anderen Einrichtung bedient, hat er diese sorgfältig auszuwählen[80]. Das beauftragte Institut muss eine Durchführungspolitik verfolgen, welche jener des Vermögensverwalters entspricht bzw. welche es diesem ermöglicht, der an ihn gerichteten

---

76 Brandl/Klausberger in Brandl/Saria Wertpapieraufsichtsgesetz² (2010) § 50 Rz. 6.
77 EB zu RV 143 Blg.NR 23. GP 5; Zingel, Die Verpflichtung zur bestmöglichen Ausführung von Kundenaufträgen nach dem Finanzmarkt-Richtlinien-Umsetzungsgesetz, BKR 2007, 173 (174); Gruber in Gruber/Raschauer, Kommentar zum Wertpapieraufsichtsgesetz 2007 (2011) § 52 Rz. 4; Brandl/Klausberger in Brandl/Saria Wertpapieraufsichtsgesetz² (2010) § 52 Rz. 4.
78 EB zu RV 143 Blg.NR 23. GP 5.
79 Brandl/Klausberger in Brandl/Saria Wertpapieraufsichtsgesetz² (2010) § 52 Rz. 4.
80 Bauer in Clouth/Lang, MiFID Praktikerhandbuch (2007) Rz. 722.

Pflicht zur bestmöglichen Durchführung nachzukommen[81]. Zudem hat der Wertpapierdienstleister die mit der Ausführung betraute Einrichtung zu überwachen[82], um auf diese Weise sicherzustellen, dass das orderausführende Institut ein geeignetes Verfahren verwendet[83].

3. Direkte Anwendung der im WAG 2007 normierten Sorgfaltspflichten?

Bereits ein Blick auf die Konzeption des WAG 2007 zeigt, dass der Gesetzgeber keineswegs vor Augen hatte, den für die Gesellschaft am Finanzmarkt tätigen Vorstand in den Geltungsbereich jener Normen miteinzubeziehen. So enthält das Wertpapieraufsichtsgesetz etwa zahlreiche Regelungen, welche eine Interaktion zwischen dem professionellen Vermögensverwalter und einem Kunden voraussetzen. Beispielhaft seien hier etwa die im 6. Abschnitt normierten Informationspflichten sowie die in § 44 Abs. 1 WAG 2007 normierte Obliegenheit „Informationen über die Kenntnisse und Erfahrungen des Kunden im Anlagebereich" einzuholen bzw. die Anlageziele des Kunden zu erfragen, genannt. All dies erfordert naturgemäß, dass es sich bei dem Wertpapierdienstleister und dem Kunden (bzw. bei juristischen Personen bei deren Vertreter) um zwei unterschiedliche Personen handelt.

Erwirbt nun der Vorstand für sein Unternehmen Finanzanlageinstrumente, mangelt es jedoch an einem entsprechenden zweipersonalen Verhältnis. Hier nimmt die Vermögensverwaltung nicht ein Dritter, sondern der Vertreter der Gesellschaft vor. Würde der Geschäftsleiter den Regelungen des WAG 2007 unterliegen, träfen ihn eine Vielzahl völlig absurder Verpflichtungen: So müsste er bspw. für sich selbst – als Vertreter der AG – angemessene Informationen bereitstellen (6. Abschnitt) oder Berichte anfertigen (8. Abschnitt). Hierin zeigt sich deutlich, dass eine direkte Anwendung des Wertpapieraufsichtsgesetzes 2007 auf einen am Finanzmarkt tätigen Vorstand nicht mit der Konzeption des Gesetzes vereinbar wäre, weshalb eine solche bereits aus diesem Grund nicht in Betracht kommt.

4. Konkretisierung des Sorgfaltsmaßstabs im Bezug auf Veranlagungsgeschäfte

Da der Vorstand nicht direkt den im WAG 2007 normierten Verhaltensanforderungen unterliegt, ist nun zu prüfen, inwieweit eine Präzisierung des in § 84 AktG normierten Sorgfaltsmaßstabs im Hinblick auf Finanzanlagegeschäfte mittels anderweitiger juristischen Methoden möglich ist. So führt etwa *F. Bydlinski*[84] aus, dass eine Konkretisierung von Generalklauseln insbesondere durch die Heranziehung sachlich, logisch oder teleologisch

---

[81]   *Gruber* in Gruber/Raschauer, Kommentar zum Wertpapieraufsichtsgesetz 2007 (2011) § 52 Rz. 14.

[82]   *Teuber/Müller* in Clouth/Lang, MiFID Praktikerhandbuch (2007) Rz. 363; *Gruber* in Gruber/Raschauer, Kommentar zum Wertpapieraufsichtsgesetz 2007 (2011) § 52 Rz. 14.

[83]   *Zingel*, Die Verpflichtung zur bestmöglichen Ausführung von Kundenaufträgen nach dem Finanzmarkt-Richtlinien-Umsetzungsgesetz, BKR 2007, 173 (177).

[84]   *F. Bydlinski*, Juristische Methodenlehre und Rechtsbegriff² (2011) 584.

zusammenhängender, problemnaher[85] Normen erreicht werden könne. Bevor man sich aber mit der Frage beschäftigt, ob etwa ein teleologischer Konnex mit anderen gesetzlichen Regelungen besteht, ist zunächst die Zielsetzung, welche durch die für Unternehmensleiter geltende Generalklausel verfolgt wird, zu beleuchten.

Worin der Telos der in § 84 AktG normierten Maßfigur des ordentlichen und gewissenhaften Geschäftsleiters zu erblicken ist, lässt sich relativ einfach beantworten. So sollen durch den für Vorstandsmitglieder geltenden Verhaltensmaßstab ein sorgfaltsloses Handeln des Verwalters, sowie eine daraus resultierende Schädigung des (Gesellschafts-)Vermögens vermieden werden[86].

In einem nächsten Schritt gilt es zu klären, ob eine vergleichbare Zielsetzung auch anderen Normen, die vergleichbare Sachverhalte[87] regeln, zugrunde liegt. Erneut gelangt man hier zu den im Wertpapieraufsichtsgesetz 2007 geregelten Sorgfaltspflichten für Wertpapierdienstleister. Sinn und Zweck des für Portfolioverwalter normierten Verhaltensmaßstabes ist schließlich der Schutz desjenigen, der sein Vermögen (oder einen Teil davon) einem Dritten zur Verwaltung anvertraut[88]. Hier besteht eine unübersehbare Parallele zu der hinter § 84 Abs. 1 AktG stehenden Intention des Gesetzgebers.

Tätigt der Vorstand nun Geschäfte, welche große Ähnlichkeit mit der Portfolioverwaltung aufweisen, so ist es naheliegend, die für den Wertpapierdienstleister geltenden Pflichten zur Konkretisierung der Maßfigur des ordentlichen und gewissenhaften Geschäftsleiters heranzuziehen. Auf diese Weise wird die allgemeine Zielsetzung der Generalklausel (Schutz des Unternehmensvermögens[89]) auch im Bereich der Veranlagung von Gesellschaftskapital verwirklicht. Selbstverständlich wird es einer solchen Konkretisierung jedoch nur dort bedürfen, wo nicht bereits mit den von Lehre und Rechtsprechung zur Organverantwortlichkeit entwickelten Grundsätzen das Auslangen gefunden werden kann[90].

Dass die Ausübung einer Vorstandsfunktion der Tätigkeit eines Vermögensverwalters durchaus ähnlich ist, zeigt bereits ein näherer Blick auf die beiden Berufsbilder. Nicht umsonst wird die Leitung einer Aktiengesellschaft häufig als Fremdvermögensverwaltung bezeichnet[91]. In dieselbe Richtung gehen jene Stimmen in der Literatur, welche darauf hinweisen, dass die

---

[85] F. Bydlinski, Grundzüge der juristischen Methodenlehre² (2012) 114.
[86] Nowotny in Doralt/Nowotny/Kalss, Kommentar zum Aktiengesetz² (2012) § 84 Rz. 2; vgl. Spindler in Goette/Habersack/Kalss, Münchener Kommentar zum Aktiengesetz⁴ (2014) Band 2, § 93 Rz. 1.
[87] Siehe diesbezüglich auch im folgenden Absatz.
[88] EB zu RV 143 Blg.NR 23. GP 4.
[89] Nowotny in Doralt/Nowotny/Kalss, Kommentar zum Aktiengesetz² (2012) § 84 Rz. 2; vgl. Spindler in Goette/Habersack/Kalss, Münchener Kommentar zum Aktiengesetz⁴ (2014) Band 2, § 93 Rz. 1.
[90] Siehe diesbezüglich F. Bydlinski, Möglichkeiten und Grenzen der Präzisierung aktueller Generalklauseln, in: Rechtsdogmatik und praktische Vernunft (1990) 189 (190 f.) welcher zutreffend darauf hinweist, dass „primär und unmittelbar zur Konkretisierung [zu] greifen [ist], die die fragliche Generalklausel bereits im Zuge langfristiger juristischer Arbeit erfahren hat".
[91] Siehe etwa: Strasser in Jabornegg/Strasser, Kommentar zum Aktiengesetz⁵ (2010) §§ 77-84 Rz. 98a; Hopt in Hopt/Wiedemann, Aktiengesetz Großkommentar⁴ (2008) Band 3, § 93 Rz. 144.

Führung eines Unternehmens im weiten Sinne als eine Art der Vermögensverwaltung zu qualifizieren sei[92]. Sowohl dem Vorstand als auch dem Wertpapierdienstleister wird fremdes Vermögen anvertraut, welches sie mit der Sorgfalt eines ordentlichen und gewissenhaften Geschäftsleiters (siehe § 84 Abs. 1 AktG) bzw. eines ordentlichen Geschäftsmannes[93] einzusetzen und zu betreuen haben. In der Regel geschieht dies in beiden Fällen durch die Einräumung einer entsprechenden Bevollmächtigung[94]. Dem Portfolioverwalter wird durch den Kunden der Auftrag erteilt, in dessen Namen auf den Wertpapiermärkten tätig zu werden[95]. Auch der Vorstandsvertrag weist im Regelfall auftragsähnliche Züge auf[96]. Zudem kommt beiden Berufsgruppen eine sehr weitreichende Entscheidungsbefugnis zu. So hat der Portfolioverwalter zu entscheiden, in welche Finanzinstrumente das Kundenvermögen investiert wird. Eine Rücksprachepflicht besteht diesbezüglich nicht[97]. Dieser Spielraum kann zwar durch die Vereinbarung sog. Anlagerichtlinien bis zu einem gewissen Grad eingeschränkt[98], aber nicht völlig ausgeschlossen werden[99]. Auch bei der Ausübung der Vorstandstätigkeit bestehen für die Organmitglieder unternehmerische Handlungsfreiheiten[100], welche nur durch Satzung und gesetzliche Regelungen[101], nicht jedoch durch Weisungen begrenzt werden können[102]. Konsequenz dieser weitreichenden Befugnisse ist, dass beiden Berufsgruppen im Rahmen ihrer Funktion ein gewisser Ermessensspielraum zukommt, welcher die Haftung für fehlgeschlagene Investitionen begrenzt[103]. In diesem Zusammenhang ist die aus dem amerikanischen Raum stammende Rechtsfigur der Business Judgement Rule[104] zu nennen. Sie soll einen Geschäftsleiter dazu motivieren, sachlich fundierte aber risikobehaftete Entscheidungen zu treffen[105]. *Schopper*[106] vertritt die Ansicht, dass auch einem

---

[92]   Siehe etwa: *Benicke*, Wertpapiervermögensverwaltung (2006) 138.

[93]   *Schäfer* in Schäfer/Sethe/Lang, Handbuch der Vermögensverwaltung (2012) § 21 Rz. 34; *Möllers*, Vermögensbetreuungsvertrag, graue Vermögensverwaltung und Zweitberatung, WM 2008, 93 (100); *Fuchs* in Fuchs, Wertpapierhandelsgesetz (2009) § 31 Rz. 20.

[94]   Vgl. für den Vorstand: *Strasser* in Jabornegg/Strasser, Kommentar zum Aktiengesetz⁵ (2010) §§ 71-74 Rz. 1; im Bereich der Vermögensverwaltung geht dies bereits aus der Legaldefinition der Portfolioverwaltung in § 1 Z. 2 lit. d WAG 2007 hervor.

[95]   *Frölichsthal/Hausmaninger/Knobl/Oppitz/Zeipelt*, Kommentar zum Wertpapieraufsichtsgesetz (1998) § 11 Rz. 12.

[96]   *Strasser* in Rummel, Kommentar zum ABGB³ 1 (2000) § 1002 Rz. 40.

[97]   *Frölichsthal/Hausmaninger/Knobl/Oppitz/Zeipelt*, Kommentar zum Wertpapieraufsichtsgesetz (1998) § 11 Rz. 12.

[98]   Vgl. *Schäfer* in Schäfer/Sethe/Lang, Handbuch der Vermögensverwaltung (2012) § 8 Rz. 1.

[99]   Dies folgt schon aus § 1 Z. 2 lit. d WAG 2007, welcher die Portfolioverwaltung als „Verwaltung…mit einem Ermessensspielraum" definiert.

[100]   *Strasser* in Jabornegg/Strasser, Kommentar zum Aktiengesetz⁵ (2010) §§ 77-84 Rz. 98a.

[101]   Vgl. *Strasser* in Jabornegg/Strasser, Kommentar zum Aktiengesetz⁵ (2010) §§ 70 Rz. 1.

[102]   Vgl. *Strasser* in Jabornegg/Strasser, Kommentar zum Aktiengesetz⁵ (2010) §§ 70 Rz. 10.

[103]   Siehe für den Vorstand: *Strasser* in Jabornegg/Strasser, Kommentar zum Aktiengesetz⁵ (2010) §§ 77-84 Rz. 98a; siehe für den Portfolioverwalter: *Schopper*, Haftung für Veranlagungsentscheidungen bei Portfolioverwaltung auf Einzelkundenbasis, ÖBA 2013, 17 (21).

[104]   Für nähere Ausführungen zu dieser Thematik siehe Kapitel B.V.

[105]   *Kapsch/Grama*: Business Judgement Rule: Pflichtwidrige oder bloß unglückliche Geschäftsentscheidung? ecolex 2003, 524 (525).

[106]   *Schopper*, Haftung für Veranlagungsentscheidungen bei Portfolioverwaltung auf Einzelkundenbasis, ÖBA 2013, 17 (21 f.).

Portfolioverwalter ein Handlungsspielraum zukomme, welcher sich an dem Rechtsprinzip der Business Judgement Rule orientiere.

Der Beruf des Vorstandsmitglieds weist somit einen hohen Grad an Ähnlichkeit mit jenem des Vermögensverwalters auf. Grenzt man die Vorstandstätigkeit nun auf die Veranlagung von Gesellschaftsvermögen ein, so verschwimmen die vorhandenen Unterschiede zur Portfolioverwaltung zusehends. Aus diesem Grund scheint es angebracht, die Sorgfaltsanforderungen des Vorstands im Bezug auf den An- und Verkauf von Finanzanlageprodukten an jenen des professionellen Vermögensverwalters zu orientieren.

Nicht übersehen werden darf jedoch, dass es sich hierbei zwar um eine „analogieartige Auslegung", nicht aber um eine ergänzende Rechtsfortbildung handelt[107]. Letztere ist nur bei Vorliegen einer planwidrigen Unvollständigkeit zulässig[108]. Eine derartige Gesetzeslücke ist stets dann gegeben, wenn die Beurteilung eines konkreten Sachverhalts anhand der aktuellen Rechtslage trotz entsprechendem Regelungsbedürfnis nicht möglich ist[109]. Wie bereits aufgezeigt wurde, ist dies hier jedoch nicht der Fall, zumal jedes Verhalten, das der Vorstand im Rahmen seiner Tätigkeit setzt, anhand des in § 84 Abs. 1 AktG normierten Maßstabs zu bewerten ist[110]. Somit wäre es unzutreffend, würde man dem Gesetz im Bezug auf die Sorgfaltspflichten eines Unternehmensleiters beim Erwerb von Finanzanlagetiteln Lückenhaftigkeit unterstellen. Generalklauseln wie jene in § 84 Abs. 1 AktG[111] mögen zwar konkretisierungsbedürftig sein, doch kann bei diesen keinesfalls von einer planwidrigen Unvollständigkeit gesprochen werden[112]. Mangels entsprechender Gesetzeslücke scheidet zwar eine analoge Anwendung der im WAG 2007 für Portfolioverwalter normierten Sorgfaltspflichten aus, doch liefern besagte Normen wertvolle Anhaltspunkte für eine Präzisierung der Maßfigur des ordentlichen und gewissenhaften Geschäftsleiters im Hinblick auf die Verwaltung des Wertpapierbestandes eines Unternehmens.

Natürlich können jedoch nicht sämtliche Regelungen, die das WAG 2007 für Portfolioverwalter vorsieht, für eine derartige Konkretisierung herangezogen werden, da Vorstandsmitgliedern im hier behandelten Kontext quasi eine Doppelstellung zukommt. Auf der einen Seite kaufen und verkaufen sie Finanzinstrumente auf fremde Rechnung und nehmen somit eine ähnliche Stellung wie ein Vermögensverwalter ein, auf der anderen Seite handeln sie als Organe im Namen der Gesellschaft, sind also gleichzeitig Vertreter des „Kunden"[113]. Aus diesem Grund haben insbesondere die für einen professionellen Portfolioverwalter geltenden Informations-

---

[107] Siehe hierzu: *F. Bydlinski*, Juristische Methodenlehre und Rechtsbegriff² (2011) 454 f., 583.
[108] Siehe statt vieler: *F. Bydlinski*, Juristische Methodenlehre und Rechtsbegriff² (2011) 473.
[109] *F. Bydlinski*, Juristische Methodenlehre und Rechtsbegriff² (2011) 473.
[110] *Strasser* in Jabornegg/Strasser, Kommentar zum Aktiengesetz⁵ (2010) §§ 77-84 Rz. 95.
[111] *Schlosser*, Die Organhaftung der Vorstandsmitglieder der Aktiengesellschaft (2002) 27.
[112] *Canaris*, Die Feststellung von Lücken im Gesetz² (1983) 28 f.
[113] Vgl. *Graf* in Gruber/Raschauer, Kommentar zum Wertpapieraufsichtsgesetz 2007 (2011) § 44 Rz. 61.

und Berichtspflichten keinerlei Einfluss auf die an einen Vorstand zu stellenden Verhaltensstandards.

Vielmehr werden im Folgenden aus den für Vermögensverwalter einschlägigen Bestimmungen und der entsprechenden Literatur gewisse Grundsätze für eine ordnungsgemäße Fremdvermögensverwaltung herauszuarbeiten sein, welche zur Konkretisierung des in § 84 Abs. 1 AktG normierten allgemeinen Sorgfaltsmaßstabs herangezogen werden können. Dabei kann neben der österreichischen auch großteils auf die deutsche Literatur zurückgegriffen werden, zumal sowohl das (österreichische) Wertpapieraufsichtsgesetz 2007 als auch das (deutsche) Wertpapierhandelsgesetz zu großen Teil auf denselben europäischen Richtlinien basieren[114]. Insbesondere die in § 38 WAG 2007 festgelegten Verhaltensstandards sowie die Eignungsprüfung nach § 44 Abs. 2 WAG 2007 und die Pflicht zur bestmöglichen Durchführung gem § 52 WAG 2007 liefern hier wertvolle Anhaltspunkte für eine solche Präzisierung, zumal es sich bei diesen Normen um das Kernstück jener Wohlverhaltensregelungen handelt, durch welche ein umfassender Schutz des Kundenvermögens gewährleistet werden soll[115].

IV. Die Sorgfaltspflichten des fremdvermögensverwaltenden Vorstands

1. Verpflichtung zur ehrlichen, redlichen und professionellen Leistungserbringung im bestmöglichen Interesse der Gesellschaft?

Verzichtet der Vorstand auf die Hinzuziehung eines externen Portfolioverwalters und trifft die Entscheidung bzgl. der Veranlagung des Gesellschaftsvermögens selbst, so stellt sich die Frage, inwieweit auch für das Leitungsorgan die Verpflichtung zu einer ehrlichen, redlichen und professionellen Leistungserbringung im bestmöglichen Interesse des Verwalteten (vgl. den Rechtsgedanken des § 38 WAG 2007) besteht.

Das Erfordernis der „Ehrlichkeit" wird in der Literatur zur Vermögensverwaltung unter anderem dahingehend ausgelegt, dass sich der Finanzdienstleister bei der Ausübung seines Berufs an die aktuellen gesetzlichen Regelungen zu halten habe[116]. Dies stellt für den Geschäftsleiter keineswegs eine Neuerung dar. Bereits die Norm des § 70 AktG, welche das Leitungsorgan anweist, auch das öffentliche Interesse im Rahmen seiner Tätigkeit zu berücksichtigen, verpflichtet zu einer gesetzeskonformen Leistungserbringung[117].

Der professionelle Portfolioverwalter hat sich zudem gegenüber seinen Kunden redlich und loyal zu verhalten (siehe § 38 1. Satz WAG 2007). Verboten ist nicht nur ein Überwiegen der

---

[114] *Kühne/Eberhardt* in Schäfer/Sethe/Lang, Handbuch der Vermögensverwaltung (2012) § 26 Rz. 51.
[115] EB zu RV 143 Blg.NR 23. GP 4.
[116] *Graf* in Gruber/Raschauer, Kommentar zum Wertpapieraufsichtsgesetz 2007 (2011) § 38 Rz. 15.
[117] *Nowotny* in Doralt/Nowotny/Kalss, Kommentar zum Aktiengesetz² (2012) § 70 Rz. 14.

Eigeninteressen, sondern bereits jede Form der Berücksichtigung[118]. Im Bereich des Aktienrechts existiert mit der sog. Treuepflicht[119] ein vergleichbares Gebot. So hat der Vorstand bei der Ausübung seiner Organstellung ausschließlich die Gesellschaftsinteressen zu berücksichtigen[120]. Zwar mag ein Anstellungsvertrag, welcher die Höhe der jährlichen Vorstandsprämie an die Generierung eines bestimmten Unternehmensgewinns knüpft prinzipiell dazu verleiten, neben dem Gesellschaftswohl auch persönliche Überlegungen in die Veranlagungsentscheidung einfließen zu lassen[121], jedoch darf ein sorgfältig agierender Vorstand hier den eigenen Nutzen nicht zur Grundlage der Entscheidungsfindung machen[122]. Dass der Machthaber verpflichtet ist, die Bedürfnisse des Machtgebers im Rahmen seiner Tätigkeit stets an erste Stelle zu setzen, ergibt sich zudem bereits aus den zivilrechtlichen Regelungen zum Auftragsrecht[123]. So finden sich im Anstellungsvertrag der Vorstandsmitglieder i.d.R. auch Merkmale eines rechtsgeschäftlichen Auftrages[124].

Wird der Portfolioverwalter für einen seiner Kunden tätig, hat er dabei professionell vorzugehen. Hinsichtlich des Erfordernisses der „Professionalität" handelt es sich, ähnlich wie bei § 84 AktG[125], um einen objektiv normativen Maßstab[126]. Um den Anforderungen an eine professionelle Fremdvermögensverwaltung zu genügen, hat der Finanzdienstleister die Sorgfalt eines ordentlichen Kaufmannes[127] (nunmehr: Unternehmer) aufzubringen. Dafür muss er über jene Sachkenntnis verfügen, die für den An- und Verkauf von Wertpapieren für fremde Rechnung notwendig ist[128]. Der Portfolioverwalter hat Recherchen durchzuführen, um sich auf diese Weise ein klares Bild hinsichtlich der Eigenschaften potentieller Anlageobjekte zu verschaffen[129]. Bereits in der allgemeinen Literatur zur Vorstandshaftung wird laufend darauf hingewiesen, dass das Leitungsorgan vor Tätigung eines Geschäfts eine angemessene Informationsgrundlage schaffen müsse[130]. Hinsichtlich Art und Umfang der im Zuge der

[118] *Grundmann* in Ebenroth/Boujong/Joost/Strohn, Handelsgesetzbuch² (2009) WpHG § 31 Rz. VI203.
[119] Siehe etwa: *Strasser* in Jabornegg/Strasser, Kommentar zum Aktiengesetz⁵ (2010) §§ 77-84 Rz. 67.
[120] *Strasser* in Jabornegg/Strasser, Kommentar zum Aktiengesetz⁵ (2010) §§ 77-84 Rz. 67.
[121] Vgl. hierzu die allgemeinen Ausführungen in: *Ratka/Rauter*, Handbuch Geschäftsführerhaftung² (2011) Rz. 9/172.
[122] Vgl. hierzu die allgemeinen Ausführungen in: *Schima*, Organ-Interessenkonflikte und Corporate Governance, GesRZ 2003, 199 (200).
[123] Vgl. *Strasser* in Rummel, Kommentar zum ABGB³ I (2000) § 1009 Rz. 17.
[124] *Strasser* in Rummel, Kommentar zum ABGB³ I (2000) § 1002 Rz. 40.
[125] *Frotz*, Grundsätzliches zur Haftung von Gesellschaftsorganen und für Gesellschaftsorgane, GesRZ 1982, 98 (103).
[126] *Fuchs* in Fuchs, Wertpapierhandelsgesetz (2009) § 31 Rz. 23; *Brandl/Klausberger* in Brandl/Saria Wertpapieraufsichtsgesetz² (2010) § 38 Rz. 21; *Koller* in Assmann/Schneider, WpHG-Kommentar⁶ (2012) § 31 Rz. 15.
[127] *Schäfer* in Schäfer/Sethe/Lang, Handbuch der Vermögensverwaltung (2012) § 21 Rz. 34; *Möllers*, Vermögensbetreuungsvertrag, graue Vermögensverwaltung und Zweitberatung, WM 2008, 93 (100); *Fuchs* in Fuchs, Wertpapierhandelsgesetz (2009) § 31 Rz. 20.
[128] *Graf* in Gruber/Raschauer, Kommentar zum Wertpapieraufsichtsgesetz 2007 (2011) § 38 Rz. 12.
[129] *Graf* in Gruber/Raschauer, Kommentar zum Wertpapieraufsichtsgesetz 2007 (2011) § 38 Rz. 13; *Fuchs* in Fuchs, Wertpapierhandelsgesetz (2009) § 31 Rz. 22.
[130] Siehe etwa: *Kalss* in Goette/Habersack/Kalss, Münchener Kommentar zum Aktiengesetz⁴ (2014) Band 2, § 93 Rz. 346; *Strasser* in Jabornegg/Strasser, Kommentar zum Aktiengesetz⁵ (2010) §§ 77-84 Rz. 95;

Kapitalveranlagung einzuholenden Informationen bietet es sich somit an, die Maßfigur des ordentlichen und gewissenhaften Geschäftsleiters an jener des professionell agierenden Portfolioverwalters zu orientieren, zumal die hinter den jeweiligen Sorgfaltsnormen stehenden gesetzgeberischen Absichten nahezu ident sind[131]. Neben der Kenntnis von Chancen und Risiken, die ein in Frage kommendes Finanzprodukt in sich birgt, wird es daher auch für den Vorstand unerlässlich sein, sich einen Einblick in die aktuelle Situation am Finanzmarkt zu verschaffen[132].

Darüber hinaus hat das Leitungsorgan, ähnlich wie der professionelle Vermögensverwalter[133], die Entwicklung der Wertpapiere, die sich im Unternehmensvermögen befinden, stetig zu überwachen und auf Änderungen an den jeweiligen Märkten zu reagieren. Die Pflicht, den weiteren Verlauf getätigter Geschäfte zu verfolgen und gegebenenfalls zu intervenieren, ist nämlich bereits Bestandteil der allgemeinen Leitungsaufgaben[134]. Insbesondere jene Marktbereiche, in denen Finanzanlagegeschäfte für die Gesellschaft abgeschlossen wurden, muss der Geschäftsleiter im Auge behalten und dafür Sorge tragen, dass er möglichst schnell Kenntnis von relevanten Informationen erlangt[135]. Zudem bedarf es einer regelmäßigen Performance-Analyse, bei welcher das Verhältnis zwischen Risiko und Rendite des Veranlagungsvorhabens bewertet wird[136].

Bzgl. der Frage, wie auf geänderte Verhältnisse konkret zu reagieren ist, muss den Verantwortlichen ein weiter Ermessensspielraum zugebilligt werden, zumal mit jeder Veranlagungsentscheidung und somit auch mit jeder Depotumschichtung gewisse Unsicherheiten einhergehen[137]. So begründet allein die Tatsache, dass ein im Portfolio befindliches Wertpapier Verluste generiert noch keine generelle Verpflichtung, dieses zu verkaufen und die dadurch freiwerdenden Mittel anderweitig zu investieren[138]. Zum einen besteht schließlich die Möglichkeit, dass das Leitungsorgan nach eingehender Analyse zu dem Schluss gelangt, die Portfoliozusammensetzung sei nach wie vor ideal[139] und es handle sich nur

---

   Kapsch/Grama, Business Judgement Rule: Pflichtwidrige oder bloß unglückliche Geschäftsentscheidung? ecolex 2003, 524 (528).

[131] Siehe diesbezüglich bereits Kapitel B.III.4.

[132] Vgl. diesbezüglich zum Portfolioverwalter: *Fuchs* in Fuchs, Wertpapierhandelsgesetz (2009) § 31 Rz. 22; *Rothenhöfer* in Schwark/Zimmer, Kapitalmarktrechts-Kommentar⁴ (2010) § 31 Rz. 19.

[133] *Fuchs* in Fuchs, Wertpapierhandelsgesetz (2009) § 31 Rz. 263; *Koller* in Assmann/Schneider, WpHG-Kommentar⁶ (2012) § 31 Rz. 28.

[134] Vgl. *Henze*, Leitungsverantwortung des Vorstands, BB 2000, 209 (210); vgl. *Kort* in Hopt/Wiedemann, Aktiengesetz Großkommentar⁴ (2008) Band 3, § 76 Rz. 36; vgl. *Semler*, Leitung und Überwachung der Aktiengesellschaft² (1996) Rz. 18.

[135] Vgl. diesbezüglich zum Portfolioverwalter: *Schäfer* in Schäfer/Müller, Haftung für fehlerhafte Wertpapierdienstleistungen (1999) Rz. 307.

[136] *Bauer* in Kalss/Kunz, Handbuch für den Aufsichtsrat (2010) § 40 Rz. 164.

[137] Vgl. diesbezüglich zur Portfolioverwaltung: *Schopper*, Haftung für Veranlagungsentscheidungen bei Portfolioverwaltung auf Einzelkundenbasis, ÖBA 2013, 17 (21).

[138] Vgl. diesbezüglich zum Portfolioverwalter: *Schäfer* in Schäfer/Sethe/Lang, Handbuch der Vermögensverwaltung (2012) § 21 Rz. 11.

[139] Vgl. diesbezüglich zum Portfolioverwalter: *Schäfer* in Schäfer/Sethe/Lang, Handbuch der Vermögensverwaltung (2012) § 21 Rz. 11.

um kurzfristige Kurseinbrüche und zum anderen ist jede Umschichtung natürlich auch mit gewissen Kosten verbunden, die es zu berücksichtigen gilt.

Das bisher Ausgeführte zeigt, dass die Pflichten, die den Vorstand ohnehin bereits auf Grund der allgemeinen Normen des ABGB bzw. des AktG treffen, den in § 38 WAG 2007 normierten Wohlverhaltensregeln durchaus ähneln. Das Wertpapieraufsichtsgesetz 2007 nimmt hier lediglich eine Präzisierung der allgemeinen Verhaltenspflichten von Beauftragten für den Fall vor, dass eine Person Wertpapiere für fremde Rechnung an- und verkauft. Aus besagten Regelungen und vor allem den Darstellungen in der Literatur können daher Erkenntnisse gewonnen werden, welche eine Konkretisierung des allgemeinen Sorgfaltsmaßstabs für Geschäftsleiter im Hinblick auf die Veranlagung von Gesellschaftsvermögen ermöglichen.

2. Definieren der Anlageziele und des Veranlagungsvolumens

Beabsichtigt das Leitungsorgan Finanzanlageprodukte für die Gesellschaft zu erwerben, so gilt es zunächst die entsprechenden Parameter zu definieren. Während der Vermögensverwalter die Anlageziele seines Kunden problemlos im Rahmen eines Beratungsgespräches eruieren kann, steht dem Vorstand als Vertreter einer juristischen Person diese Möglichkeit naturgemäß nicht offen. Ebenso wie der Geschäftsleiter, der eine gesellschaftsfremde Person mit der Veranlagung von Teilen des Unternehmensvermögens betraut[140], hat somit der Vorstand, der eine derartige Tätigkeit selbst durchführt, die Anlageziele[141] für die Gesellschaft zu formulieren. Ihm obliegt die Einschätzung hinsichtlich der angestrebten Anlagedauer und der Zielsetzung bzw. der Rendite, welche durch den Erwerb von Finanzprodukten erreicht werden soll. Zudem gilt es das Investitionsvolumen des Veranlagungsvorhabens festzulegen.

Der Begriff der Anlagedauer beschreibt jenen zeitlichen Rahmen, während dem das Vermögen in einem oder mehreren Finanzprodukten gebunden ist[142], es also nicht für andere Zwecke eingesetzt werden kann. Die vom Vorstand einzuholenden Informationen bzgl. der finanziellen Verhältnisse der AG ermöglichen ihm eine Prognose, über welchen Zeitraum das freie Gesellschaftsvermögen veranlagt werden darf, ohne dass es währenddessen zu Liquiditätsproblemen kommt. Schließlich hat das Leitungsorgan dafür Sorge zu tragen, dass für die Umsetzung des Unternehmensgegenstandes stets ausreichend finanzielle Mittel vorhanden sind[143].

Auch der Zweck der Kapitalveranlagung und damit zusammenhängend die Renditeziele sind vom Vorstand festzulegen. So kann in der unternehmerischen Praxis hin und wieder die

---

140 *Graf* in Gruber/Raschauer, Kommentar zum Wertpapieraufsichtsgesetz 2007 (2011) § 44 Rz. 61.
141 Vgl. zum Begriff der Anlageziele im Bereich der Portfolioverwaltung: *Graf* in Gruber/Raschauer, Kommentar zum Wertpapieraufsichtsgesetz 2007 (2011) § 44 Rz. 25.
142 Vgl. diesbezüglich zur Portfolioverwaltung: *Rothenhöfer* in Schwark/Zimmer, Kapitalmarktrechts-Kommentar⁴ (2010) § 31 Rz. 249a.
143 *Schlosser*, Die Organhaftung der Vorstandsmitglieder der Aktiengesellschaft (2002) 38.

Situation auftreten, dass vorhandene Mittel nicht für den laufenden Geschäftsbetrieb benötigt werden, weshalb nach einer alternativen Investitionsmöglichkeit gesucht werden muss. Nicht zuletzt auch deshalb, um das Gesellschaftsvermögen vor einer inflationsbedingten Entwertung zu schützen. Jene Hilfsfunktion darf auch bei der Formulierung von Ertragszielen nicht aus den Augen verloren werden. Ein ordentlicher und gewissenhafter Geschäftsleiter wird somit eine Rendite anstreben, welche nach Abzug aller im Zusammenhang mit der Veranlagung anfallenden Gebühren und Steuern einen Erhalt der Kaufkraft gewährleistet und – sofern dies ohne nennenswertes Risiko möglich ist – einen geringfügigen Wertzuwachs bewirkt[144].

3. Eruieren einer geeigneten Veranlagungsstrategie und Asset Allocation

a. Allgemeines

Unstrittig ist in der österreichischen Literatur zur Vorstandshaftung, dass sich die Geschäftsführung bei Entscheidungen stets am Unternehmenswohl zu orientieren hat[145]. Soweit ersichtlich, existieren jedoch keinerlei Ausführungen dazu, wann ein Konzept zur Veranlagung von Gesellschaftskapital diesem Kriterium entspricht. Hier scheint es auf Grund des bereits Vorgetragenen[146] angebracht zu fragen, welche Anforderungen diesbezüglich an einen professionellen Portfolioverwalter gestellt werden. Auch die Sorgfaltsnormen des Wertpapieraufsichtsgesetzes sollen schließlich die bestmögliche Wahrung der Kundenbedürfnisse gewährleisten[147]. So verpflichtet § 44 Abs. 2 WAG 2007 den Dienstleister etwa zur Durchführung eines Eignungstests, welcher auf die individuellen Verhältnisse des Vertragspartners Bedacht nimmt[148]. Es ist daher naheliegend, dem Vorstand bei der Erarbeitung eines Anlagekonzepts eine ähnliche Prüfung abzuverlangen, um die Adäquanz des Investitionsplans für die Aktiengesellschaft sicherzustellen.

Angelehnt an die in § 44 Abs. 2 WAG 2007 normierten Kriterien ist ein von der Geschäftsführung konzipiertes Anlagemodell daher dann für die Aktiengesellschaft geeignet, wenn sowohl das mit der konkreten Strategie verbundene Risiko für das Unternehmen tragbar ist[149], als auch die zuvor unter Beachtung des Sorgfaltsgebots festgelegten Anlageziele (Zweck

---

[144] Vgl. diesbezüglich für die Privatstiftung: *Hofmann*, Überlegungen zur Verantwortung des Stiftungsvorstands bei Investitionsentscheidungen, PSR 2010, 173 (177).

[145] *Kalss* in Goette/Habersack/Kalss, Münchener Kommentar zum Aktiengesetz⁴ (2014) Band 2, § 93 Rz. 346; *Lutter*, Die Business Judgement Rule in Deutschland und Österreich, GesRZ 2007, 79 (85).

[146] Siehe dazu: Kapitel B.III.4.

[147] Siehe: EB zu RV 143 Blg.NR 23. GP 4 f.

[148] Vgl. *Kühne/Eberhardt* in Schäfer/Sethe/Lang, Handbuch der Vermögensverwaltung (2012) § 26 Rz. 66 f.

[149] Vgl. bzgl. der Tragbarkeit von Anlagerisiken im Bereich der Portfolioverwaltung: *Graf* in Gruber/Raschauer, Kommentar zum Wertpapieraufsichtsgesetz 2007 (2011) § 44 Rz. 35.

der Veranlagung und Anlagehorizont)[150] sowie das Veranlagungsvolumen bei der Entscheidung entsprechend berücksichtigt werden.

b. Tragbarkeit des Anlagerisikos unter Berücksichtigung des Anlagezwecks

Voraussetzung für die Eignung eines Anlagekonzepts ist, dass das mit diesem einhergehende Risiko im Hinblick auf den Investitionszweck tragbar ist[151]. Grundsätzlich birgt nämlich jede Form der Veranlagung gewissen Gefahren in sich, welche dazu führen können, dass das eingesetzte Kapital ganz oder teilweise verloren geht[152].

Wie bereits erwähnt, liegt der Zweck einer aktienrechtlich zulässigen Kapitalveranlagung darin, das Unternehmensvermögen vor einer Entwertung durch die Inflation zu schützen, allfällige Kosten (z.B. Steuern, Depotgebühren oder Beraterhonorare) auszugleichen und auf lange Sicht geringfügige, aber weitestgehend risikolose Zuwächse zu generieren[153]. Diese Zielsetzung ist auch stets bei der Frage, welches Maß an Risiko der Geschäftsleiter bei der Wahl der Veranlagungsstrategie eingehen darf bzw. muss, zu berücksichtigen[154]. Jene Orientierung am Anlagezweck hat zur Folge, dass eine risikoarme Strategie pflichtwidrig sein kann, wenn diese zur Erreichung des oben formulierten Investitionsziels ungeeignet ist. Ein gesteigertes Risiko wird nämlich in der Regel durch ein höheres Zinsniveau abgegolten[155]. Vice versa kann ein zu risikoavers gestaltetes Portfolio wohl kaum jene Wertentwicklung aufweisen, welche notwendig ist, um einem Kaufkraftverlust entgegenzuwirken. Dies wäre etwa der Fall, würde der Vorstand freie liquide Mittel ausschließlich in Geldmarkttitel investieren[156]. Ein solch übervorsichtiges Agieren der Unternehmensleitung auf dem Finanzmarkt läge daher nicht im Interesse der Gesellschaft.

Gleiches gilt natürlich ebenfalls für eine hochriskante Veranlagungsstrategie, weshalb dem Vorstand auch hier Grenzen zu setzen sind. So muss die mit dem Investment einhergehende Gefahr von Verlusten für das Unternehmen tragbar sein[157]. Dies ist jedoch nicht mit dem aus § 70 AktG ableitbaren Verbot der Eingehung existenzgefährdender Risiken[158] gleichzusetzen. Untragbarkeit liegt vielmehr bereits dann vor, wenn das Verlustpotential nicht mit dem Ziel,

---

150 Vgl. diesbezüglich zum Portfolioverwalter: *Fuchs* in Fuchs, Wertpapierhandelsgesetz (2009) § 31 Rz. 272; *Rothenhöfer* in Schwark/Zimmer, Kapitalmarktrechts-Kommentar[4] (2010) § 31 Rz. 287.
151 Vgl. diesbezüglich zur Portfolioverwaltung: *Graf* in Gruber/Raschauer, Kommentar zum Wertpapieraufsichtsgesetz 2007 (2011) § 44 Rz. 35.
152 Vgl. *Bauer* in Kalss/Kunz, Handbuch für den Aufsichtsrat (2010) § 40 Rz. 12.
153 Vgl. diesbezüglich für die Privatstiftung: *Hofmann*, Überlegungen zur Verantwortung des Stiftungsvorstands bei Investitionsentscheidungen, PSR 2010, 173 (177).
154 Vgl. diesbezüglich zum Portfolioverwalter: *Graf* in Gruber/Raschauer, Kommentar zum Wertpapieraufsichtsgesetz 2007 (2011) § 44 Rz. 35.
155 Vgl. *Bauer* in Kalss/Kunz, Handbuch für den Aufsichtsrat (2010) § 40 Rz. 12.
156 Vgl. diesbezüglich für die Privatstiftung: *Hofmann*, Überlegungen zur Verantwortung des Stiftungsvorstands bei Investitionsentscheidungen, PSR 2010, 173 (177).
157 Vgl. den Rechtsgedanken des § 44 Abs. 2 Z. 2 WAG 2007.
158 Vgl. *Kort* in Hopt/Wiedemann, Aktiengesetz Großkommentar[4] (2008) Band 3, § 76 Rz. 51.

das durch die Kapitalanlage verfolgt wird, vereinbar ist[159]. Der Grund, warum ein Teil des Unternehmensvermögens in Finanzprodukte investiert wird, liegt schließlich darin, dessen Substanz zu erhalten und möglichst risikolos zu vermehren, damit es später wieder im Rahmen der gewöhnlichen Geschäftstätigkeit der Aktiengesellschaft eingesetzt werden kann. Die Tatsache, dass Gesellschaftsmittel im Veranlagungszeitpunkt nicht anderweitig benötigt werden, rechtfertigt somit kein wildes Spekulieren auf den Finanzmärkten, selbst wenn sich dadurch die Möglichkeit eröffnet, eine überdurchschnittliche Rendite zu generieren. Es darf bei der Kapitalveranlagung nur jenes Maß an Risiko eingegangen werden, welches zur Zielerreichung notwendig ist.

Der Entscheidungsspielraum des verantwortlichen Organs hinsichtlich des Risikogehalts der zu erarbeitenden Strategie ist somit sowohl nach oben als auch nach unten hin begrenzt.

c. Berücksichtigung des Anlagehorizonts

Ein weiterer Faktor der bei der Strategieauswahl eine große Rolle spielt, ist die intendierte Veranlagungsdauer[160]. Sie muss insbesondere bei der Frage, welchen Grad an Volatilität das Gesamtportfolio aufweisen darf, beachtet werden. Je kürzer der Anlagehorizont ist, umso mehr engt sich der Kreis der in Frage kommenden Finanzinstrumente ein. Ist etwa schon vor Beginn der Strategieumsetzung bekannt, dass das zu veranlagende Kapital bereits nach kurzer Zeit wieder anderweitig benötigt wird, so wäre es wenig sinnvoll, würde die Geschäftsleitung ausschließlich oder überwiegend Produkten mit hohem Schwankungsgrad akquirieren[161]. Der Vorstand sähe sich hier nämlich u.U. gezwungen, im Zuge der Devestition frühzeitig Verluste zu realisieren, um den Bedarf an Finanzmitteln zu decken. Selbst eine Strategie, welche ausschließlich den Ankauf von Staatsanleihen vorsieht, käme in diesem Szenario nicht in Betracht. Auch derartige Wertpapiere weisen i.d.R. gewisse Kursschwankungen auf, weshalb eine Haltedauer von nur wenigen Monaten ungünstig erscheint. Zudem ist die Möglichkeit, Staatsanleihen vor Ablauf einer gewissen Periode zu veräußern häufig nicht gegeben oder zumindest betragsmäßig begrenzt[162].

Fehleinschätzungen hinsichtlich der Veranlagungsdauer können erheblichen Einfluss auf die Liquidität des Unternehmens haben. So bedarf es u.U. sogar der Aufnahme eines teuren Kredits, um auf diese Weise auch weiterhin die ordnungsgemäße Finanzierung der Gesellschaft zu gewährleisten.

---

[159] Siehe FN. 157.
[160] Vgl. diesbezüglich zur Portfolioverwaltung: *Rothenhöfer* in Schwark/Zimmer, Kapitalmarktrechts-Kommentar[4] (2010) § 31 Rz. 249a.
[161] Vgl. diesbezüglich zum Portfolioverwalter: *Brandl/Klausberger* in Brandl/Saria, Wertpapieraufsichtsgesetz[2] (2010) § 44 Rz. 4.
[162] Vgl. diesbezüglich zur Portfolioverwaltung: *Rothenhöfer* in Schwark/Zimmer, Kapitalmarktrechts-Kommentar[4] (2010) § 31 Rz. 262.

d. Berücksichtigung des Investitionsvolumens

Des Weiteren darf auch das Volumen der angestrebten Investition bei der Ausarbeitung einer geeigneten Veranlagungsstrategie nicht außer Acht bleiben, zumal der Kreis der in Frage kommenden Anlageobjekte je nach Größenordnung stark variieren kann[163]. Die Höhe jener Summe spielt darüber hinaus auch bei der Frage, in wie viele Gattungen von Finanzprodukten das Gesellschaftsvermögen investiert werden soll, eine wesentliche Rolle. Auch wenn davon auszugehen ist, dass Diversifikation das Risiko des Wertpapierportfolios reduziert[164], begründet ein Mangel an Streuung nicht automatisch auch eine Sorgfaltswidrigkeit. Vielmehr wäre es aus wirtschaftlicher Sicht unklug, ein relativ geringes Veranlagungsvolumen auf unzählige Produkte zu verteilen, zumal die Höhe der Gebühren pro Anlagetitel mit steigender Investitionssumme anteilsmäßig abnimmt[165]. Gerade bei geringen Summen fallen derartige Kosten natürlich ungleich mehr ins Gewicht als bei größeren Beträgen.

e. Asset Allocation

Eine wesentliche Aufgabe bei der Kapitalveranlagung stellt die Aufteilung der Investitionssumme auf die unterschiedlichen Anlageoptionen dar. Auf diese Weise können Diversifikationseffekte erzielt und das Risiko des Gesamtportfolios minimiert werden[166]. In der Literatur wird dieser Vorgang auch als „Asset Allocation" bezeichnet[167]. Sowohl die Renditeerwartungen als auch das Gefahrenpotential der Investition hängen maßgeblich von dieser Entscheidung ab[168]. So besteht nämlich die Möglichkeit, durch eine geschickte Verteilung des Kapitals das Risiko des Wertpapierportfolios unter jenes der in diesem enthaltenen Einzeltitel abzusenken[169].

Der Vorgang der Asset Allocation kann in eine strategische und taktische Ebene unterteilt werden[170]. Die strategische Asset Allocation ist vorrangig von langfristigen Überlegungen hinsichtlich der Portfolioausrichtung geprägt[171]. Hier ist neben der Gewichtung der einzelnen Asset-Klassen (z.B. Aktien, Anleihen, Immobilien, Rohstoffe, etc.) auch eine Streuung der

---

[163] *Bauer* in Kalss/Kunz, Handbuch für den Aufsichtsrat (2010) § 40 Rz. 4.
[164] Siehe: *Bauer* in Kalss/Kunz, Handbuch für den Aufsichtsrat (2010) § 40 Rz. 124.
[165] Vgl. diesbezüglich zur Portfolioverwaltung: *Benicke*, Pflichten des Vermögensverwalters beim Investitionsprozess, ZGR 2004, 760 (782).
[166] *Bauer* in Kalss/Kunz, Handbuch für den Aufsichtsrat (2010) § 40 Rz. 124.
[167] Siehe etwa: *Benicke*, Pflichten des Vermögensverwalters beim Investitionsprozess, ZGR 2004, 760 (796 f.); *Hofmann*, Überlegungen zur Verantwortung des Stiftungsvorstands bei Investitionsentscheidungen, PSR 2010, 173 (177 f.).
[168] *Benicke*, Wertpapiervermögensverwaltung (2006) 788.
[169] *Bauer* in Kalss/Kunz, Handbuch für den Aufsichtsrat (2010) § 40 Rz. 127; bzgl. der Frage, welchen Grenzen ein sorgfältig agierender Geschäftsleiter diesbezüglich unterworfen ist, sei auf die Ausführungen in Kapitel B.IV.5.d. verwiesen.
[170] *Steiner/Bruns/Stöckl*, Wertpapiermanagement[10] (2012) 92.
[171] *Bauer* in Kalss/Kunz, Handbuch für den Aufsichtsrat (2010) § 40 Rz. 128.

Investitionssumme hinsichtlich anderer Aspekte, wie etwa Länder und Währungen, vorzunehmen[172].

Im Gegensatz dazu geht es für das Leitungsorgan bei der taktischen Asset Allocation eher darum, auf kurzfristige Entwicklungen zu reagieren und gegebenenfalls eine Portfolioanpassung vorzunehmen[173].

4. Auswahl der einzelnen Veranlagungstitel

Nachdem eine geeignete Anlagestrategie gefunden und die Verteilung auf die diversen Anlageoptionen vorgenommen wurde, hat der Vorstand nun in einem zweiten Schritt Finanzanlageprodukte zu wählen, die im Hinblick auf die Gesamtstrategie geeignet sind[174]. Ob das einzelne Geschäft den Anlagezielen entspricht, ist hier nicht relevant[175]. So wird auch eine durchaus konservative Veranlagungsstrategie i.d.R. vorsehen, einen Teil des Kapitals in Aktien oder Finanzprodukte mit vergleichbarem Verlustpotential zu investieren. Müsste nun jedes einzelne Geschäft im Rahmen der Fremdvermögensverwaltung den Anlagezielen und der Risikotragfähigkeit entsprechen, so wäre ein Ankauf derartiger Wertpapiere jedoch als unzulässig zu qualifizieren. Das diesen Finanzprodukten typischerweise innewohnende Risiko wäre bei isolierter Betrachtung nicht mit dem Zweck der Unternehmensvermögensveranlagung vereinbar. Zu beachten ist jedoch, dass das Gesamtrisiko eines Portfolios keinesfalls ident mit dem gewichteten Durchschnitt der Einzelrisiken ist[176]. Vielmehr sind zwischen den unterschiedlichen Veranlagungsprodukten Korrelationseffekte[177] beobachtbar, welche dazu führen, dass sich einzelne Risiken gegenseitig aufheben oder erhöhen[178]. Für das Wohl der Gesellschaft ist daher ausschließlich das Risikopotential des Gesamtportfolios relevant und nicht jenes einzelner Titel[179]. Ein Vorstand, der beim An- und Verkauf von Wertpapieren innerhalb der Grenzen einer geeigneten Strategie agiert, handelt somit sorgfaltsgemäß[180] und kann nicht für etwaige verlustbringende Anlagegeschäfte haftbar gemacht werden.

---

[172] Siehe: *Steiner/Bruns/Stöckl*, Wertpapiermanagement[10] (2012) 92 ff.
[173] Vgl. *Bauer* in Kalss/Kunz, Handbuch für den Aufsichtsrat (2010) § 40 Rz. 129.
[174] Vgl. diesbezüglich zum Portfolioverwalter: *Kühne/Eberhardt* in Schäfer/Sethe/Lang, Handbuch der Vermögensverwaltung (2012) § 26 Rz. 68.
[175] Vgl. diesbezüglich zum Portfolioverwalter: *Benicke*, Pflichten des Vermögensverwalters beim Investitionsprozess, ZGR 2004, 760 (777).
[176] *Schäfer* in Schäfer/Sethe/Lang, Handbuch der Vermögensverwaltung (2012) § 10 Rz. 13.
[177] Siehe zu diesem Begriff etwa: *Bauer* in Kalss/Kunz, Handbuch für den Aufsichtsrat (2010) § 40 Rz. 125 f.; es ist zwischen positiver und negativer Korrelation zu unterscheiden. Eine positive Korrelation ist etwa dann gegeben, wenn der Kursverlust eines Anlageprodukts auch zu Kurseinbrüchen bei einem anderen Anlageprodukt führt. Besteht zwischen zwei Finanzinstrumenten hingegen eine negative Korrelation, so weisen beide eine gegenläufige Entwicklung auf.
[178] *Bauer* in Kalss/Kunz, Handbuch für den Aufsichtsrat (2010) § 40 Rz. 125; dies wurde durch die von Harry Max Markowitz entwickelte „Moderne Portfolio-Theorie" (siehe FN. 186) nachgewiesen.
[179] Vgl. diesbezüglich zur Portfolioverwaltung: *Benicke*, Pflichten des Vermögensverwalters beim Investitionsprozess, ZGR 2004, 760 (777).
[180] Vgl. diesbezüglich zum Portfolioverwalter: *Rothenhöfer* in Schwark/Zimmer, Kapitalmarktrechts-Kommentar[4] (2010) § 31 Rz. 288.

5. Grundsätze ordnungsgemäßer Unternehmensportfolioverwaltung

a. Allgemeines

Zusätzlich zu den bereits dargestellten allgemeinen Sorgfaltspflichten eines Portfolioverwalters wurden in der Lehre und Rechtsprechung einige konkrete Grundsätze geschaffen, durch welche sich eine ordnungsgemäße Vermögensverwaltung charakterisiert[181]. Ob auch diese spezifischen Verhaltensstandards Einfluss auf die am Finanzmarkt tätige Geschäftsführung einer Aktiengesellschaft haben bzw. wieweit deren Einhaltung bereits auf Grund allgemeiner Vorstandspflichten geboten ist, gilt es nun im Folgenden zu klären.

b. Pflicht zur Heranziehung von betriebs- bzw. finanzwirtschaftlichen Veranlagungsmethoden?

Die Betriebswirtschaftslehre beschäftigt sich seit Jahrzehnten mit der Frage, durch welche Methode die optimale Ausgestaltung eines Finanzportfolios erreicht werden kann[182]. Diesbezüglich entwickelten sich im Laufe der Zeit zahlreiche Theorien. Im Folgenden werden nun die bekanntesten jener Methoden kurz dargestellt. Anschließend ist zu prüfen, ob den Vorstand einer Aktiengesellschaft die Pflicht trifft, eine dieser Thesen im Zuge der Veranlagungsentscheidung zu berücksichtigen. Grundsätzlich hat der Geschäftsführer nämlich nur jene betriebswirtschaftlichen Standards bei der Unternehmensleitung einzuhalten, die wissenschaftlich abgesichert und praxiserprobt sind[183].

Eine der gängigsten Kursprognosetheorien ist die sog. Fundamentalanalyse. Hier werden die verfügbaren Daten und Kennzahlen analysiert um daraus den vermeintlich richtigen Unternehmenswert abzuleiten. Liegt dieser über dem aktuellen Börsenkurs, so wird das Wertpapier in der Hoffnung erworben, dass sich der Kurs an den ermittelten Wert annähert. Zeigt die Fundamentalanalyse hingegen, dass das Unternehmen aktuell zu hoch bewertet wird, so ist vom Erwerb des jeweiligen Titels Abstand zu nehmen bzw. ein vorhandener Bestand zu veräußern[184].

---

[181] *Fuchs* in Fuchs, Wertpapierhandelsgesetz (2009) § 31 Rz. 262; siehe dazu bereits Kapitel B.III.2.d.

[182] *Schäfer* in Schäfer/Sethe/Lang, Handbuch der Vermögensverwaltung (2012) § 10 Rz. 1.

[183] *Schlosser*, Die Organhaftung der Vorstandsmitglieder der Aktiengesellschaft (2002) 35; *Mertens/Can* in Zöllner/Noack, Kölner Kommentar zum Aktiengesetz[3] (2010) Band 2/1, § 93 Rz. 83; *Fleischer* in Spindler/Stilz, Aktiengesetz[2] (2010) § 93 Rz. 50.

[184] *Schäfer* in Schäfer/Sethe/Lang, Handbuch der Vermögensverwaltung (2012) § 10 Rz. 3 f.

Ein anderer Ansatz geht davon aus, dass aus dem bisherigen Kursverlauf Erkenntnisse bzgl. der künftigen Entwicklung eines Anlagetitels gewonnen werden können. Dieses Vorgehen wird als technische Analyse bzw. Chart-Analyse bezeichnet[185].

Aus einer Vielzahl weiterer Anlagestrategien hervorzuheben ist auch die von Nobelpreisträger *Harry Max Markowitz* entwickelte „Moderne Portfolio-Theorie"[186]. Hier wird versucht durch eine gezielte Kombination von verschiedenen Wertpapieren das Risiko des Gesamtportfolios zu reduzieren und im Hinblick auf das Risiko-Ertrags-Verhältnis ein möglichst effizientes Portfolio zu schaffen[187]. Ist die Korrelation zwischen den einzelnen Anlageklassen gering, so werden Verluste eines Finanzproduktes durch Gewinne anderer Titel ausgeglichen[188]. Aufbauend auf dieser These kreierte *William F. Sharpe* das „Capital Asset Pricing Model"[189], durch welches die für die Portfolio-Theorie notwendige Datenmenge reduziert und eine praktische Anwendung besagter Methode ermöglicht wurde[190].

Letztlich ist jedoch keine Theorie den anderen derart überlegen, dass sie eine allgemeine Gültigkeit für sich in Anspruch nehmen kann[191]. Ein Geschäftsleiter ist daher nicht verpflichtet, sich im Rahmen des Investitionsprozesses einer dieser Methoden zu bedienen, um den an ihn gerichteten Sorgfaltsanforderungen gerecht zu werden[192]. Auch löst allein die Verwendung derartiger Analysen, mögen sie auch teilweise ungesichert sein, nicht von vorherin eine Haftpflicht des Vorstands aus[193]. Teilweise benötigt man für die Anwendung dieser betriebs- bzw. finanzwirtschaftlicher Methoden jedoch einen hohen Grad an Informationsdichte, weshalb etwa bspw. eine Fundamentalanalyse nur dann als Grundlage für die Depotzusammensetzung herangezogen werden darf, wenn die entsprechenden Daten vorliegen bzw. beschafft werden können[194].

c. Spekulationsverbot

Bevor näher darauf eingegangen werden kann, ob der Vorstand im Rahmen seiner Organschaft einem Spekulationsverbot unterliegt, gilt es zunächst den Begriff der Spekulation zu klären. So

---

[185] *Schäfer* in Schäfer/Sethe/Lang, Handbuch der Vermögensverwaltung (2012) § 10 Rz. 5.
[186] *Markowitz*, Portfolio Selection, Journal of Finance 7 (1952) 77.
[187] *Schäfer* in Schäfer/Sethe/Lang, Handbuch der Vermögensverwaltung (2012) § 10 Rz. 13.
[188] Vgl. *Bauer* in Kalss/Kunz, Handbuch für den Aufsichtsrat (2010) § 40 Rz. 125 f.
[189] *Sharpe*, Capital Asset Prices: A theory of market equilibrium under conditions of risk, Journal of Finance 19 (1964) 425.
[190] *Steiner/Bruns/Stöckl*, Wertpapiermanagement[10] (2012) 15.
[191] Vgl. *Schopper*, Haftung für Veranlagungsentscheidungen bei Portfolioverwaltung auf Einzelkundenbasis, ÖBA 2013, 17 (24); vgl. *Schäfer* in Schäfer/Sethe/Lang, Handbuch der Vermögensverwaltung (2012) § 10 Rz. 23.
[192] Vgl. diesbezüglich zum Portfolioverwalter: *Schopper*, Haftung für Veranlagungsentscheidungen bei Portfolioverwaltung auf Einzelkundenbasis, ÖBA 2013, 17 (24).
[193] Vgl. diesbezüglich zum Portfolioverwalter: *Schäfer* in Schäfer/Sethe/Lang, Handbuch der Vermögensverwaltung (2012) § 10 Rz. 20, welcher in der seriösen Anwendung der Fundamentalanalyse keine Pflichtverletzung erblickt.
[194] Vgl. diesbezüglich zum Portfolioverwalter: *Benicke*, Wertpapiervermögensverwaltung (2006) 787.

finden sich diesbezüglich in der Lehre und der (überwiegend deutschen) Rechtsprechung zur professionellen Vermögensverwaltung zahlreiche unterschiedliche Definitionen. Teilweise wird darunter die Situation verstanden, dass ein überproportional hohes Verlustrisiko durch überdurchschnittliche Gewinnchancen aufgewogen wird[195]. Ebenso wird vertreten, dass eine Anlageentscheidung, die trotz mangelnder Kenntnis von Produkteigenschaften oder der Lage am Finanzmarkt getroffen wurde, spekulativen Charakter habe[196].

Letzteres erscheint jedoch insoweit fraglich, als auch ein vergleichsweise sicheres Finanzprodukt ohne die gebotene Informationseinholung erworben werden kann. Eine Definition, welche das Element des hohen Risikos ausklammert, wird jedoch kaum mit dem überwiegenden Verständnis des Begriffes vereinbar sein[197]. Dies bedeutet natürlich nicht, dass eine Fremdvermögensverwaltung, welche auf uninformierter Basis durchgeführt wird, nicht trotzdem als sorgfaltswidrig zu qualifizieren wäre.

Folgt man nun der von *Benicke*[198] vertretenen Ansicht, dass eine Veranlagung dann als spekulativ zu qualifizieren sei, wenn das hohe Gewinnpotential durch ein überdimensionales Verlustrisiko „erkauft" werden müsse, zeigt sich, dass der Geschäftsleiter einer AG sehr wohl einem Spekulationsverbot unterliegt. In der allgemeinen Literatur zur Vorstandshaftung wird darauf hingewiesen, dass der Vorstand den langfristigen Interessen der Gesellschaft Vorrang gegenüber einer kurzfristigen Gewinnmaximierung einzuräumen habe[199]. Die ihn treffenden Sorgfaltspflichten verlangen daher, dass eine kontinuierliche Wertentwicklung des Unternehmensportfolios im Mittelpunkt der Veranlagungsentscheidung steht[200]. Mit dieser Vorgabe wäre es allerdings nicht vereinbar, wenn das Gesellschaftsvermögen einem Risiko ausgesetzt würde, welchem es im Hinblick auf den hinter der Kapitalveranlagung stehenden Zweck gar nicht bedarf[201]. Sofern die Anlagetätigkeit keinen Bestandteil des Unternehmensgegenstands darstellen, dürfen derartige Geschäfte nämlich nur vorgenommen werden, um freie Mittel vor einer inflationsbedingten Entwertung zu schützen und geringe Zuwächse zu erzielen. Dahinter steht der Gedanke, dass das Gesellschaftskapital am Ende des Anlagehorizonts ohne Substanzverlust wieder in die unternehmerische Haupttätigkeit fließen soll. Durch die Verfolgung einer hochspekulativen Anlagepolitik würde der Vorstand jedoch ein Gefahrenpotential in Kauf nehmen, welches weit über jenem des Inflationsrisikos liegt, weshalb ein derartiges Verhalten als pflichtwidrig zu qualifizieren wäre.

---

[195] *Benicke*, Pflichten des Vermögensverwalters beim Investitionsprozess, ZGR 2004, 760 (777).
[196] *Schäfer* in Schäfer/Sethe/Lang, Handbuch der Vermögensverwaltung (2012) § 10 Rz. 26.
[197] *Benicke*, Pflichten des Vermögensverwalters beim Investitionsprozess, ZGR 2004, 760 (779); insofern auch zustimmend: *Schäfer* in Schäfer/Sethe/Lang, Handbuch der Vermögensverwaltung (2012) § 10 Rz. 26.
[198] *Benicke*, Pflichten des Vermögensverwalters beim Investitionsprozess, ZGR 2004, 760 (777).
[199] *Ratka/Rauter*, Handbuch Geschäftsführerhaftung² (2011) Rz. 9/156.
[200] Ähnlich auch: *Bauer* in Kalss/Kunz, Handbuch für den Aufsichtsrat (2010) § 40 Rz. 162.
[201] Vgl. zur ähnlichen Problematik bei spekulativen Finanzgeschäfte auch: *Hölters* in Hölters, Aktiengesetz² (2014) § 93 Rz. 159, welcher darauf hinweist, dass bei derartigen Geschäften (sofern diese nicht vom Unternehmensgegenstand gedeckt sind) die Hilfsfunktion und nicht die Gewinnmaximierung im Vordergrund stehen muss.

Um Missverständnissen vorzubeugen ist festzuhalten, dass sich jenes Spekulationsverbot nur auf die Veranlagungsstrategie, nicht jedoch auch auf einzelne Veranlagungstitel erstreckt. Entscheidend ist stets die Gesamtausrichtung des Portfolios[202]. So kann es unter dem Gesichtspunkt der Diversifikation[203] sogar geboten sein, einen Teil des Gesellschaftsvermögens auch in risikobehaftete Wertpapiere zu investieren und nicht nur auf Anlageprodukte zu setzen, die zwar ein hohes Maß an Sicherheit bieten, aber keine überdurchschnittliche Rendite erwarten lassen. Ausschlaggebend ist hier das Finden einer angemessenen Mischung[204].

d. Gebot der Diversifikation

Nach Ansicht des BGH[205] trifft einen ordentlichen und gewissenhaften Vermögensverwalter im Rahmen des Investitionsprozesses die Pflicht, einen Ausgleich zwischen konservativen und risikoorientierten Anlagetiteln bzw. -klassen zu schaffen. Wird dies unterlassen, so besteht die Gefahr eines sog. „Klumpenrisikos"[206]. Der BGH spricht hier die Thematik der Diversifikation an. Darunter versteht man sowohl eine Verteilung des Anlagekapitals auf die unterschiedlichen Asset-Klassen, als auch eine innerhalb jener Klassen vorzunehmende Aufteilung auf verschiedene Einzeltitel[207]. Ziel einer derartigen Streuung der Investitionssumme ist es, das Risikopotential des Portfolios zu reduzieren[208]. Im Zusammenhang mit der hier behandelten Thematik stellt sich nun die Frage, ob auch der Geschäftsleiter beim Erwerb von Finanzprodukten ein Diversifikationsgebot zu beachten hat.

In der Literatur zur Organhaftung finden sich Stimmen, die unter gewissen Voraussetzungen das Unterlassen einer angemessenen Diversifizierung bei der Vermögensveranlagung als zulässig ansehen. So vertreten etwa *Fleischer* und *Schmolke*[209], dass das Eingehen von Klumpenrisiken bei entsprechender Rechtfertigung keine Sorgfaltspflichtverletzung darstelle. Eine solche wäre etwa dann gegeben, wenn dem erhöhten Risiko auch ein entsprechender Ertrag gegenüberstehe. Dieser Ansicht ist jedoch nicht zuzustimmen. Sofern die Satzung nicht ausdrücklich den An- und Verkauf von Wertpapieren gestattet, ist die Veranlagung von Unternehmensvermögen nämlich nur dann zulässig, wenn dadurch der eigentliche Unternehmensgegenstand unterstützt wird[210]. Worin jene Hilfsfunktion besteht, wurde bereits

---

[202]   Vgl. diesbezüglich zur Portfolioverwaltung: *Benicke*, Pflichten des Vermögensverwalters beim Investitionsprozess, ZGR 2004, 760 (777).
[203]   Siehe nächstes Kapitel.
[204]   Vgl. diesbezüglich zum Portfolioverwalter: BGH 29.03.1994, XI ZR 31/93, WM 1994, 834.
[205]   BGH 29.03.1994, XI ZR 31/93, WM 1994, 834.
[206]   Siehe zu diesem Begriff: *Fleischer/Schmolke*, Klumpenrisiko im Bankenaufsichts-, Investment- und Aktienrecht, ZHR 2009, 649 (653).
[207]   Siehe statt vieler: *Benicke*, Wertpapiervermögensverwaltung (2006) 765.
[208]   *Schäfer* in Schäfer/Müller, Haftung für fehlerhafte Wertpapierdienstleistungen (1999) Rz. 275; *Benicke*, Wertpapiervermögensverwaltung (2006) 765.
[209]   *Fleischer/Schmolke*, Klumpenrisiko im Bankenaufsichts-, Investment- und Aktienrecht, ZHR 2009, 649 (677).
[210]   Ähnlich in Bezug auf spekulative Finanzgeschäfte: *Hölters* in Hölters, Aktiengesetz² (2014) § 93 Rz. 159.

ausgeführt[211]. Nimmt der Vorstand in der Hoffnung auf eine überdurchschnittliche Rendite jenes Klumpenrisiko in Kauf, so schafft er damit zusätzliche Unsicherheit, ob und in welchem Ausmaß das veranlagte Vermögen künftig für den gewöhnlichen Geschäftsbetrieb zur Verfügung steht. Dies hätte zur Folge, dass die Hilfsfunktion nicht mehr oder nur in äußerst eingeschränktem Maße zum Tragen käme. Ob unter diesen Umständen die aktienrechtliche Zulässigkeit von Anlagegeschäften noch gegeben wäre, darf bezweifelt werden.

Auch der Einwand, ein Geschäftsleiter könne Klumpenrisiken „beizeiten identifizieren und ihnen durch angemessene Maßnahmen Rechnung tragen[212]" ist keineswegs überzeugend. So würde man dem Leitungsorgan doch unterstellen, es sei in der Lage, die künftige Entwicklung eines Finanzprodukts zuverlässig zu prognostizieren und rechtzeitig gegenzusteuern. Stellt man nun derart utopische Anforderung an die Unternehmensführung, käme es in letzter Konsequenz zu einer – nach einhelliger Lehrmeinung unerwünschten[213] – Annäherung an eine Erfolgshaftung.

Ebenso wie ein professioneller Vermögensverwalter[214] hat der Vorstand einer Aktiengesellschaft somit bei der Kapitalveranlagung eine übermäßige Risikokonzentration zu vermeiden.

Diese Ansicht teilt auch der Schweizer Bundesgerichtshof, wie aus einer Entscheidung aus dem Jahr 1973 hervorgeht. Das beklagte Verwaltungsratsmitglied hatte hier 20-30 % des Grundkapitals dazu verwendet, (hochspekulative) Aktien eines einzigen Unternehmens zu erwerben. Das Unterlassen einer entsprechenden Risikoverteilung wurde vom Gericht als pflichtwidriges Verhalten qualifiziert, durch welches es letztlich zu einer Schädigung des Gesellschaftsvermögens kam[215].

Das oben Ausgeführte wirft natürlich die Frage auf, unter welchen Voraussetzungen das Diversifikationsgebot als erfüllt anzusehen ist. In der österreichischen Judikatur finden sich diesbezüglich keinerlei Anhaltspunkte. Lediglich eine von der deutschen Rechtsprechung zur Vermögensberaterhaftung für konservative Portfolios aufgestellte prozentuale Beschränkung stellt für den am Wertpapiermarkt tätigen Geschäftsleiter eine wichtige Orientierungshilfe dar.

[211] Siehe Kapitel B.I.
[212] So *Fleischer/Schmolke*, Klumpenrisiko im Bankenaufsichts-, Investment- und Aktienrecht, ZHR 2009, 649 (679).
[213] Siehe: *Strasser* in Jabornegg/Strasser, Kommentar zum Aktiengesetz⁵ (2010) §§ 77-84 Rz. 98a; *Nowotny* in Doralt/Nowotny/Kalss, Kommentar zum Aktiengesetz² (2012) § 84 Rz. 6; *Ratka/Rauter*, Handbuch Geschäftsführerhaftung² (2011) Rz. 9/140; in diesem Sinne auch *Lutter*, Die Business Judgement Rule in Deutschland und Österreich, GesRZ 2007, 79 (79 f.).
[214] Siehe in der Literatur: *Fuchs* in Fuchs, Wertpapierhandelsgesetz (2009) § 31 Rz. 263a; *Schäfer* in Schäfer/Sethe/Lang, Handbuch der Vermögensverwaltung (2012) § 10 Rz. 29 ff.; *Graf* in Gruber/Raschauer, Kommentar zum Wertpapieraufsichtsgesetz 2007 (2011) § 44 Rz. 15; *Schopper*, Haftung für Veranlagungsentscheidungen bei Portfolioverwaltung auf Einzelkundenbasis, ÖBA 2013, 17 (23 f.); siehe in der deutschen Judikatur: BGH 29.03.1994, XI ZR 31/93, WM 1994, 834; OLG Frankfurt a.M. 27.06.1995, 16 U 156/94, WM 1996, 665.
[215] BGE 99 II 176 (181 f.).

Demnach dürfe der zulässige Aktienanteil bei einer auf Substanzerhaltung ausgerichteten Veranlagungsstrategie etwa nicht mehr als 30 % betragen[216]. Bzgl. einer konkreten Anzahl an Titeln, die ein sorgfaltsgemäß diversifiziertes Portfolio aufzuweisen hat, schweigt hingegen sowohl die österreichische als auch die deutsche Rechtsprechung[217]. Grundsätzlich wäre es denkbar, die §§ 66 ff InvFG 2011, welche konkrete Grenzwerte bzgl. des zulässigen Anteils von Wertpapieren eines einzigen Emittenten am Fondsvermögen normieren, auch für die Veranlagung von Gesellschaftsvermögen heranzuziehen. Eine analoge Anwendung jener investitionsrechtlichen Regelungen scheint jedoch angesichts der Starrheit dieses Systems nicht zielführend[218]. Ob das Erfordernis der Diversifikation erfüllt ist, wird somit stets im Einzelfall zu beurteilen sein. Grundsätzlich lässt sich jedoch festhalten, dass bei riskanten Anlageprodukten ein höheres Maß an Streuung erforderlich ist als bei risikoärmeren Titeln[219].

Eine Einschränkung erfährt das Gebot der Diversifikation in den Fällen, in denen das zu investierende Vermögen zu klein ist, um eine sinnvolle Streuung zu erreichen oder die mit der Aufteilung einhergehenden zusätzlichen Kosten überproportional hoch sind[220]. In diesen Fällen besteht allerdings die Möglichkeit, mittels Investmentfonds, die ihrerseits wiederrum gem §§ 66 ff InvFG 2011 zur Risikostreuung verpflichtet sind, dennoch ein gewisses Maß an Diversifikation zu erreichen[221]. Derselbe Effekt kann auch durch den Einsatz von Derivaten erzielt werden[222].

Darüber hinaus stellt sich die Frage, ob auch ein hoher Grad an Korrelation[223] zwischen den einzelnen Anlagetiteln einen Verstoß gegen das Gebot der Diversifikation darstellt[224]. Dies wäre etwa dann der Fall, wenn der Vorstand das Gesellschaftskapital zwar auf eine Vielzahl von Aktien verteilt, es sich bei den Emittenten jedoch um Unternehmen aus demselben Geschäftszweig handelt[225]. Kommt es nun zu Einbrüchen auf dem Aktienmarkt, so betreffen diese jedoch häufig eine ganze Branche. Während sich in der deutschen Literatur zur Vermögensverwaltung Stimmen finden, die eine Berücksichtigung der Korrelation als lege artis

---

[216] OLG Düsseldorf 13.06.1990, 6 U 234/89, WM 1991, 94.

[217] Siehe diesbezüglich zur Portfolioverwaltung: *Schäfer* in Schäfer/Sethe/Lang, Handbuch der Vermögensverwaltung (2012) § 10 Rz. 30.

[218] Vgl. zum deutschen Recht: *Fleischer/Schmolke*, Klumpenrisiko im Bankenaufsichts-, Investment- und Aktienrecht, ZHR 2009, 649 (677).

[219] *Fleischer/Schmolke*, Klumpenrisiko im Bankenaufsichts-, Investment- und Aktienrecht, ZHR 2009, 649 (678).

[220] Vgl. diesbezüglich zur Portfolioverwaltung: *Benicke*, Pflichten des Vermögensverwalters beim Investitionsprozess, ZGR 2004, 760 (782).

[221] Vgl. diesbezüglich zur Portfolioverwaltung: *Schäfer* in Schäfer/Sethe/Lang, Handbuch der Vermögensverwaltung (2012) § 10 Rz. 30.

[222] Vgl. diesbezüglich zur Portfolioverwaltung: *Benicke*, Pflichten des Vermögensverwalters beim Investitionsprozess, ZGR 2004, 760 (782).

[223] Siehe zu diesem Begriff bereits FN. 177.

[224] Hinsichtlich der professionellen Vermögensverwaltung wohl befürwortend: *Schopper*, Haftung für Veranlagungsentscheidungen bei Portfolioverwaltung auf Einzelkundenbasis, ÖBA 2013, 17 (24).

[225] *Schäfer* in Schäfer/Sethe/Lang, Handbuch der Vermögensverwaltung (2012) § 10 Rz. 29.

ansehen[226], vertritt *Schäfer*[227] die Ansicht, dass eine diesbezügliche Verpflichtung zu weitgehend wäre. Begründet wird dies mit der (seiner Meinung nach) ungesicherten finanzwirtschaftlichen Grundlage der Portfolio Management Theorie.

Führt man sich jedoch die Konsequenzen vor Augen, die ein gänzliches Außerachtlassen von Korrelationseffekten zur Folge hätte, so zeigt sich, dass im Bereich der Unternehmensführung wohl kaum noch von einer sorgfältigen und ordnungsgemäßen Fremdvermögensverwaltung gesprochen werden könnte. So besteht ein Klumpenrisiko schließlich nicht nur dann, wenn ein einzelner Titel übergewichtet ist, sondern eben auch, wenn eine Vielzahl der im Depot enthaltenen Wertpapiere ähnlich auf Änderungen am Finanzmarkt reagiert[228]. Es ist somit kein Grund ersichtlich, weshalb der Vorstand einer Aktiengesellschaft zwar zu einer angemessenen Aufteilung der Investitionssumme auf die diversen Anlageoptionen verpflichtet wird, nicht jedoch zur Berücksichtigung von Korrelationseffekten, zumal doch das Risiko, welches dadurch vermieden werden soll, in beiden Fällen dasselbe ist. Eine derart eindimensionale Diversifizierung, welche die Wechselbeziehung der einzelnen Finanzprodukte unberücksichtigt lässt und nur eine Verteilung des Kapitals auf die einzelnen Wertpapierkategorien vorsieht, ist aber sicher nicht ausreichend, um dem Grundsatz einer angemessenen Risikostreuung bei der Kapitalveranlagung gerecht zu werden[229]. Daraus folgt, dass das Leitungsorgan zwar keine Verpflichtung trifft, bei der Auswahl der Einzeltitel ausschließlich auf die Portfolio Management Theorie zurückzugreifen, zumal diese anderen finanzwissenschaftlichen Anlagemodellen keineswegs überlegen ist[230], doch wird der Vorstand nicht umhinkommen, mögliche Wechselwirkungen zwischen den Wertpapieren mit zu berücksichtigen, um ein etwaiges Klumpenrisiko zu vermeiden. Neben der Aufteilung auf die diversen Asset-Klassen bzw. auf verschiedene Anlagetitel hat ein ordentlicher und gewissenhafter Geschäftsleiter somit darauf bedacht zu sein, auch eine angemessene Streuung hinsichtlich der Geschäftssparten und Länder, in welchen die Emittenten tätig sind, sowie den Währungen, in denen die Anlageprodukte gehandelt werden, vorzunehmen[231]. Nur ein derart weites Verständnis von Diversifikation ermöglicht es, branchen- bzw. ländererfassende Kurseinbrüche abzufedern und das Risiko des Gesamtportfolios nicht unnötig zu erhöhen. Ob etwaige Korrelationseffekte bei

---

[226] *Benicke*, Pflichten des Vermögensverwalters beim Investitionsprozess, ZGR 2004, 760 (783); *Fleischer/Schmolke*, Klumpenrisiko im Bankenaufsichts-, Investment- und Aktienrecht, ZHR 2009, 649 (670).
[227] *Schäfer* in Schäfer/Sethe/Lang, Handbuch der Vermögensverwaltung (2012) § 10 Rz. 29.
[228] Vgl. diesbezüglich zur Portfolioverwaltung: *Schäfer* in Schäfer/Sethe/Lang, Handbuch der Vermögensverwaltung (2012) § 10 Rz. 29.
[229] So auch hinsichtlich der professionellen Portfolioverwaltung: *Benicke*, Pflichten des Vermögensverwalters beim Investitionsprozess, ZGR 2004, 760 (783); *Fleischer/Schmolke*, Klumpenrisiko im Bankenaufsichts-, Investment- und Aktienrecht, ZHR 2009, 649 (670).
[230] Vgl. diesbezüglich zum Portfolioverwalter: *Schäfer* in Schäfer/Sethe/Lang, Handbuch der Vermögensverwaltung (2012) § 10 Rz. 17; a.A.: *Brömmelmeyer*, Neue Regeln für die Binnenhaftung des Vorstands, WM 2005, 2065 (2069).
[231] Vgl. *Bauer* in Kalss/Kunz, Handbuch für den Aufsichtsrat (2010) § 40 Rz. 124.

der Auswahl der Einzeltitel ausreichend berücksichtigt wurden, wird auch hier stets im Einzelfall zu entscheiden sein.

e. Pflicht zur produktiven Fremdvermögensverwaltung

Die grundlegende Pflicht bei der Verwaltung von Gesellschaftsvermögen besteht darin, eine Wertsteigerung anzustreben[232]. Daraus folgt, dass auch eine inaktive Ausübung der Organstellung einen Sorgfaltsverstoß begründen kann[233]. Wird ein Teil des Unternehmenskapitals nun nicht für die gewöhnliche Geschäftstätigkeit der AG benötigt, so hat der Vorstand nach anderen Investitionsmöglichkeiten, wie eben bspw. Finanzanlageprodukten, zu suchen. Auch hier trifft ihn die Pflicht, auf einen Vermögenszuwachs hinzuarbeiten. Ob besagter Ertrag nun in Form eines Kursgewinns der akquirierten Wertpapiere oder durch Auszahlungen wie Zinsen oder Dividenden erreicht wird, ist diesbezüglich letztlich irrelevant. Ebenso wie im Rahmen der gewöhnlichen Geschäftstätigkeit ist passives Verhalten i.d.R. als pflichtwidrig zu qualifizieren[234]. Dies wäre etwa bei langfristiger Belassung des Unternehmenskapitals auf einem schlechtverzinsten Sparbuch der Fall.

Selbstverständlich darf die Verpflichtung zur produktiven Verwaltung nicht dahingehend verstanden werden, dass jede Form des Zögerns oder der Untätigkeit bereits eine Sorgfaltspflichtverletzung begründet. Sowohl die Auswahl einer geeigneten Veranlagungsstrategie, als auch die Einholung von Informationen hinsichtlich einzelner Finanzprodukte stellen einen durchaus zeitintensiven, aber ebenso notwendigen Prozess dar. Während dieser Phase ist der Vorstand nicht nur berechtigt, sondern sogar verpflichtet, keinerlei Investition vorzunehmen, da er nicht ausreichend beurteilen kann, ob es sich um geeignete Titel handelt oder nicht.

Eine produktive Fremdvermögensverwaltung erfordert zudem, die sich im Depot befindlichen Anlagetitel laufend zu überwachen[235] und zu überprüfen, ob sie nach wie vor im Hinblick auf die Veranlagungsstrategie geeignet sind. Wie bereits erwähnt, stellt die kontinuierliche Ergebniskontrolle von getätigten Investitionen nämlich eine allgemeine Leitungsaufgabe dar[236]. Auch die aktuelle Lage an den Finanzmärkten gilt es dabei stets im Blick zu haben[237].

---

[232]   Vgl. *Ratka/Rauter*, Handbuch Geschäftsführerhaftung² (2011) Rz. 9/156.
[233]   *Strasser* in Jabornegg/Strasser, Kommentar zum Aktiengesetz⁵ (2010) § 70 Rz. 8.
[234]   So auch im Bereich der professionellen Portfolioverwaltung: *Schäfer* in Schäfer/Sethe/Lang, Handbuch der Vermögensverwaltung (2012) § 10 Rz. 32.
[235]   So auch im Bereich der professionellen Portfolioverwaltung: *Fuchs* in Fuchs, Wertpapierhandelsgesetz (2009) § 31 Rz. 263; *Koller* in Assmann/Schneider, WpHG-Kommentar⁶ (2012) § 31 Rz. 28.
[236]   Vgl. *Henze*, Leitungsverantwortung des Vorstands, BB 2000, 209 (210); vgl. *Kort* in Hopt/Wiedemann, Aktiengesetz Großkommentar⁴ (2008) Band 3, § 76 Rz. 36; vgl. *Semler*, Leitung und Überwachung der Aktiengesellschaft² (1996) Rz. 18.
[237]   Vgl. diesbezüglich zum Portfolioverwalter: *Schäfer* in Schäfer/Sethe/Lang, Handbuch der Vermögensverwaltung (2012) § 10 Rz. 33; *Fuchs* in Fuchs, Wertpapierhandelsgesetz (2009) § 31 Rz. 263.

6. Sorgfaltsanforderung bei Durchführung der Wertpapiertransaktion

Hat der Vorstand bzgl. der Veranlagungsstrategie und den einzelnen Finanzanlagetiteln eine Entscheidung getroffen, so obliegt es ihm nun, die entsprechenden Wertpapiere zu akquirieren bzw. bereits vorhandene, aber nicht mit der Strategie in Einklang stehende Anlageprodukte zu verkaufen. Selbstverständlich hat er auch dabei mit der Sorgfalt eines ordentlichen und gewissenhaften Geschäftsleiters vorzugehen.

In aller Regel wird der Vorstand jedoch nicht selbst auf dem Finanzmarkt tätig, sondern leitet die Aufträge an eine entsprechende Einrichtung (wie z.b. einen Broker) weiter, welche diese dann ausführt. Dies wird zumeist bereits deshalb notwendig sein, da ein Leitungsorgan einer Aktiengesellschaft wohl kaum die notwendigen Kenntnisse besitzt, um zu beurteilen, welcher Finanzmarkt die besten Voraussetzungen für ein konkretes Geschäft bietet. So unterscheiden sich die verschiedenen Handelsplätze insbesondere hinsichtlich des Preises für ein spezifisches Anlageprodukt, der dafür anfallenden Spesen und Kosten sowie der Geschwindigkeit, mit der die Transaktion getätigt wird[238].

Wird ein Dritter mit der Durchführung der Wertpapiertransaktionen betraut, ist dies als „Outsourcing" zu qualifizieren. Eine solche Auslagerung von Tätigkeiten ist nach aktienrechtlichen Gesichtspunkten jedoch nur unter gewissen Voraussetzungen zulässig. So darf es sich bei der an eine gesellschaftsexterne Stelle delegierten Aufgabe etwa nicht um eine Leitungsfunktion handeln[239]. Im Bezug auf die Beauftragung unternehmensfremder Personen mit der Durchführung von Wertpapiergeschäften stellt diese Anforderung jedoch keinen Hindernisgrund dar, geht es hier doch lediglich um die Umsetzung der vom Vorstand getroffenen Veranlagungsentscheidungen, nicht jedoch um die Übertragung von Leitungsaufgaben an Dritte.

Um etwaige Schadenersatzansprüche der Gesellschaft zu vermeiden, hat der Unternehmensleiter das durchführende Institut darüber hinaus sorgfältig auszuwählen[240]. Hierbei ist insbesondere darauf zu achten, dass dem unternehmensfremden Dritten eine objektive und sachkundige Erledigung der ihm übertragenen Aufgaben möglich ist[241]. Auch hat sich der Vorstand hinsichtlich der Seriosität des Instituts zu vergewissern[242]. Jene Kriterien der persönlichen und fachlichen Zuverlässigkeit werden von der Lehre zumeist ausschließlich im

---

238 Vgl. *Gruber* in Gruber/Raschauer, Kommentar zum Wertpapieraufsichtsgesetz 2007 (2011) § 52 Rz. 16.
239 *Kort* in Hopt/Wiedemann, Aktiengesetz Großkommentar[4] (2008) Band 3, § 76 Rz. 50.
240 *Vetter* in Krieger/Schneider, Handbuch Managerhaftung[2] (2010) § 18 Rz. 74.
241 Vgl. *Fleischer*, Vertrauen von Geschäftsleitern und Aufsichtsratsmitgliedern auf Informationen Dritter, ZIP 2009, 1397 (1403); Die gleichen Anforderungen sind an jenen unternehmensfremden Dritten zu stellen, an den eine bestimmte Tätigkeit ausgelagert werden soll.
242 Vgl. *Fleischer*, Vertrauen von Geschäftsleitern und Aufsichtsratsmitgliedern auf Informationen Dritter, ZIP 2009, 1397 (1403); dies muss auch im Falle der Auslagerung einer Tätigkeit gelten.

Hinblick auf die Vertrauenswürdigkeit eines unternehmensexternen Beraters[243] bzw. bei der unternehmensinternen Delegation[244] herangezogen. Auf Grund der beinah identen Problemstellung müssen diese Anforderungen aber auch für den Fall gelten, dass der Vorstand nicht nur (wie bei der Beratung) auf die Expertise eines unternehmensfremden Dritten zurückgreift, sondern eine Tätigkeit zur Gänze an diesen auslagert[245].

Von einer objektiven Leistungserbringung kann nur dann ausgegangen werden, wenn die Höhe der Provision, welche der Wertpapierdienstleister für seine Tätigkeit erhält, nicht von der konkreten Wahl des Ausführungsplatzes abhängt. Handelt es sich bei dem beauftragten Institut um einen Rechtsträger i.S.d. § 15 WAG 2007, so ist dieses bereits gem § 52 Abs. 5 Z. 3 WAG 2007 verpflichtet, das Honorar in einer Art und Weise zu strukturieren, welche eine sachlich nicht gerechtfertigte Ungleichbehandlung der in Frage kommenden Handelsplätze hintanhält. Die Geschäftsleitung hat vor Auftragserteilung zu überprüfen, ob die Entgeltsvereinbarung jener Bestimmung entspricht.

Sofern das beigezogene Unternehmen die entsprechende Formalqualifikation aufweist, darf der Vorstand auf dessen fachliche Kompetenz vertrauen[246]. Entscheidend ist somit, ob das ausführende Institut die für den Handel mit Finanzinstrumenten auf fremde Rechnung notwendige Konzession besitzt.

Liegt eine derartige Berechtigung vor, ist dies zugleich ein wichtiges Indiz für die Seriosität des Wertpapierdienstleisters. Darüber hinaus hat das Leitungsorgan auch auf etwaige Warnmeldungen der jeweiligen Aufsichtsbehörde zu achten[247]. Nur auf diese Weise kann die Geschäftsführung vermeiden, Opfer eines Betrügers zu werden.

Wie bei jeder Auslagerung von Tätigkeiten an unternehmensfremde Dritte[248] trifft den Vorstand auch hier gegenüber dem orderausführenden Institut eine Überwachungspflicht[249]. Bzgl. der Kontrollintensität im Falle des „Outsourcings" finden sich in der Lehre zur Organhaftung (soweit ersichtlich) kaum konkrete Hinweise. Auf Grund der bereits näher ausgeführten

---

[243] Siehe etwa: *Schopper/Walch*, Vorstandshaftung bei Vertrauen auf unrichtigen Rechtsrat, GES 2012, 215 (219).

[244] Siehe etwa: *Vetter* in Krieger/Schneider, Handbuch Managerhaftung[2] (2010) § 18 Rz. 87.

[245] Siehe *Vetter* in Krieger/Schneider, Handbuch Managerhaftung[2] (2010) § 18 Rz. 88, welcher darauf hinweist, dass beim „Outsourcing" „im Grundsatz die gleichen Haftungsprinzipien wie bei der internen Delegation" zur Anwendung gelangen.

[246] Vgl. *Fleischer*, Vertrauen von Geschäftsleitern und Aufsichtsratsmitgliedern auf Informationen Dritter, ZIP 2009, 1397 (1403); vgl. *Kalss* in Kalss/Kunz, Handbuch für den Aufsichtsrat (2010) § 16 Rz. 9; dies muss auch im Falle der Auslagerung einer Tätigkeit gelten.

[247] Vgl. diesbezüglich zum Anlageberater: *Arendts*, Die Nachforschungspflicht des Anlageberaters über die von ihm empfohlene Kapitalanlage, DStR 1997, 1649 (1650).

[248] Vgl. *Spindler* in Goette/Habersack/Kalss, Münchener Kommentar zum Aktiengesetz[4] (2014) Band 2, § 76 Rz. 18; vgl. *Fleischer* in Spindler/Stilz, Aktiengesetz[2] (2010) § 76 Rz. 66; siehe auch bzgl. der unternehmensinternen Delegation: *Semler*, Leitung und Überwachung der Aktiengesellschaft[2] (1996) Rz. 24; *Mutter*, Unternehmerische Entscheidungen und Haftung des Aufsichtsrats der Aktiengesellschaft (1994) 35 f.

[249] Vgl. diesbezüglich zum Portfolioverwalter: *Gruber* in Gruber/Raschauer, Kommentar zum Wertpapieraufsichtsgesetz 2007 (2011) § 52 Rz. 14.

Ähnlichkeit des professionellen Portfolioverwalters mit einem am Finanzmarkt agierenden Vorstandsmitglied[250], bietet es sich auch hier an, die Sorgfaltsanforderungen des Geschäftsleiters an jenen des besagten Wertpapierdienstleisters zu orientieren. Ebenso wie ein Vermögensverwalter, welcher Kundenaufträge nicht selbst ausführt, sondern damit ein anderes Institut betraut, hat daher auch der Vorstand einer Aktiengesellschaft zu kontrollieren, ob sich die beauftragte Einrichtung eines geeigneten Verfahrens bedient. Eine Überprüfung, ob tatsächlich bei jeder Transaktion die für die Gesellschaft günstigste Alternative gewählt wurde, ist hingegen nicht erforderlich[251], zumal dies aus ökonomischer Sicht unrealistisch wäre[252].

Fleischer[253] vertritt darüber hinaus die Ansicht, dass der Vorstand bei der Auslagerung einer Tätigkeit an einen unternehmensfremden Dritten ein vertragliches Weisungsrecht vereinbaren müsse. Sofern das ausführende Institut zur bestmöglichen Durchführung i.S.d. § 52 WAG 2007 verpflichtet ist, besteht eine derartige Notwendigkeit nicht, zumal hier der Rechtsträger Weisungen des Kunden (bzw. des Vorstands als dessen Vertreter[254]) ohnehin nachzukommen hat. Dies ergibt sich aus der Annahme, dass mit der Umsetzung einer konkreten Weisung das Interesse des Auftraggebers bestmöglich gewahrt wird[255].

V. Der Ermessensspielraum des Vorstands im Zusammenhang mit Wertpapiergeschäften

1. Allgemeines

Wie bereits ausgeführt wurde, schulden die Organe einer Aktiengesellschaft nur eine sorgfältige Ausübung der ihnen übertragenen Leitungs- bzw. Überwachungstätigkeit. Für einen ausbleibenden Erfolg haften sie nur bei Nichteinhaltung der gebotenen Sorgfalt[256]. In der Praxis wird es häufig zu Situationen kommen, in denen sich eine vom Vorstand getroffene Entscheidung ex post betrachtet als ungünstig erweist, auch wenn sie zunächst die attraktivste von mehreren sich bietenden Möglichkeiten zu sein schien. Würde man der Gesellschaft bei jeder Fehlentscheidung einen Regressanspruch gegen ihre Organe gewähren, so käme es zu

---

[250] Siehe diesbezüglich Kapitel B.III.4.
[251] Vgl. diesbezüglich zum Portfolioverwalter: *Zingel*, Die Verpflichtung zur bestmöglichen Ausführung von Kundenaufträgen nach dem Finanzmarkt-Richtlinien-Umsetzungsgesetz, BKR 2007, 173 (177).
[252] Vgl. diesbezüglich zum Portfolioverwalter: EB zu RV 143 Blg.NR 23. GP 5.
[253] *Fleischer* in Spindler/Stilz, Aktiengesetz[2] (2010) § 76 Rz. 66.
[254] *Graf* in Gruber/Raschauer, Kommentar zum Wertpapieraufsichtsgesetz 2007 (2011) § 44 Rz. 61.
[255] *Gruber* in Gruber/Raschauer, Kommentar zum Wertpapieraufsichtsgesetz 2007 (2011) § 52 Rz. 24.
[256] Vgl. für den Vorstand: *Strasser* in Jabornegg/Strasser, Kommentar zum Aktiengesetz[5] (2010) §§ 77-84 Rz. 98a; *Nowotny* in Doralt/Nowotny/Kalss, Kommentar zum Aktiengesetz[2] (2012) § 84 Rz. 6; *Ratka/Rauter*, Handbuch Geschäftsführerhaftung[2] (2011) 9/140; OGH 31.10.1973, 1 Ob 179/73, SZ 46/113 = EvBl 1974/83 = NZ 1974, 190 = HS 8451; vgl. für den Aufsichtsrat: *Kalss* in Doralt/Nowotny/Kalss, Kommentar zum Aktiengesetz[2] (2012) § 99 Rz. 5; *Schauer* in Kalss/Kunz, Handbuch für den Aufsichtsrat (2010) § 34 Rz. 13; OGH 26.02.2002, 1 Ob 144/01k, RdW 2002, 342 = GES 2002, 26 = GesRZ 2002, 86 = ZIK 2002, 92 = wbl 2002, 325 = ecolex 2003, 34 = SZ 2002/26.

einer Verschiebung des Unternehmerrisikos[257]. Dieses muss jedoch letztlich stets von den Eigentümern getragen werden, sind sie es doch auch, die im Erfolgsfall an den Gewinnen partizipieren[258]. Ist die Geschäftsleitung nun bestrebt, durch die Veranlagung die Kaufkraft des Kapitals zu erhalten und – sofern dies ohne wesentliche Risiken möglich ist – eine (geringfügige) Vermögensvermehrung zu erreichen, so besteht auch hier zweifelsfrei ein gewisses Risiko. Würde das Portfolio ausschließlich Finanzprodukte beinhalten, welche eine extrem hohe Sicherheit aufweisen, könnte eine die Inflation ausgleichende Rendite wohl kaum erzielt werden. Jede Form des Wertzuwachses stellt schließlich einen Ausgleich für ein übernommenes Risiko dar[259].

Um eine Verschiebung des unternehmerischen Risikos zu Lasten des Vorstands zu vermeiden, muss der Geschäftsleitung ein gewisser Ermessensspielraum zugebilligt werden, innerhalb dessen eine Haftung für eventuelle Schäden mangels Sorgfaltswidrigkeit ausscheidet[260]. Die Existenz eines derartigen Freiraumes wird auch in der Literatur nicht angezweifelt[261]. Entwickelt der Vorstand nun eine Veranlagungsstrategie oder entscheidet er darüber, welche Wertpapiere im Rahmen der Umsetzung erworben werden sollen, so bieten sich ihm auch hier zahlreiche unterschiedliche Gestaltungsmöglichkeiten, deren Erfolg oder Misserfolg sich immer erst im Laufe der Zeit herausstellt. Aus der Verfehlung eines Renditezieles kann daher nicht ohne weiteres auf eine Sorgfaltswidrigkeit geschlossen werden.

Auch dem professionellen Vermögensverwalter, dessen Tätigkeit der eines am Wertpapiermarkt agierenden Geschäftsleiters durchaus ähnelt, wird im Rahmen seiner Dienstleistungserbringung eine gewisse Handlungsfreiheit gewährt. § 1 Z. 2 lit. d WAG 2007 definiert die Portfolioverwaltung nämlich als „die Verwaltung von Portfolios auf Einzelkundenbasis mit einem Ermessensspielraum". Bei der Ausübung seiner Tätigkeit bietet sich dem Vermögensverwalter in der Regel eine große Anzahl von Handlungsalternativen, welche zwar alle durch die Vorgaben des Kunden gedeckt sind, sich jedoch im Nachhinein durchaus als unvorteilhaft herausstellen können[262]. Erfüllt der Wertpapierdienstleister jedoch bei der Zusammenstellung des Depots gewisse Kriterien, so handelt er auch dann nicht

---

[257]   *Strasser* in Jabornegg/Strasser, Kommentar zum Aktiengesetz⁵ (2010) §§ 77-84 Rz. 98a.
[258]   Vgl. *Lutter*, Die Business Judgement Rule in Deutschland und Österreich, GesRZ 2007, 79 (79).
[259]   Vgl. *Bauer* in Kalss/Kunz, Handbuch für den Aufsichtsrat (2010) § 40 Rz. 12.
[260]   Vgl. OGH 26.02.2002, 1 Ob 144/01k, RdW 2002, 342 = GES 2002, 26 = GesRZ 2002, 86 = ZIK 2002, 92 = wbl 2002, 325 = ecolex 2003, 34 = SZ 2002/26.
[261]   Siehe: *Strasser* in Jabornegg/Strasser, Kommentar zum Aktiengesetz⁵ (2010) §§ 77-84 Rz. 98a; *Nowotny* in Doralt/Nowotny/Kalss, Kommentar zum Aktiengesetz² (2012) § 84 Rz. 8; *Kapsch/Grama*, Business Judgement Rule: Pflichtwidrige oder bloß unglückliche Geschäftsentscheidung? ecolex 2003, 524 (528); *U. Torggler*, Business Judgement Rule und unternehmerische Ermessensentscheidung, ZfRV 2002, 133 (135); *Schima*, Business Judgement Rule und Verankerung im österreichischen Recht, GesRZ 2007, 93 (93).
[262]   *Schopper*, Haftung für Veranlagungsentscheidungen bei Portfolioverwaltung auf Einzelkundenbasis, ÖBA 2013, 17 (21).

sorgfaltswidrig, wenn der Kunden in Folge eines späteren Kursverlustes einen Schaden erleidet[263].

Im Zusammenhang mit dem Ermessensspielraum eines Vorstands stellt sich die Frage, inwieweit das aus dem US-amerikanischen Raum stammende Rechtsinstitut der Business Judgement Rule auch im österreichischen Recht anwendbar ist. Trifft die Geschäftsleitung eine unternehmerische Entscheidung auf einer angemessenen Informationsbasis, ohne etwaige Eigeninteressen und im nachvollziehbaren Glauben, im besten Interesse der Gesellschaft zu agieren[264], so kommt ihm, je nach Ausprägung des Rechtsinstitutes, die widerlegbare bzw. unwiderlegbare Vermutung sorgfaltsgemäßen Handelns zu Gute[265]. Sinn und Zweck dieser Privilegierung liegt primär darin, der Unternehmensleitung die Angst vor risikobehafteten Entscheidungen zu nehmen[266]. Solche sind, wie bereits ausgeführt, auch im Zusammenhang mit der Veranlagung von Kapital unumgänglich[267].

Der deutsche Gesetzgeber hat mit § 93 Abs. 1 2. Satz dAktG einen der Business Judgement Rule nachgebildeten Haftungsfreiraum geschaffen. Werden die maßgeblichen Kriterien vom Unternehmensleiter eingehalten, unterbleibt eine nähere inhaltliche Überprüfung der Geschäftsentscheidung durch das deutsche Gericht[268]. In Österreich hingegen kam es zu keiner Änderung des bisher geltenden Sorgfaltsmaßstabes für Vorstände, was die Frage aufwirft, inwieweit die Business Judgement Rule auch für die Beurteilung österreichischer Sachverhalte relevant ist. Die herrschende Ansicht geht davon aus, dass für eine Übernahme des Rechtsinstitutes keinerlei Anlass bestehe[269]. Dem ist zuzustimmen, bietet der objektive Sorgfaltsmaßstab des § 84 AktG doch weit mehr Flexibilität als das starre Prüfungsmodell der Business Judgement Rule[270]. Wie *Lutter*[271] überzeugend ausführt, sind deren Elemente nämlich großteils ohnehin Bestandteil jener Sorgfaltspflichten, die das österreichische Aktiengesetz einem Geschäftsleiter aufbürdet. So geht etwa aus einer höchstgerichtlichen Entscheidung aus dem Jahre 2002 hervor, dass das Fehlschlagen „unternehmerischer Entscheidungen" nicht

---

[263] *Schopper*, Haftung für Veranlagungsentscheidungen bei Portfolioverwaltung auf Einzelkundenbasis, ÖBA 2013, 17 (22).

[264] *Kapsch/Grama*, Business Judgement Rule: Pflichtwidrige oder bloß unglückliche Geschäftsentscheidung? ecolex 2003, 524 (525).

[265] *Kapsch/Grama*, Business Judgement Rule: Pflichtwidrige oder bloß unglückliche Geschäftsentscheidung? ecolex 2003, 524 (526 f.).

[266] *Told*, Business Judgement Rule und ihre Anwendbarkeit in Österreich, GES 2015, 60 (62); *Hopt* in Hopt/Wiedemann, Aktiengesetz Großkommentar[4] (2008) Band 3, § 93 Rz. 83.

[267] Vgl. diesbezüglich zur Portfolioverwaltung: *Schopper*, Haftung für Veranlagungsentscheidungen bei Portfolioverwaltung auf Einzelkundenbasis, ÖBA 2013, 17 (21).

[268] *Lutter*, Die Business Judgement Rule in Deutschland und Österreich, GesRZ 2007, 79 (84).

[269] *Schima*, Business Judgement Rule und Verankerung im österreichischen Recht, GesRZ 2007, 93 (94); *Strasser* in Jabornegg/Strasser, Kommentar zum Aktiengesetz[5] (2010) §§ 77-84 Rz. 98a; *Nowotny* in Doralt/Nowotny/Kalss, Kommentar zum Aktiengesetz[2] (2012) § 84 Rz. 8.

[270] *Schima*, Business Judgement Rule und Verankerung im österreichischen Recht, GesRZ 2007, 93 (94); *Strasser* in Jabornegg/Strasser, Kommentar zum Aktiengesetz[5] (2010) §§ 77-84 Rz. 98a.

[271] *Lutter*, Die Business Judgement Rule in Deutschland und Österreich, GesRZ 2007, 79 (84 f.).

schon grundsätzlich eine Sorgfaltspflichtverletzung darstelle[272]. Auch dass sich das Leitungsorgan stets am Wohl des Unternehmens orientieren muss, ist unstrittig[273]. Wie der OGH betonte, wäre es zudem mit der organschaftlichen Treuepflicht nicht vereinbar, wenn die Geschäftsleitung im Rahmen ihrer Funktionsausübung Eigeninteressen verfolgen würde[274]. Darüber hinaus ist auch nach österreichischem Recht vor jeder unternehmerischen Entscheidung eine angemessene Informationsgrundlage zu schaffen[275].

Die Kriterien der Business Judgement Rule sind somit auch in Österreich für die Frage relevant, ob eine Vorstandsentscheidung innerhalb des Ermessensspielraumes liegt und somit als sorgfaltsgemäß zu qualifizieren ist[276]. Abhängig vom konkreten Sachverhalt können aber noch zusätzliche Voraussetzungen hinzukommen bzw. sich bestehende Elemente ändern. Eben darin liegt der Vorteil des flexiblen Maßstabes des österreichischen Aktiengesetzes[277].

Zudem besteht ein weiterer grundlegender Unterschiede zur deutschen Rechtslage. Die Kodifizierung der Business Judgement Rule hat zur Folge, dass eine inhaltliche Kontrolle der Vorstands- bzw. Aufsichtsratsentscheidung nur in äußerst abgeschwächter Form vorgenommen wird. So überprüft das Gericht lediglich, ob eine Handlung im Zeitpunkt der Entscheidungsfindung aus der Sicht der Verantwortlichen nachvollziehbar war[278]. Ausschlaggebend ist, ob den mit einer konkreten Maßnahme einhergehenden Chancen das damit verbundene Risiko gegenübergestellt wurde[279]. Eine richterliche Bewertung bzgl. der Schlüssigkeit der vorgebrachten Argumente hat zu unterbleiben[280]. Die österreichische Lehre[281] geht hingegen davon aus, dass trotz Bestehen einer unternehmerischen Handlungsfreiheit nach wie vor die Möglichkeit einer inhaltlichen Bewertung der getroffenen Entscheidung gegeben sei. Auch der OGH[282] äußerte sich bereits zur Thematik der Business Judgement Rule und befand, dass der Einfluss jenes Prinzips auf die österreichische Rechtslandschaft nicht so weit

---

[272] Vgl. OGH 26.02.2002, 1 Ob 144/01k, RdW 2002, 342 = GES 2002, 26 = GesRZ 2002, 86 = ZIK 2002, 92 = wbl 2002, 325 = ecolex 2003, 34 = SZ 2002/26.

[273] *Ratka/Rauter*, Handbuch Geschäftsführerhaftung² (2011) Rz. 9/152, 9/177; *Nowotny* in Doralt/Nowotny/Kalss, Kommentar zum Aktiengesetz² (2012) § 70 Rz. 11, 15.

[274] Siehe für die GmbH: OGH 09.01.1985, 3 Ob 521/84, GesRZ 1986, 97 = HS 16.256 = 16.869.

[275] *Strasser* in Jabornegg/Strasser, Kommentar zum Aktiengesetz⁵ (2010) §§ 77-84 Rz. 95.

[276] Vgl. *Lutter*, Die Business Judgement Rule in Deutschland und Österreich, GesRZ 2007, 79 (85); *Kapsch/Grama*, Business Judgement Rule: Pflichtwidrige oder bloß unglückliche Geschäftsentscheidung? ecolex 2003, 524 (528).

[277] Vgl. *Schima*, Business Judgement Rule und Verankerung im österreichischen Recht, GesRZ 2007, 93 (94); vgl. *Strasser* in Jabornegg/Strasser, Kommentar zum Aktiengesetz⁵ (2010) §§ 77-84 Rz. 98a.

[278] *Hüffer*, Aktiengesetz¹¹ (2014) § 93 Rz. 21.

[279] Vgl. *Säcker*, Gesellschaftsrechtliche Grenzen spekulativer Finanztermingeschäfte - Überlegungen aus Anlass der Garantieerklärung der Bundesregierung für die Hypo Real Estate-Group, NJW 2008, 3313 (3316).

[280] *P. Schaub/M. Schaub*, Ratingurteile als Entscheidungsgrundlage für Vorstand und Abschlussprüfer? ZIP 2013, 656 (658).

[281] *P. Doralt/W. Doralt*, Rechtsvergleichung und Rezeption in der Managerhaftung, in: FS Koziol (2010) 565 (586); *Feyl*, Gedanken zur Business Judgement Rule, GesRZ 2007, 89 (90); a.A.: *Kapsch/Grama*, Business Judgement Rule: Pflichtwidrige oder bloß unglückliche Geschäftsentscheidung? ecolex 2003, 524 (528).

[282] OGH 08.05.2008, 6 Ob 28/08y, GesRZ 2008, 304 = wbl 2008, 359 = RdW 2008, 649 = HS 39.014 = HS 39.015 = HS 39.036 = HS 39.040 = HS 39.041 = HS 39.042 = HS 39.043 = HS 39.044 = HS 39.060 = HS 39.064 = HS 39.071.

reiche, dass eine gerichtliche Kontrolle dahingehend, ob ein vorhandener Ermessensspielraum überschritten wurde, unzulässig wäre.

Im Folgenden wird nun das Vorstandsermessen bei zwei der im Zusammenhang mit dem An- und Verkaufen von Wertpapieren zu Anlagezwecken wohl wesentlichsten Entscheidungen, nämlich der Erstellung einer geeigneten Strategie sowie der Auswahl der entsprechenden Finanztitel, näher beleuchtet, um so eine Abgrenzung zwischen einem noch als sorgfaltsgemäß zu qualifizierenden Verhalten und einer mit dem Sorgfaltsmaßstab des § 84 AktG nicht mehr zu vereinbarenden Maßnahme zu erreichen.

2. *Ermessensspielraum des Vorstands bei der Erstellung einer Veranlagungsstrategie*

a. Bewusste unternehmerische Entscheidung

Erstellt der Vorstand ein Konzept bzgl. der Veranlagung von Unternehmensvermögen, so hat er dabei eine Vielzahl von Entscheidungen zu treffen. Es müssen das Volumen der besagten Investition festgelegt, sowie der Veranlagungshorizont definiert werden[283]. Bei der Gewichtung der diversen Wertpapiergattungen (Asset Allocation) gilt es zudem zu regeln, welches Maß an Diversifikation im Hinblick auf das Unternehmenswohl anzustreben ist. Bei all diesen Entscheidungen zeigt sich, dass es keineswegs nur eine einzige vertretbare gibt. Vielmehr steht der Geschäftsleitung ein ganzes Spektrum an Gestaltungsmöglichkeiten zur Verfügung[284]. So kann etwa nicht mit eindeutiger Sicherheit prognostiziert werden, wann und in welchem Ausmaß das investierte Kapital wieder zur Umsetzung des Gesellschaftsgegenstandes benötigt wird.

Lediglich bei der Frage, welche Rendite mit dem Portfolio erzielt werden soll und damit einhergehend auch bei der Festlegung des Risikogrades, besteht der hier angesprochene Ermessensspielraum nur in äußerst eingeschränktem Maße. Selbst bei einer hervorragenden Finanzsituation wäre es nämlich unzulässig, das Risikopotential des Investitionsvorhabens zu erhöhen, auch wenn sich dadurch die Chance eröffnet, eine überdurchschnittliche Rendite zu erwirtschaften. Dies ergibt sich daraus, dass der Veranlagung lediglich eine den eigentlichen Gesellschaftsgegenstand unterstützende Funktion zukommt. Durch den An- und Verkauf von Finanztiteln soll derzeit nicht benötigtes Kapital vor einer inflationsbedingten Entwertung geschützt und möglichst risikofrei vermehrt werden, um es letztlich wieder dem eigentlichen Geschäftszweig des Unternehmens zuführen zu können. Zwar mag es u.U. durchaus verlockend erscheinen, überdurchschnittliche Erträge anzustreben, doch darf niemals außer Acht gelassen werden, dass höhere Gewinnchancen i.d.R. auch mit einem erhöhten Verlustrisiko

---

[283] Vgl. *Bauer* in Kalss/Kunz, Handbuch für den Aufsichtsrat (2010) § 40 Rz. 3 ff.
[284] Vgl. dazu allgemein: *Kapsch/Grama*, Business Judgement Rule: Pflichtwidrige oder bloß unglückliche Geschäftsentscheidung? ecolex 2003, 524 (528).

einhergehen[285]. Es bedarf keiner besonderen Hervorhebung, dass ein in unnötigem Maße von Kursverlusten bedrohtes Wertpapierportfolio eben diese Hilfsfunktion nur in eingeschränkter Weise erfüllt. So bestünde wohl lange Zeit keine Planungssicherheit darüber, wann, ob und in welchem Umfang das veranlagte Vermögen wieder für die Verwirklichung des Gesellschaftsgegenstandes zur Verfügung steht. Aus diesem Grund ist das Ermessen des Vorstands hinsichtlich der Frage, wie risikobehaftet er das von ihm zu erstellende Veranlagungskonzept ausgestaltet, äußerst eingeschränkt. Der Wegfall jener Hilfsfunktion hätte (sofern durch die Satzung der An- bzw. Verkauf von Wertpapieren nicht ausdrücklich erlaubt ist) nämlich zur Folge, dass die Veranlagung von Gesellschaftskapital einer Überschreitung der durch den Unternehmensgegenstand festgelegten Grenze gleichkäme. Gem § 145 Abs. 1 AktG steht das Recht zur Änderung des unternehmerischen Tätigkeitsbereichs allerdings ausschließlich der Hauptversammlung zu, weshalb die Wahl einer besonders risikogeneigten Strategie nicht vom Handlungsspielraum des Geschäftsleiters gedeckt wäre[286].

b. Angemessene Informationsbasis

Wird von der Geschäftsleitung eine Veranlagungsstrategie erarbeitet, so handelt diese nur dann innerhalb des ihr von der Lehre und Rechtsprechung eingeräumten Ermessensspielraumes, wenn zuvor eine ausreichende Informationsbasis geschaffen wurde[287]. Ist im Verhältnis von Vermögensverwalter zu Kunde häufig vom „know your customer"-Prinzip[288] die Rede, so könnte man im Verhältnis Geschäftsleiter zu Gesellschaft vom „know your company"-Grundsatz sprechen. Im Zusammenhang mit der Erstellung eines Anlagekonzeptes hat der Vorstand festzulegen, welches Renditeziel angestrebt wird, über welchen Zeitraum die Investition erfolgen soll und wie viel an Gesellschaftsvermögen für den Aufbau eines Finanzportfolios zur Verfügung steht[289].

Es stellt sich nun die Frage, ab wann ein ordentlicher und gewissenhafter Geschäftsleiter davon ausgehen darf, besagte Entscheidungen auf Basis einer angemessenen Informationsgrundlage getroffen zu haben. Müssen stets alle verfügbaren Informationen eingeholt werden oder sind neben der Informationsmenge auch noch andere Faktoren relevant? Die Lehre geht von letzterem aus und zieht für die Beurteilung, ob eine konkrete Informationsbeschaffung

---

[285] Vgl. *Bauer* in Kalss/Kunz, Handbuch für den Aufsichtsrat (2010) § 40 Rz. 10.

[286] Vgl. zur Grenze des unternehmerischen Ermessensspielraums im Hinblick auf zwingende aktiengesetzliche Regelungen: *Schäfer*, Die Binnenhaftung von Vorstand und Aufsichtsrat nach der Renovierung durch das UMAG, ZIP 2005, 1253 (1256); *Baums*, Risiko und Risikosteuerung im Aktienrecht, ZGR 2011, 218 (231 f.); *U. Torggler*, Business Judgement Rule und unternehmerische Ermessensentscheidung, ZfRV 2002, 133 (135); *Lutter*, Die Business Judgement Rule in Deutschland und Österreich, GesRZ 2007, 79 (81); *Hüffer*, Aktiengesetz[11] (2014) § 93 Rz. 16.

[287] Vgl. *Strasser* in Jabornegg/Strasser, Kommentar zum Aktiengesetz[5] (2010) §§ 77-84 Rz. 95.

[288] *Fuchs* in Fuchs, Wertpapierhandelsgesetz (2009) § 31 Rz. 36; *Rothenhöfer* in Schwark/Zimmer, Kapitalmarktrechts-Kommentar[4] (2010) § 31 Rz. 31; *Graf* in Gruber/Raschauer, Kommentar zum Wertpapieraufsichtsgesetz 2007 (2011) § 44 Rz. 23.

[289] Vgl. *Bauer* in Kalss/Kunz, Handbuch für den Aufsichtsrat (2010) § 40 Rz. 3 ff.

angemessen ist oder nicht, noch weitere Kriterien heran. So müssen neben der Bedeutsamkeit der zu treffenden Entscheidung auch die dadurch anfallenden Kosten sowie ein möglicher Zeitdruck berücksichtigt werden[290]. Je geringer somit der mit der Informationseinholung verbundene Aufwand ist, umso eher ist es dem Vorstand zuzumuten, diese Informationen auch tatsächlich zu beschaffen[291]. Was bedeutet dies aber nun für den das Investitionskonzept erarbeitenden Geschäftsleiter?

Um zu entscheiden, welches Volumen bzw. welcher Veranlagungshorizont am ehesten dem Gesellschaftswohl entspricht, müssen vor allem Daten bzgl. der finanziellen Situation des Unternehmens eingeholt und ausgewertet werden[292]. Nur so kann man beurteilen, welcher Teil des Unternehmensvermögens voraussichtlich nicht zur Deckung laufender Kosten oder sonstiger Investitionen benötigt wird und daher für den Portfolioaufbau zur Verfügung steht. Derartige Informationen sind für die Geschäftsleitung besonders einfach einzuholen, trifft diese doch bereits auf Grund ihrer Organstellung die Pflicht, bzgl. der wirtschaftlichen Lage der AG stets im Bilde zu sein[293]. Auch entstehen im Zuge dieser Nachforschungen keinerlei Kosten für die Gesellschaft, da die relevanten Kennzahlen ohnehin der Bilanz entnommen werden können und für etwaiges Detailwissen auf die zuständigen Mitarbeiter des Unternehmens zurückgegriffen werden kann. Es sind sowohl die regelmäßigen Einnahmen, wie beispielsweise aus der gewöhnlichen Geschäftstätigkeit der Gesellschaft, als auch die regelmäßig anfallenden Ausgaben, wie etwa Lohnzahlungen, Lizenzgebühren, Kreditraten, Miete für Geschäftsräumlichkeiten, Werbekosten, Steuern, eventuelle Materialkosten sowie Kosten für externe Beratung zu ermitteln. Zudem ist natürlich auch das vorhandene Gesellschaftsvermögen zu berücksichtigen. Zu nennen sind hier vor allem Immobilien, bereits vorhandenes Finanzanlagevermögen und etwaige Immaterialgüter[294]. Neben der Analyse der aktuellen finanziellen Situation ist auch eine Prognose bzgl. der zukünftigen Entwicklung ratsam[295], da ein Finanzanlageprodukt i.d.R. über einen längeren Zeitraum gehalten wird und das Kapital somit während dieser Zeit nicht anderweitig investiert werden kann.

Eine unzureichende Informationsbasis für die Erstellung eines Anlagekonzeptes ist zudem nicht mit dem Einwand der Dringlichkeit zu rechtfertigen. Dass das Kapital während eines gründlichen Entscheidungsprozesses der Gefahr einer inflationsbedingten Entwertung ausgesetzt ist, wiegt nicht annähernd so schwer wie jenes Risiko, welches eine falsch

---

[290] *Schlosser*, Die Organhaftung der Vorstandsmitglieder der Aktiengesellschaft (2002) 52.
[291] Ähnlich: *Smith v. Van Gorkom*, 488 A2d 858, 872 (Del. 1985);
Schlosser, Die Organhaftung der Vorstandsmitglieder der Aktiengesellschaft (2002) 52.
[292] Vgl. diesbezüglich zum Portfolioverwalter: *Graf* in Gruber/Raschauer, Kommentar zum Wertpapieraufsichtsgesetz 2007 (2011) § 44 Rz. 23.
[293] *Feltl/Pucher*, Corporate Compliance im österreichischen Recht – Ein Überblick, wbl 2010, 265 (269); *Ratka/Rauter*, Handbuch Geschäftsführerhaftung² (2011) Rz. 9/186.
[294] Vgl. hinsichtlich der Vermögenssituation eines Privatkunden: *Graf* in Gruber/Raschauer, Kommentar zum Wertpapieraufsichtsgesetz 2007 (2011) § 44 Rz. 23.
[295] Vgl. diesbezüglich für die Privatstiftung: *Kraus*, Strukturierte Veranlagung von Stiftungsvermögen, ZfS 2007, 35 (36).

konzipierte Anlagestrategie für die Gesellschaft mit sich bringt. Aus all dem folgt, dass der Vorstand eine hohe Informationsdichte schaffen muss, um sich bzgl. der Festlegung des Veranlagungsvolumens bzw. –horizonts auf den ihm zugebilligten Ermessensspielraum berufen zu können. Selbst wenn der Entscheidung auf Grund einer geringen Investitionssumme nur eine untergeordnete Bedeutung zukommt, darf ein ordentlicher und gewissenhafter Geschäftsleiter nicht auf die Einholung der ohnehin leicht zugänglichen bzw. auf die Berücksichtigung bereits vorhandener Daten verzichten[296].

Ähnliches gilt auch für Einschätzungen bzgl. der zu erwartenden Inflation. Für den Veranlagungsprozess sind derartige Prognosen insbesondere deshalb bedeutsam, weil sie einen Anhaltspunkt für die anzustrebende Rendite darstellen und somit auch die Risikoneigung der Strategie beeinflussen. Besagte Informationen können mit nur geringem Zeitaufwand via Internet beschafft werden, weshalb auch keinerlei Kosten, wie etwa für unternehmensfremde Experten oder teure Gutachten anfallen. Da der zu erwartende Nutzen einer zusätzlichen Information für den Entscheidungsprozess bzgl. der Frage der Angemessenheit ebenfalls eine Rolle spielt[297], ist es ausreichend, wenn der Vorstand seine Suche nach entsprechenden Daten auf die Prognosen von seriösen Institutionen beschränkt.

Trifft die Geschäftsleitung die Entscheidung, dass sowohl hinsichtlich der Veranlagungsdauer bzw. dem Volumen der Investition als auch der notwendigen Portfoliorendite eine ausreichende Informationsgrundlage geschaffen wurde, so ist in einem nächsten Schritt die Asset Allocation, also die Aufteilung des Gesellschaftsvermögens auf die verschiedenen Wertpapierklassen vorzunehmen. Wie intensiv sich die Geschäftsleitung bezüglich der Zusammenstellung eines (konservativen) Portfolios informieren muss, hängt nicht zuletzt auch vom konkreten Kenntnis- und Erfahrungsstand des Leitungsorganes ab. Ist ein solcher nicht oder nur in eingeschränktem Maße vorhanden, erfordert es die Sorgfalt eines ordentlichen und gewissenhaften Geschäftsleiters, sich von Experten beraten zu lassen[298]. Angesichts der Bedeutung der Asset Allocation (sie ist für rund 80 bis 90 % des Veranlagungserfolges verantwortlich[299]) wird die Beiziehung eines Beraters hier auch stets als angemessen, wirtschaftlich und zweckmäßig zu qualifizieren sein[300]. Eine Ausnahme besteht nur für den Fall, dass derartige Informationen auch unternehmensintern, also von sachkundigen Mitarbeitern oder Kollegen erlangt werden

---

[296] *Bunz*, Der Schutz unternehmerischer Entscheidungen durch das Geschäftsleiterermessen (2011) 171.
[297] Vgl. *Spindler* in Goette/Habersack/Kalss, Münchener Kommentar zum Aktiengesetz[4] (2014) Band 2, § 93 Rz. 48; vgl. *Ulmer*, Haftungsfreistellung bis zur Grenze grober Fahrlässigkeit bei unternehmerischen Fehlentscheidungen von Vorstand und Aufsichtsrat? DB 2004, 859 (860).
[298] Vgl. *Strasser* in Jabornegg/Strasser, Kommentar zum Aktiengesetz[5] (2010) §§ 77-84 Rz. 95.
[299] *Hofmann*, Überlegungen zur Verantwortung des Stiftungsvorstands bei Investitionsentscheidungen, PSR 2010, 173 (177); *Steiner*, Vermögensveranlagung in Stiftungen – Rechtliche Rahmenbedingungen, ZfS 2007, 46 (50).
[300] Siehe zu diesem Erfordernis: *Ratka/Rauter*, Handbuch Geschäftsführerhaftung[2] (2011) Rz. 9/309.

können[301]. Zu denken wäre hier etwa an einen Aufsichtsratsmandatar, welcher über umfassende Erfahrungen und Fachkenntnisse im Bereich des Wertpapiermanagements verfügt.

c. Unbefangenheit des Vorstands

Um in den Genuss eines haftungsfreien Ermessensspielraumes zu kommen, ist es erforderlich, dass der Vorstand bei der Ausarbeitung eines Anlagekonzeptes ausschließlich das Gesellschaftswohl im Auge hat und sämtliche Eigeninteressen oder solche von nahen Angehörigen den Entscheidungsfindungsprozess nicht beeinflussen[302]. Auch der österreichische Corporate Governance Kodex enthält diesbezüglich zahlreiche Regelungen[303].

Angesichts der häufig erfolgsabhängig ausgestalteten Vergütungssysteme besteht grundsätzlich die Gefahr, dass der Vorstand ein äußerst risikobehaftetes Konzept kreiert, um durch mögliche Spekulationserträge den Gewinn der Gesellschaft und somit letztlich auch die ihm zustehenden Boni zu maximieren[304]. Ebenso kann der Fall auftreten, dass eine derart aggressive Anlagepolitik nur deshalb verfolgt wird, um über schlechte Entwicklungen im Kerngeschäft hinwegzutäuschen und so den eigenen Arbeitsplatz zu sichern[305]. Hier ist jedoch zu beachten, dass dem Vorstand bei der Formulierung der Renditeziele ohnehin nur ein äußerst geringer Spielraum verbleibt, zumal er diesbezüglich durch die Hilfsfunktion der Kapitalveranlagung eingeschränkt wird. Die Frage, ob die Geschäftsführung in derartigen Konstellationen den ihr zustehenden Handlungsfreiraum überschritten hat, wird sich mangels eines entsprechenden Ermessens oft nicht stellen.

Hinsichtlich der Festlegung des Anlagehorizontes, des Volumens sowie der Aufteilung der Investitionssumme auf die diversen Asset-Klassen besteht hingegen kaum die Gefahr, dass der Vorstand hier Eigen- bzw. Fremdinteressen über das Wohl der Gesellschaft stellt, zumal nicht ersichtlich ist, welchen Nutzen der Entscheidungsträger oder eine ihm nahestehende Person daraus ziehen sollte.

d. Handeln zum Wohle der Gesellschaft

Anders als nach deutschem Aktienrecht muss der Vorstand einer österreichischen AG auch mit einer inhaltlichen Prüfung des Anlagekonzeptes rechnen[306]. Ausschlaggebend ist, ob im

---

[301] *Bunz*, Der Schutz unternehmerischer Entscheidungen durch das Geschäftsleiterermessen (2011) 177.
[302] Vgl. dazu allgemein: *Schima*, Organ-Interessenkonflikte und Corporate Governance, GesRZ 2003, 199 (200 f.).
[303] Siehe etwa die Regeln 19 L bis 26 L des ÖCGK.
[304] Vgl. dazu allgemein: *Rauter*, Handbuch Geschäftsführerhaftung² (2011) Rz. 9/172.
[305] Ähnlich im Bezug auf Derivate: *Randow*, Derivate und Corporate Governance, ZGR 1996, 594 (600).
[306] Siehe dazu allgemein: *P. Doralt/W. Doralt*, Rechtsvergleichung und Rezeption in der Managerhaftung, in: FS Koziol (2010) 565 (586); *Feyl*, Gedanken zur Business Judgement Rule, GesRZ 2007, 89 (90); a.A.: *Kapsch/Grama*, Business Judgement Rule: Pflichtwidrige oder bloß unglückliche Geschäftsentscheidung? ecolex 2003, 524 (528).

Zeitpunkt der Entscheidung die naheliegende Wahrscheinlichkeit bestand, dass das Geschäft das Unternehmenswohl fördert[307]. Wie bereits ausgeführt wurde[308], wird dem Gesellschaftsinteresse stets dann entsprochen, wenn das Veranlagungskonzept die zuvor sorgfältig definierten Anlageziele bzw. das Veranlagungsvolumen entsprechend berücksichtigt. Dem Gericht obliegt daher zunächst die Beurteilung, ob aus ex ante-Perspektive berechtigterweise davon ausgegangen werden konnte, dass sich sowohl die Einschätzung hinsichtlich des Veranlagungshorizonts als auch des Investitionsvolumens am Unternehmenswohl orientieren. In einem zweiten Schritt ist dann die Eignung der gewählten Strategie im Hinblick auf diese beiden Faktoren sowie auf den Zweck der Substanzerhaltung zu prüfen.

Auch die strategische Asset Allocation unterliegt der gerichtlichen Kontrolle. Ob das veranlagte Vermögen ausreichend diversifiziert ist, wird letztlich nach den konkreten Umständen des Einzelfalls zu beurteilen sein. Lediglich hinsichtlich der Verteilung des Investitionskapitals auf die diversen Assetklassen liefert die deutsche Rechtsprechung zur Vermögensverwaltung einen wertvollen Anhaltspunkt. Wie bereits erwähnt, dürfe der Aktienanteil an einem konservativen Portfolio demnach etwa höchstens 30 % betragen[309].

3. *Ermessensspielraum des Vorstands bei der Einzeltitelauswahl*

a. Bewusste unternehmerische Entscheidung

Ähnlich wie bei der Gestaltung der Veranlagungsstrategie steht die Unternehmensleitung auch bei der Auswahl der konkreten Finanzanlageinstrumente vor einer Vielzahl von Möglichkeiten. Sofern die Geschäftsführung auf die Beiziehung eines externen Portfolioverwalters verzichtet, hat sie nun aus dieser Masse an potentiellen Investitionsobjekten eine Auswahl zu treffen. Unabhängig davon, ob es sich um Anleihen, Aktien, Futures oder andere Gattungen von Wertpapieren handelt, besteht für den Vorstand keinerlei Möglichkeit, die weitere Entwicklung der akquirierten Titel vorherzusagen. Eben jene Ungewissheit ist ein typisches Merkmal für Entscheidungen, bei denen dem Leitungsorgan ein Ermessensspielraum zuzubilligen ist[310].

---

[307] Vgl. *Kalss* in Goette/Habersack/Kalss, Münchener Kommentar zum Aktiengesetz[4] (2014) Band 2, § 93 Rz. 347.
[308] Siehe Kapitel B.IV.3.
[309] OLG Düsseldorf 13.06.1990, 6 U 234/89, WM 1991, 94.
[310] Siehe statt vieler: *Schäfer*, Die Binnenhaftung von Vorstand und Aufsichtsrat nach der Renovierung durch das UMAG, ZIP 2005, 1253 (1256).

b. Angemessene Informationsbasis

aa. Allgemeines

Wie vor jeder unternehmerischen Entscheidung trifft die Geschäftsleitung auch vor dem Erwerb der einzelnen Anlagetitel die Pflicht, sich bzgl. dieser angemessen zu informieren[311], um so das für eine professionelle Fremdvermögensverwaltung notwendige Fachwissen zu erlangen[312]. Neben einer selbstständig durchgeführten Analyse wird der Vorstand auch häufig auf externe Informationsquellen zurückgreifen. Ist dies der Fall, so drängt sich die Frage auf, ob und unter welchen Umständen ein sorgfältiger und gewissenhafter Geschäftsleiter seine Entscheidung auf derartige Angaben stützen darf. Im Folgenden werden nun die eigenständige Beurteilung eines Wertpapiers durch das Leitungsorgan, sowie mit der Vertrauenswürdigkeit von Ratings der wohl praktisch bedeutsamste Fall, in dem vorstandsfremde Einschätzungen als Grundlage für den Erwerb von Finanzinstrumenten herangezogen werden, näher beleuchtet.

bb. Eigenständige Analyse

Zunächst besteht für den Vorstand die Möglichkeit, sich mittels eigenständiger Analyse selbst ein Bild von einem Finanzanlageprodukt zu machen und so die mit diesem einhergehenden Risiken zu bewerten[313].

Die potentiellen Ursachen für eine negative Entwicklung der Kapitalanlagegeschäfte können je nach Wertpapiertypus variieren. Während bei Anleihen häufig die Gefahr besteht, dass es auf Grund eines steigenden Zinssatzes zu einem Kursverlust kommt[314], tritt bei Aktien das Bonitätsrisiko stärker in den Vordergrund[315]. Ausländische Kapitalanlageformen unterliegen zudem einem Währungsrisiko[316].

Auch über die Haftungsverhältnisse des in Frage kommenden Finanzproduktes hat sich der Vorstand zu informieren und die dabei gewonnenen Erkenntnisse bei seiner Entscheidung zu berücksichtigen[317].

---

[311] Siehe dazu allgemein: *Kalss* in Goette/Habersack/Kalss, Münchener Kommentar zum Aktiengesetz[4] (2014) Band 2, § 93 Rz. 346; *Strasser* in Jabornegg/Strasser, Kommentar zum Aktiengesetz[5] (2010) §§ 77-84 Rz. 95; *Kapsch/Grama*, Business Judgement Rule: Pflichtwidrige oder bloß unglückliche Geschäftsentscheidung? ecolex 2003, 524 (528).

[312] Vgl. diesbezüglich zum Portfolioverwalter: *Graf* in Gruber/Raschauer, Kommentar zum Wertpapieraufsichtsgesetz 2007 (2011) § 38 Rz. 12.

[313] Vgl. *Fleischer*, Aktuelle Entwicklung der Managerhaftung, NJW 2009, 2337 (2342).

[314] Vgl. *Bauer* in Kalss/Kunz, Handbuch für den Aufsichtsrat (2010) § 40 Rz. 36 ff.

[315] Vgl. *Fuchs* in Fuchs, Wertpapierhandelsgesetz (2009) § 31 Rz. 167.

[316] *Tolkmitt*, Neue Bankbetriebslehre[2] (2007) 346.

[317] Vgl. *Lutter*, Bankenkrise und Organhaftung, ZIP 2009, 197 (198).

Neben dem Aspekt der Sicherheit sind zudem Rentabilität und Liquidität der Anlageinstrumente zu analysieren[318]. Diese beiden Faktoren stehen in direkter Beziehung zu einander. Je einfacher ein Finanztitel gehandelt werden kann, umso geringer ist die mit diesem erzielbare Rendite[319].

Ein ordentlicher und gewissenhafter Geschäftsleiter wird auch Informationen hinsichtlich der am Veranlagungsgeschäft beteiligten Gesellschaften einholen. Um zu vermeiden, Opfer von Anlagebetrügern zu werden, bedarf es in einem ersten Schritt etwa der Kontrolle, ob besagte Unternehmen tatsächlich existieren bzw. ob diese die notwendigen aufsichtsrechtlichen Genehmigungen besitzen[320]. Vorsicht ist vor allem auch dann geboten, wenn die hinter einem Anlageprodukt stehenden Personen in Malversationen verwickelt waren oder keine ihrer Tätigkeit entsprechende Qualifikation vorzuweisen haben[321].

Neben jenen, in direktem Zusammenhang mit einem konkreten Finanzprodukt stehenden Aspekten umfasst die Recherchepflicht zudem Informationen betreffend äußerer Umstände, welche möglicherweise Einfluss auf die künftige Entwicklung des Anlagetitels haben. Zu denken ist hier etwa an Konjunkturdaten oder der allgemeinen Stimmung an den Finanzmärkten[322].

Als Quellen können der Geschäftsleitung sowohl Fachzeitschriften, Datenbanken (etwa jene von Bloomberg und Reuters), Brancheninformationsdienste, Börsenpflichtblätter, anderweitige nationale und internationale Veröffentlichungen sowie die vom Emittenten bzgl. des Finanzproduktes publizierten Geschäftsberichte, Kapitalmarktprospekte i.S.d. KMG und Werbebroschüren dienen[323]. Während sich die Geschäftsleitung bei objektiven Einschätzungen Dritter auf eine Plausibilitätskontrolle beschränken kann[324], bedürfen besonders die vom Emittenten herausgegebenen Informationen einer kritischeren Hinterfragung. So wird ein Vorstand, welcher die Entscheidung über den Ankauf eines Wertpapiers rein auf letztere stützt, wohl kaum dem hier geforderten Sorgfaltsmaßstab entsprechen. Vielmehr hat er eine tiefergehende Analyse durchzuführen, in welche etwa auch die diversen Kennzahlen des jeweiligen Unternehmens sowie Einschätzungen neutraler Quellen einzufließen haben[325]. Dennoch können die von der Anbietergesellschaft veröffentlichten Informationen Warnsignale

---

[318] Vgl. diesbezüglich zum Anlageberater: OLG Karlsruhe 23.10.1988, 6 U 224/87, WM 1989, 1380; *Vortmann*, Aufklärungs- und Beratungspflichten der Banken[5] (1998) 178.
[319] *Bauer* in Kalss/Kunz, Handbuch für den Aufsichtsrat (2010) § 40 Rz. 31.
[320] Vgl. diesbezüglich zum Anlageberater: *Arendts*, Die Nachforschungspflicht des Anlageberaters über die von ihm empfohlene Kapitalanlage, DStR 1997, 1649 (1650).
[321] Vgl. diesbezüglich zum Anlageberater: *Arendts*, Die Nachforschungspflicht des Anlageberaters über die von ihm empfohlene Kapitalanlage, DStR 1997, 1649 (1651).
[322] Vgl. diesbezüglich zum Portfolioverwalter: *Fuchs* in Fuchs, Wertpapierhandelsgesetz (2009) § 31 Rz. 22; *Rothenhöfer* in Schwark/Zimmer, Kapitalmarktrechts-Kommentar[4] (2010) § 31 Rz. 19.
[323] Vgl. diesbezüglich zum Portfolioverwalter: *Fuchs* in Fuchs, Wertpapierhandelsgesetz (2009) § 31 Rz. 25; *Graf* in Gruber/Raschauer, Kommentar zum Wertpapieraufsichtsgesetz 2007 (2011) § 38 Rz. 13.
[324] *Fleischer*, Vertrauen von Geschäftsleitern und Aufsichtsratsmitgliedern auf Informationen Dritter, ZIP 2009, 1397 (1404).
[325] Vgl. diesbezüglich zum Portfolioverwalter: *Fuchs* in Fuchs, Wertpapierhandelsgesetz (2009) § 31 Rz. 27.

enthalten, welche für Veranlagungsentscheidungen durchaus wesentlich sind. Besondere Wachsamkeit ist etwa dann geboten, wenn Jahres- oder Quartalsberichte einen deutlichen Gewinnrückgang ausweisen, große Teile des Vorstands ausgewechselt wurden oder sich der Emittent in einem Rechtsstreit befindet, welcher möglicherweise gravierende Folgen für die Zukunft des Unternehmens hat[326].

Das Erfordernis, sich vor etwaigen Veranlagungsentscheidungen die nötige Sachkenntnis anzueignen, ist jedoch nicht dahingehend zu verstehen, dass sämtliche verfügbaren Informationen beschafft werden müssen[327]. Ansonsten könnte der Vorstand nur äußerst langsam auf Veränderungen am Markt reagieren, da im Medienzeitalter wohl stets die Möglichkeit noch intensiverer Nachforschungen besteht. Vielmehr sind grundsätzlich auch hier Risiko[328] und Bedeutung[329] des konkreten Finanzanlagegeschäfts, der mit der Informationseinholung verbundene Aufwand sowie anfallende Kosten zu berücksichtigen[330]. Birgt ein Produkt etwa die Gefahr, dass Verluste die ursprüngliche Einlagensumme übersteigen können (z.B. auf Grund der Hebelwirkung bei Finanzderivaten[331] oder einer Nachschusspflicht), so trifft den Vorstand eine viel weitergehende Informationsbeschaffungspflicht als etwa bei einer einfachen Anleihe. Gleiches gilt auch bei besonders komplexen Anlagetiteln[332], zumal die Geschäftsführung in der Lage sein muss, zumindest deren grundsätzliche Funktionsweise nachzuvollziehen[333]. Gelingt es nicht, sich bzgl. eines Finanzproduktes ausreichend in Kenntnis zu setzen, so darf dieses nicht akquiriert werden[334].

Da aber durch die Beschaffung von Fachartikeln, Kapitalmarktprospekten und sonstigen relevanten Publikationen in der Regel keine bzw. nur eine äußerst geringe finanzielle Belastung für das Unternehmen entsteht, kann auf die Einholung derartiger Informationen auch nicht verzichtet werden[335]. Entscheidendes Abgrenzungskriterium ist hier der Nutzen, welcher aus

---

[326] Vgl. diesbezüglich zum Anlageberater: *Arendts*, Die Nachforschungspflicht des Anlageberaters über die von ihm empfohlene Kapitalanlage, DStR 1997, 1649 (1651).

[327] Vgl. dazu allgemein: *U. Torggler*, Business Judgement Rule und unternehmerische Ermessensentscheidung, ZfRV 2002, 133 (139).

[328] Vgl. dazu allgemein: *Kock/Dinkel*, Die zivilrechtliche Haftung von Vorständen für unternehmerische Entscheidungen, NZG 2004, 441 (444).

[329] Vgl. dazu allgemein: *Bunz*, Der Schutz unternehmerischer Entscheidungen durch das Geschäftsleiterermessen (2011) 172.

[330] Vgl. dazu allgemein: *Schlosser*, Die Organhaftung der Vorstandsmitglieder der Aktiengesellschaft (2002) 52.

[331] Siehe diesbezüglich: *Bauer* in Kalss/Kunz, Handbuch für den Aufsichtsrat (2010) § 40 Rz. 77.

[332] *Kalss*, Verantwortlichkeit von Vorstand und Aufsichtsrat bei Verwendung von Finanzinnovationen, in: Jahrbuch Wirtschaftsstrafrecht und Organverantwortlichkeit 2012, 143 (152).

[333] Vgl. *Fleischer*, Aktuelle Entwicklung der Managerhaftung, NJW 2009, 2337 (2342).

[334] Vgl. diesbezüglich zum Portfolioverwalter: *Schäfer* in Schäfer/Sethe/Lang, Handbuch der Vermögensverwaltung (2012) § 10 Rz. 34.

[335] Vgl. diesbezüglich zum Anlageberater: *Arendts*, Die Nachforschungspflicht des Anlageberaters über die von ihm empfohlene Kapitalanlage, DStR 1997, 1649 (1651).

einer zusätzlichen Quelle gezogen werden kann[336]. So hat das Leitungsorgan bei der Entscheidungsfindung nur jene Einschätzungen zu berücksichtigen, die als seriös anzusehen sind. Gerüchten und unfundierten Spekulationen muss keine Aufmerksamkeit geschenkt werden[337], weshalb sich die Recherchepflicht des Vorstands auch nicht auf diese erstreckt.

cc. Ratings als ausreichende Informationsgrundlage?

Information bzgl. der Bonität des jeweiligen Emittenten sind für Veranlagungsentscheidungen äußerst bedeutsam. Eine Einschätzung hinsichtlich der Ausfallswahrscheinlichkeit eines konkreten Schuldners liefern sog. Ratings, welche von darauf spezialisierten Unternehmen erstellt werden. Zu den bedeutendsten Agenturen dieser Branche zählen etwa Standard & Poor's, Moody's und Fitch[338]. Häufig wird es für einen am Wertpapiermarkt tätigen Vorstand sehr verlockend erscheinen, seine Entscheidungen betreffend den An- bzw. Verkauf von Anlagetiteln ausschließlich auf die Risikobeurteilung jener Ratingunternehmen zu stützen, zumal eine eigenständige Bewertung der Ausfallswahrscheinlichkeit eines Emittenten angesichts der Komplexität mancher Anlageprodukte mit großen Schwierigkeiten verbunden ist[339]. Es drängt sich nun jedoch die Frage auf, ob jene Ratingurteile eine angemessene Informationsgrundlage darstellen bzw. ob sich die Geschäftsleitung uneingeschränkt auf diese externen Einschätzungen verlassen darf. In der deutschen Literatur[340] und Judikatur[341] wurde dies bereits thematisiert, weshalb im Folgenden nun die dort gewonnenen Erkenntnisse dargestellt werden.

Nach allgemeinen Grundsätzen darf sich ein Geschäftsleiter nur dann auf die Bewertung eines unternehmensfremden Experten verlassen, wenn ihm diesbezüglich kein Auswahlverschulden angelastet werden kann[342]. Entscheidend ist, ob der Vorstand von einer sachkundigen, sorgfältigen und objektiven Aufgabenwahrnehmung ausgehen kann[343].

---

[336] Vgl. *Spindler* in Goette/Habersack/Kalss, Münchener Kommentar zum Aktiengesetz[4] (2014) Band 2, § 93 Rz. 48; vgl. *Ulmer*, Haftungsfreistellung bis zur Grenze grober Fahrlässigkeit bei unternehmerischen Fehlentscheidungen von Vorstand und Aufsichtsrat? DB 2004, 859 (860).

[337] Vgl. diesbezüglich zum Wertpapierdienstleister: *Richrath*, Aufklärung- und Beratungspflichten, WM 2004, 653 (656); *Fuchs* in Fuchs, Wertpapierhandelsgesetz (2009) § 31 Rz. 26; *Roth* in Assmann/Schütze, Handbuch des Kapitalanlagerechts[3] (2007) § 11 Rz. 87.

[338] *Bauer* in Kalss/Kunz, Handbuch für den Aufsichtsrat (2010) § 40 Rz. 16.

[339] Vgl. *P. Schaub/M. Schaub*, Ratingurteile als Entscheidungsgrundlage für Vorstand und Abschlussprüfer? ZIP 2013, 656 (659).

[340] *Jobst/Kapoor*, Paradoxien im Ratingsektor, WM 2013, 680; *P. Schaub/M. Schaub*, Ratingurteile als Entscheidungsgrundlage für Vorstand und Abschlussprüfer? ZIP 2013, 656; *Terwedow/Klavina*, Inwieweit dürfen sich Vorstand, Aufsichtsrat und Abschlussprüfer auf Ratings erworbener Finanzprodukte verlassen? Der Konzern 2012, 535.

[341] Siehe OLG Düsseldorf 09.12.2009, 6 W 45/09 sowie die Besprechung dieser Entscheidung: *Fleischer*, Verantwortlichkeit von Bankgeschäftsleitern und Finanzmarktkrise, NJW 2010, 1504.

[342] Vgl. *Fleischer*, Vertrauen von Geschäftsleitern und Aufsichtsratsmitgliedern auf Informationen Dritter, ZIP 2009, 1397 (1403); vgl. *Binder*, Geschäftsleiterhaftung und fachkundiger Rat, AG 2008, 274 (284 ff.).

[343] Vgl. *Fleischer*, Vertrauen von Geschäftsleitern und Aufsichtsratsmitgliedern auf Informationen Dritter, ZIP 2009, 1397 (1403).

Bzgl. der fachlichen Zuverlässigkeit von Ratingagenturen wird in der deutschen Lehre darauf hingewiesen, dass diese oft nur schwer überprüft werden könne, zumal das Bewertungsverfahren weitgehend intransparent sei[344]. So veröffentlichen zwar insbesondere die Marktführer die im Zuge des Ratingprozesses verwendeten Methoden[345], doch enthalten diese oft eine Vielzahl von subjektiven Einschätzungen, wodurch die Nachvollziehbarkeit von Bonitätsurteilen erschwert werde[346]. Fraglich sei die Qualität der Bonitätseinstufung auch bei den sog. „unsolicited ratings"[347]. Hier gehe die Initiative zur Durchführung eines Bewertungsverfahrens nicht vom Emittenten, sondern von dem Ratingunternehmen selbst aus[348], weshalb erforderliches Datenmaterial bei weitem nicht so umfangreich zur Verfügung stehe wie bei sog. Auftragsratings[349]. Zu guter Letzt habe auch die im Jahr 2008 aufkommende Finanzmarktkrise gezeigt, dass jene Ratingagenturen keineswegs fehlerfrei arbeiten[350]. Deren falsche Beurteilungen hinsichtlich zahlreicher Wertpapiere habe dazu geführt, dass viele Finanzinstitute und andere Unternehmen hohe Abschreibungen vornehmen mussten[351], wodurch die Intensität der Krise maßgeblich erhöht worden sei[352].

Auch hinsichtlich der Objektivität der Bonitätseinstufungen bestehen in der Literatur Bedenken[353]. So erfolge die Bezahlung der Ratingagenturen etwa durch die von ihnen bewerteten Emittenten, weshalb erstere daran interessiert sein könnten, den Auftraggeber durch eine positive Bewertung zufriedenzustellen, um ihn nicht an eine konkurrierende Agentur zu verlieren[354]. Die Gefahr, durch zu optimistische Ratings an Reputation einzubüßen, vermöge diesen Anreiz zwar abzuschwächen, doch bleibe er auf Grund der geringen Zahl an Mitbewerbern auch weiterhin bestehen[355]. Zusätzliches Misstrauen erwecke auch die Tatsache, dass der Erstellung eines Ratings häufig eine Beratung durch die Agentur vorausgehe, im Zuge derer dem Geschäftspartner erläutert werde, wie ein Finanzprodukt ausgestaltet sein müsse, um

---

[344] So etwa: *Däubler*, Unternehmensrating – ein Rechtsproblem? BB 2003, 429 (430 f.); *Jobst/Kapoor*, Paradoxien im Ratingsektor, WM 2013, 680 (683).
[345] IOSCO, Report on the Activities of Credit Rating Agencies (2003) 10, http://www.iosco.org/library/pubdocs/pdf/IOSCOPD153.pdf (23.07.2013).
[346] *Däubler*, Unternehmensrating – ein Rechtsproblem? BB 2003, 429 (430 f.).
[347] *Jobst/Kapoor*, Paradoxien im Ratingsektor, WM 2013, 680 (683).
[348] *Karner*, Zur Haftung von Ratingagenturen, ÖBA 2010, 587 (588).
[349] IOSCO, Report on the Activities of Credit Rating Agencies (2003) 15, http://www.iosco.org/library/pubdocs/pdf/IOSCOPD153.pdf (23.07.2013); siehe zum Begriff des Auftragsratings: *Karner*, Zur Haftung von Ratingagenturen, ÖBA 2010, 587 (590).
[350] *P. Schaub/M. Schaub*, Ratingurteile als Entscheidungsgrundlage für Vorstand und Abschlussprüfer? ZIP 2013, 656 (656).
[351] *Spindler*, Finanzmarktkrise und Wirtschaftsrecht, AG 2010, 601 (602).
[352] *P. Schaub/M. Schaub*, Ratingurteile als Entscheidungsgrundlage für Vorstand und Abschlussprüfer? ZIP 2013, 656 (656).
[353] Siehe: *Jobst/Kapoor*, Paradoxien im Ratingsektor, WM 2013, 680 (682 f.); *P. Schaub/M. Schaub*, Ratingurteile als Entscheidungsgrundlage für Vorstand und Abschlussprüfer? ZIP 2013, 656 (660); *Terwedow/Klavina*, Inwieweit dürfen sich Vorstand, Aufsichtsrat und Abschlussprüfer auf Ratings erworbener Finanzprodukte verlassen? Der Konzern 2012, 535 (539 f.); *Mitteregger/Stubenböck/Wieser*, Ratings – kann man ihnen noch vertrauen? ÖBA 2010, 263 (266 f.).
[354] *Mitteregger/Stubenböck/Wieser*, Ratings – kann man ihnen noch vertrauen? ÖBA 2010, 263 (267).
[355] *Jobst/Kapoor*, Paradoxien im Ratingsektor, WM 2013, 680 (682 f.); *Tönningsen*, Die Regulierung von Ratingagenturen, ZBB/JBB 2011, 460 (462 f.).

eine möglichst positive Bewertung zu erhalten[356]. Weitere Interessenkonflikte können etwa dann auftreten, wenn ein Mitarbeiter der Ratingunternehmen eine Beteiligung am Emittenten hält oder eine Beschäftigung bei diesem angestrebt wird[357]. Auf europarechtlicher Ebene sei zwar versucht worden, jene Probleme mittels Verordnungen[358] in den Griff zu bekommen, doch bleibe fraglich, inwieweit diese ambitionierten Ziele tatsächlich erreicht werden können[359].

Da sowohl die fachliche Eignung der Agenturen, als auch insbesondere die Objektivität von Ratings zweifelhaft sind, überschreitet der Vorstand den ihm zugebilligten Ermessensspielraum, wenn er sich bei Veranlagungsentscheidungen ausschließlich auf diese, von unternehmensfremden Dritten erstellten Einschätzungen stützt[360]. Daraus darf jedoch nicht gefolgert werden, dass derartige Analysen gänzlich unberücksichtigt bleiben müssen, zumal eine eigenständige Bewertung der Bonität eines Emittenten unwirtschaftlich und mangels entsprechender Informationen häufig kaum möglich sein wird[361]. Der Vorstand darf sich allerdings nicht darauf beschränken, das Rating einer Plausibilitätskontrolle zu unterziehen, um offenkundige Mängel aufzudecken[362]. In der deutschen Literatur wird teilweise die Einrichtung einer unternehmensinternen Kontrollinstanz gefordert[363], welche die Einschätzungen der Agenturen einer näheren Überprüfung unterzieht. Dies mag zwar ein durchaus probates Mittel sein, um sich von der Qualität eines Ratings zu überzeugen, doch scheint es angesichts der häufig nur untergeordneten Bedeutung von Wertpapiergeschäften zu kostspielig und aufwendig[364].

Besteht für die Geschäftsleitung mangels entsprechender Expertise keine Möglichkeit, die Bonitätsbewertung selbst näher zu prüfen, so trifft sie jedoch die Verpflichtung, die daraus gewonnen Erkenntnisse mit Informationen aus anderen Quellen abzugleichen und sich so von deren Richtigkeit zu überzeugen. Zu denken wäre hier etwa an Einschätzungen anderer

---

[356] *Mitteregger/Stubenböck/Wieser*, Ratings – kann man ihnen noch vertrauen? ÖBA 2010, 263 (267).
[357] SEC, Annual Report on NRSROs (2012) 14,
       http://www.sec.gov/divisions/marketreg/ratingagency/nrsroannrep1212.pdf (30.07.2013).
[358] Siehe etwa: Verordnung (EG) Nr. 1060/2009 des Europäischen Parlaments und des Rates vom 16.09.2009 über Ratingagenturen, ABl. L 302 (17.01.2009); Verordnung (EU) Nr. 462/2013 des Europäischen Parlaments und des Rates vom 21.05.2013 zur Änderung der Verordnung (EG) Nr. 1060/2009 über Ratingagenturen, ABl. L 146 (31.05.2013).
[359] Siehe dazu: *Tönningsen*, Die Regulierung von Ratingagenturen, ZBB/JBB 2011, 460 (467 f.); *Jobst/Kapoor*, Paradoxien im Ratingsektor, WM 2013, 680 (683).
[360] *P. Schaub/M. Schaub*, Ratingurteile als Entscheidungsgrundlage für Vorstand und Abschlussprüfer? ZIP 2013, 656 (661 f.); OLG Düsseldorf 09.12.2009, 6 W 45/09 sowie die Besprechung dieser Entscheidung: *Fleischer*, Verantwortlichkeit von Bankgeschäftsleitern und Finanzmarktkrise, NJW 2010, 1504 (1505).
[361] *Terwedow/Klavina*, Inwieweit dürfen sich Vorstand, Aufsichtsrat und Abschlussprüfer auf Ratings erworbener Finanzprodukte verlassen? Der Konzern 2012, 535 (541).
[362] *P. Schaub/M. Schaub*, Ratingurteile als Entscheidungsgrundlage für Vorstand und Abschlussprüfer? ZIP 2013, 656 (659).
[363] *Terwedow/Klavina*, Inwieweit dürfen sich Vorstand, Aufsichtsrat und Abschlussprüfer auf Ratings erworbener Finanzprodukte verlassen? Der Konzern 2012, 535 (542 f.).
[364] Insofern auch relativierend: *Terwedow/Klavina*, Inwieweit dürfen sich Vorstand, Aufsichtsrat und Abschlussprüfer auf Ratings erworbener Finanzprodukte verlassen? Der Konzern 2012, 535 (543).

Ratingagenturen, vom Emittenten publizierte Unternehmensdaten oder Analysen aus der einschlägigen Fachpresse bzw. von Brancheninformationsdiensten[365].

Erweist sich ein Finanzanlageprodukt als so komplex, dass der Vorstand mit der Erstellung einer eigenständigen Analyse überfordert ist und können außer dem Rating keine zusätzlichen Informationen beschafft werden, so hat ein ordentlicher und gewissenhafter Geschäftsleiter vom Erwerb des jeweiligen Titels Abstand zu nehmen[366]. Gleiches muss auch gelten, wenn zwar zusätzliche Daten und Beurteilungen verfügbar sind, diese jedoch der Einschätzung der Ratingagentur in wesentlichen Punkten widersprechen.

Darüber hinaus hat der Vorstand zu beachten, dass Ratings lediglich eine Prognose hinsichtlich der Ausfallswahrscheinlichkeit[367] darstellen. Unberücksichtigt bleiben hingegen andere Gefahrenquellen, wie etwa eine eingeschränkte Handelbarkeit des Finanzprodukts[368]. Selbst wenn eine Überprüfung der Ratingurteile deren Einschätzung bestätigt, kommt eine ordentliche und gewissenhafte Unternehmensleitung nicht umhin, auch Informationen bzgl. anderweitiger, für den Erfolg eines Veranlagungsprojekts wesentlicher Faktoren einzuholen.

c. Unbefangenheit des Vorstands

aa. Entgegennahme von Vorteilen

Wie bei allen Geschäften, die im Zuge der organschaftlichen Stellung getätigt werden, hat der Vorstand auch bei der Auswahl der Einzeltitel ausschließlich das Gesellschaftswohl zu berücksichtigen und etwaige Eigeninteressen (oder solche von ihm nahestehenden Personen[369]) außer Acht zu lassen[370]. So dürften bspw. keine von dritter Seite gewährten Vorteile entgegengenommen werden, die Einfluss auf die Entscheidungsfindung haben könnten[371]. Zu denken wäre etwa an Kick-back-Zahlungen[372] oder andere Retrozessionen, die dem Vorstand

365 *Jobst/Kapoor*, Paradoxien im Ratingsektor, WM 2013, 680 (684).
366 Vgl. *P. Schaub/M. Schaub*, Ratingurteile als Entscheidungsgrundlage für Vorstand und Abschlussprüfer? ZIP 2013, 656 (661).
367 *Mitteregger/Stubenböck/Wieser*, Ratings – kann man ihnen noch vertrauen? ÖBA 2010, 263 (264); vgl. *Jobst/Kapoor*, Paradoxien im Ratingsektor, WM 2013, 680 (681).
368 *Bauer* in Kalss/Kunz, Handbuch für den Aufsichtsrat (2010) § 40 Rz. 22.
369 Siehe dazu allgemein: *Ratka/Rauter*, Handbuch Geschäftsführerhaftung² (2011) Rz. 9/252.
370 Siehe dazu allgemein für die GmbH: OGH 09.01.1985, 3 Ob 521/84, GesRZ 1986, 97 = HS 16.256 = 16.869.
371 *Schlosser*, Die Organhaftung der Vorstandsmitglieder der Aktiengesellschaft (2002) 72 f.
372 Siehe zu diesem Begriff: *Assmann*, Interessenkonflikte und „Inducements" im Lichte der Richtlinie über Märkte für Finanzinstrumente (MiFID) und der MiFID-Durchführungsrichtlinie, ÖBA 2007, 40 (53); üblicherweise gewährt hier ein Dritter, wie etwa die depotführende Bank, dem Wertpapierdienstleister einen Teil jener Vergütung, welche der Dritte zuvor vom Kunden für eine Dienstleistung erhalten hat.

für den Erwerb eines bestimmten Finanzanlageproduktes gewährt werden[373]. Ein derartiges Gebot ergibt sich bereits aus der den Vorstand treffenden Treuepflicht[374].

bb. In-sich-Geschäfte

Erwirbt eine Aktiengesellschaft ein Finanzinstrument, so ist es denkbar, dass es sich bei dem Vertragspartner bzw. Veräußerer um jenes Vorstandsmitglied handelt, welches unternehmensintern für derartige Wertpapiergeschäfte zuständig ist. Auch hier liegt es auf der Hand, dass der Angehörige des Leitungsorgans bei der Entscheidungsfindung keineswegs ausschließlich das Gesellschaftswohl im Auge haben wird. Als Privatperson ist er zudem an einem möglichst profitablen Verkauf des Anlageobjekts interessiert. Um Konfliktsituation wie im eben geschilderten Szenario Herr zu werden, sieht § 97 Abs. 1 1. Fall AktG vor, dass der Aufsichtsrat befugt ist, die Gesellschaft bei Geschäften mit Vorstandsmitgliedern zu vertreten. Sofern das Leitungsgremium nur aus dem befangenen Mitglied besteht, wird dies zweifelsohne notwendig sein[375]. Strittig ist hingegen, ob diese Befugnis bei einem mehrgliedrigen Geschäftsführungsorgan auch den verbleibenden Vorstandsmandataren zukommt, sofern diese noch beschlussfähig sind. Letzteres entsprach lange Zeit der herrschenden Ansicht[376]. Erst in den letzten Jahren entstanden Lehrmeinungen, welche sich für eine ausschließliche Vertretungskompetenz des Aufsichtsrats aussprechen. So führt etwa *Cernicky*[377] aus, dass zwischen den Vorstandsmitgliedern häufig eine persönliche Beziehung bestünde, weshalb nicht davon auszugehen sei, dass die Interessen der Gesellschaft hier in vollem Umfang gewahrt würden. Die verbleibenden Geschäftsleiter könnten ihrem Kollegen etwa besonders günstige Konditionen gewähren, um künftig in vergleichbarer Situation ähnliche Vorteile zu genießen. Auch *Kalss*[378] befürwortet eine derartige Auslegung des § 97 Abs. 1 1. Fall AktG. Da der Vorstand in der Regel früher Kenntnis von Eigengeschäften erlange als der Aufsichtsrat, könne er ansonsten dessen Vertretungsbefugnis durch einen schnellen Geschäftsabschluss ausschalten[379].

Die hier geäußerten Bedenken sind jedoch keinesfalls überzeugend. Das Aktiengesetz stellt dem Aufsichtsrat ein breites Instrumentarium zur Verfügung, mit dessen Hilfe den mit einem Eigengeschäft einhergehenden Gefahren entgegengewirkt werden kann. So hat das Kontrollorgan die Möglichkeit, die Zulässigkeit derartiger Transaktionen von seiner

---

[373] Vgl. diesbezüglich zum Portfolioverwalter: *Brandl/Klausberger* in Brandl/Saria, Wertpapieraufsichtsgesetz[2] (2010) § 39 Rz. 14.
[374] Vgl. für die GmbH: OGH 09.01.1985, 3 Ob 521/84, GesRZ 1986, 97 = HS 16.256 = 16.869.
[375] *Nowotny*, Selbstkontrahieren im Gesellschaftsrecht, RdW 1987, 35 (36); *Schima*, Organ-Interessenkonflikte und Corporate Governance, GesRZ 2003, 199 (202).
[376] So etwa: *Strasser* in Jabornegg/Strasser, Kommentar zum Aktiengesetz[5] (2010) §§ 95-97 Rz. 71; *Nowotny*, Selbstkontrahieren im Gesellschaftsrecht, RdW 1987, 35 (36).
[377] *Cernicky*, Die Vertretung der Aktiengesellschaft gegenüber Vorstandsmitgliedern, GesRZ 2002, 179 (180).
[378] *Kalss* in Doralt/Nowotny/Kalss, Kommentar zum Aktiengesetz[2] (2012) § 97 Rz. 7 ff.
[379] *Kalss* in Doralt/Nowotny/Kalss, Kommentar zum Aktiengesetz[2] (2012) § 97 Rz. 9.

Zustimmung abhängig zu machen (siehe § 95 Abs. 5 letzter Satz AktG) oder durch entsprechende Klauseln im Anstellungsvertrag Genehmigungsvorbehalte[380] oder Informationspflichten festzulegen[381]. Auch der historische Wille des Gesetzgebers spricht für eine parallele Vertretungskompetenz. So wurde im Zuge der (deutschen) Aktienrechtreform 1965 die bis dahin gleichlautende Norm im dAktG dahingehend novelliert, dass die Vertretungskompetenz bei Geschäften mit Vorstandsmitgliedern nun ausschließlich dem Aufsichtsrat zukommt. Besagte Änderung wurde auch von der österreichischen Rechtswissenschaft registriert, doch kam es in weiterer Folge zu keiner Anpassung des § 97 AktG. Auf Grund dessen ist davon auszugehen, dass die Legislative an der parallelen Vertretungsbefugnis von Leitungs- und Kontrollorgan festhalten wollte[382]. Erwirbt die Gesellschaft ein Finanzinstrument von dem für Veranlagungsgeschäfte zuständigen Vorstandsmitglied, so ist der befangene Organwalter verpflichtet, sowohl den Aufsichtsrat, als auch seine Kollegen über den gegenständlichen Interessenkonflikt zu informieren[383]. Den verbleibenden Geschäftsleitern bzw. dem Aufsichtsrat obliegt es dann, die Interessen des Unternehmens entsprechend zu wahren. Darüber hinaus müssen die vereinbarten Konditionen einem Drittvergleich standhalten[384]. Sofern das betroffene Vorstandsmitglied selbst Vertragspartner ist, wird es jedoch nicht daran gehindert, einen für ihn möglichst günstigen Geschäftsabschluss anzustreben[385], zumal dies auch auf einen außerhalb der Gesellschaft stehenden Dritten zutreffen würde.

An der Unbefangenheit werden auch dann Zweifel aufkommen, wenn etwa das zuständige Organmitglied in großem Umfang Aktien eines Unternehmens erwirbt, an dem es selbst Anteile hält. Hier liegt der Verdacht nahe, dass der Kauf des Wertpapiers nur aus dem Grund erfolgte, um dessen Nachfrage und somit auch den Kurs zu erhöhen. Sofern es sich um eine schlichte Beteiligung handelt, das Vorstandsmitglied also nicht etwa Alleingesellschafter des Emittenten ist, kommt die Regelung des § 97 AktG in diesem Fall nicht zur Anwendung[386]. Die ausschließliche Vertretungsbefugnis verbleibt somit beim Vorstand. Vor Durchführung der Transaktion hat das ressortzuständige Mitglied jedoch sowohl den Aufsichtsrat, als auch seine Kollegen über den gegenständlichen Interessenkonflikt zu informieren[387]. Zudem ist der Entscheidungsprozess in einer Art und Weise zu gestalten, welche sicherstellt, dass sich die zu

---

[380] Legt der Aufsichtsrat einen derartigen Genehmigungsvorbehalt fest, genügt er damit auch den Anforderungen der Regel 24 L des ÖCGK.
[381] Siehe dazu ausführlich: *Schima/Toscani*, Die Vertretung der AG bei Rechtsgeschäften mit dem Vorstand (Teil 1), JBl 2012, 482 (492 ff.).
[382] Siehe dazu ausführlich: *Schima/Toscani*, Die Vertretung der AG bei Rechtsgeschäften mit dem Vorstand (Teil 1), JBl 2012, 482 (489 ff.).
[383] *Schima*, Organ-Interessenkonflikte und Corporate Governance, GesRZ 2003, 199 (201).
[384] *Hopt* in Hopt/Wiedemann, Aktiengesetz Großkommentar⁴ (2008) Band 3, § 93 Rz. 159; *Hölters* in Hölters, Aktiengesetz² (2014) § 93 Rz. 123.
[385] *Hölters* in Hölters, Aktiengesetz² (2014) § 93 Rz. 124.
[386] Vgl. *Kalss* in Doralt/Nowotny/Kalss, Kommentar zum Aktiengesetz² (2012) § 97 Rz. 19; vgl. *Hüffer*, Aktiengesetz¹¹ (2014) § 112 Rz. 4.
[387] *Schima*, Organ-Interessenkonflikte und Corporate Governance, GesRZ 2003, 199 (201); *Nowotny* in Doralt/Nowotny/Kalss, Kommentar zum Aktiengesetz² (2012) § 84 Rz. 11.

treffende Entscheidung ausschließlich am Unternehmenswohl orientiert[388]. Dies wird es in der Regel erforderlich machen, dass sich der Gesamtvorstand mit dem geplanten Wertpapiererwerb auseinandersetzt und das befangene Vorstandsmitglied weder an der Beschlussfassung noch an dieser vorausgehenden Beratungen teilnimmt[389].

Gleiches gilt auch, wenn die Aktiengesellschaft den Erwerb eines Anlagetitels plant und ein Geschäftsleiter eine Organstellung beim Emittenten, etwa als Mitglied in dessen Aufsichtsrat, innehat[390].

d. Handeln zum Wohle der Gesellschaft

Das Leitungsorgan handelt stets dann innerhalb seines Ermessensspielraums, wenn es im Zeitpunkt des Geschäftsabschlusses durchaus wahrscheinlich scheint, dass eine konkrete Transaktion dem Gesellschaftswohl dient[391]. Unter der Voraussetzung, dass bereits die erarbeitete Anlagestrategie für die Gesellschaft geeignet ist, wird ein Anlagegeschäft diesem Erfordernis stets dann entsprechen, wenn es innerhalb jenes Veranlagungskonzeptes liegt[392], sich also in ein Portfolio einfügt, welches hinsichtlich des Anlagehorizontes bzw. –volumens sowie des Risikopotentials auf die Bedürfnisse der Gesellschaft ausgerichtet ist.

VI. Beiziehung externer Wertpapierdienstleister

1. Prinzipielle Zulässigkeit

a. Allgemeines

In den letzten Jahren zeichnet sich ein Trend zur häufigen Inanspruchnahme externer Berater durch den Vorstand ab. Auf diese Weise erhoffen sich die Mandatare eine Reduktion des eigenen Haftungsrisikos. Der Bereich der Kapitalveranlagung stellt hierbei keine Ausnahme

---

[388]   *Nowotny* in Doralt/Nowotny/Kalss, Kommentar zum Aktiengesetz² (2012) § 84 Rz. 11.

[389]   *Spindler* in Goette/Habersack/Kalss, Münchener Kommentar zum Aktiengesetz⁴ (2014) Band 2, § 93 Rz. 61; *Fleischer* in Spindler/Stilz, Aktiengesetz² (2010) § 93 Rz. 72; *Weber-Rey/Buckel*, Best Practice Empfehlungen des DCGK und die Business Judgement Rule, AG 2011, 845 (850); so auch für den Aufsichtsrat: *Kastner*, Aufsichtsrat und Realität, in: FS Strasser (1983) 843 (851 f.).

[390]   Vgl. zum Stimmverbot bei Interessenkollisionen von Aufsichtsratsmitgliedern: *Schima*, Organ-Interessenkonflikte und Corporate Governance, GesRZ 2003, 199 (208).

[391]   Vgl. *Kalss* in Goette/Habersack/Kalss, Münchener Kommentar zum Aktiengesetz⁴ (2014) Band 2, § 93 Rz. 347.

[392]   Vgl. diesbezüglich zum Portfolioverwalter: *Fuchs* in Fuchs, Wertpapierhandelsgesetz (2009) § 31 Rz. 274; *Rothenhöfer* in Schwark/Zimmer, Kapitalmarktrechts-Kommentar⁴ (2010) § 31 Rz. 288; *Koller* in Assmann/Schneider, WpHG-Kommentar⁶ (2012) § 31 Rz. 169; *Teuber/Müller* in Clouth/Lang, MiFID Praktikerhandbuch (2007) Rz. 289.

dar[393], was nicht zuletzt auch den immer komplexer werdenden Finanzprodukten[394] geschuldet ist.

Mitunter wird die Geschäftsleitung somit daran interessiert sein, sich im Rahmen des Investitionsprozesses eines gesellschaftsfremden Beraters zu bedienen oder die Veranlagungstätigkeit gänzlich an externe Personen auszulagern. Die Motivation hinter dieser Entscheidung könnten etwa darin liegen, dass keines der Organmitglieder über die notwendigen Kenntnisse im Umgang mit Anlagetiteln verfügt oder die Fülle an Aufgaben, die mit einer derartigen Stellung üblicherweise verbunden ist, eine eigenhändige Ausführung aus zeitlichen Gründen nicht erlaubt.

Soll der gesamte Veranlagungsprozess ausgelagert werden, so wird der Vorstand i.d.R. einen externen Vermögens- bzw. Portfolioverwalter mit der Betreuung des Wertpapierbestands der AG beauftragen („Outsourcing"). Benötigt er hingegen nur Unterstützung bei der Auswahl der konkreten Finanzprodukte, bestünde prinzipiell die Möglichkeit, einen Anlageberater zu konsultieren, welcher dann eine Reihe von geeigneten Produkten vorschlägt. Während der Geschäftsleiter im ersten Fall die finale Investitionsentscheidung dem Portfolioverwalter überlässt[395], hat er diese im zweiten Fall selbst zu fällen.

Es stellt sich jedoch die Frage, inwieweit eine derartige Auslagerung an bzw. Beratung durch Finanzmarktexperten nach aktienrechtlichen Grundsätzen überhaupt zulässig ist. Schließlich wurden die Vorstandsmitglieder und nicht ein außerhalb der Gesellschaft stehender Dritter mit der Vertretung und Verwaltung der Gesellschaft betraut. Sie selbst haben die grundlegenden, zur Leitung eines Unternehmens erforderlichen Fähigkeiten zu besitzen und auch einzusetzen[396]. Im Folgenden soll daher nun geklärt werden, ob und unter welchen Umständen die Beauftragung externer Wertpapierdienstleister möglich ist.

b. Beiziehung eines Anlageberaters

Möchte der Vorstand selbst darüber entscheiden, welche Wertpapiere für das Unternehmen erworben werden sollen, fehlt es ihm aber an der notwendigen Sachkenntnis bzw. der Zeit, sich diese anzueignen, so scheint es naheliegend, einen externen Anlageberater mit der Suche geeigneter Anlagetitel zu beauftragen. Auf diese Weise kann die Geschäftsleitung eine eigenständige, langwierige Informationsbeschaffung vermeiden.

---

[393] Vgl. *Kalss*, Verantwortlichkeit von Vorstand und Aufsichtsrat bei Verwendung von Finanzinnovationen, in: Jahrbuch Wirtschaftsstrafrecht und Organverantwortlichkeit 2012, 143 (153 f.).

[394] Auf die Komplexität von Finanzprodukten hinweisend: *P. Schaub/M. Schaub*, Ratingurteile als Entscheidungsgrundlage für Vorstand und Abschlussprüfer? ZIP 2013, 656 (659).

[395] Vgl. *Frölichsthal/Hausmaninger/Knobl/Oppitz/Zeipelt*, Kommentar zum Wertpapieraufsichtsgesetz (1998) § 11 Rz. 12.

[396] Vgl. *Hopt* in Hopt/Wiedemann, Aktiengesetz Großkommentar⁴ (2008) Band 3, § 93 Rz. 255; vgl. *Ratka/Rauter*, Handbuch Geschäftsführerhaftung² (2011) Rz. 9/310.

Selbstverständlich ist die Inanspruchnahme derartiger Dienstleistungen auch mit entsprechenden Kosten verbunden. Je nach Anbieter können diese nach Art und Höhe variieren. Daraus ergibt sich, dass die Konsultation derartiger Experten nicht in uneingeschränktem Maße zulässig ist. Ein sorgfältig agierender Unternehmensleiter wird einen Berater nur aufsuchen, wenn dies angemessen, wirtschaftlich und zweckmäßig ist[397].

Zweckmäßigkeit ist etwa dann gegeben, wenn die finanzielle Situation der Gesellschaft eine längerfristige Bindung des Kapitals erlaubt. Deuten die vom Vorstand durchgeführten Erhebungen auf einen eher kurzen Anlagehorizont hin, so muss dieser Umstand bei der Auswahl der Finanzprodukte berücksichtigt werden. I.d.R. besteht in diesem Fall ohnehin nur die Möglichkeit, das Unternehmensvermögen auf ein täglich fälliges Sparbuch einzuzahlen, da andere Anlagetitel zumeist keine derartige Flexibilität bieten. Für die Auswahl eines solch simplen Produktes ist es wohl kaum zweckmäßig, einen Anlageberater aufzusuchen, zumal dem Geschäftsleiter, mag er auch kein ausgewiesener Finanzmarktexperte sein, von vornherein klar sein wird, dass die meisten Wertpapiere für eine kurze Veranlagungsdauer ungeeignet sind. Aus einem Beratungsgespräch können in diesem Fall somit keine für die Gesellschaft wertvollen Informationen gewonnen werden, weshalb eine dennoch vorgenommene Konsultation als überflüssig und sorgfaltswidrig zu qualifizieren wäre.

Für die Beurteilung der Angemessenheit kommt es wesentlich auf die Kenntnisse und Erfahrung an, die ein Geschäftsleiter im Umgang mit Wertpapieren und deren Auswahl besitzt. Vorhandenes Wissen und Fähigkeiten sind entsprechend einzusetzen[398], weshalb die Beiziehung eines externen Anlageberaters trotz entsprechender Fachkompetenz eine Sorgfaltspflichtverletzung darstellen würde. Gleiches gilt auch, wenn die Möglichkeit, entsprechende Informationen unternehmensintern zu beschaffen, nicht genutzt wird[399]. Kann der Vorstand jedoch keinerlei Kenntnisse theoretischer oder praktischer Art im Bereich der Vermögensveranlagung aufweisen, so wird die Konsultation von Fachleuten nicht nur zulässig, sondern unerlässlich sein[400]. Ist absehbar, dass künftig häufiger Unternehmensvermögen zu veranlagen sein wird, trifft die Unternehmensleitung darüber hinaus jedoch auch die Pflicht, sich die erforderlichen Kenntnisse in diesem Bereich selbst anzueignen. Die regelmäßige Beiziehung eines externen Beraters wird für den Vorstand nämlich kaum zu rechtfertigen sein, muss er doch eigentlich selbst die für seine Position erforderlichen Fähigkeiten aufweisen[401].

---

[397] *Ratka/Rauter*, Handbuch Geschäftsführerhaftung[2] (2011) Rz. 9/309.
[398] Vgl. *Spindler* in Goette/Habersack/Kalss, Münchener Kommentar zum Aktiengesetz[4] (2014) Band 2, § 93 Rz. 25.
[399] *Bunz*, Der Schutz unternehmerischer Entscheidungen durch das Geschäftsleiterermessen (2011) 177; vgl. *Ratka/Rauter*, Handbuch Geschäftsführerhaftung[2] (2011) Rz. 9/309, die die Angemessenheit von Beratungsverträgen mit Rechtsanwälten etwa davon abhängig machen, ob das Unternehmen über eine eigene Rechtsabteilung verfügt.
[400] Vgl. *Strasser* in Jabornegg/Strasser, Kommentar zum Aktiengesetz[5] (2010) §§ 77-84 Rz. 95.
[401] *Ratka/Rauter*, Handbuch Geschäftsführerhaftung[2] (2011) Rz. 9/310.

Ein weiteres Kriterium, das bezüglich der Zulässigkeit der Beauftragung unternehmensfremder Experten beachtet werden muss, ist der Faktor der Wirtschaftlichkeit. Dieser ist insbesondere dann gegeben, wenn der aus einer Beratung entspringende Nutzen die daraus resultierenden Kosten übersteigt[402]. Unwirtschaftlich wäre es hingegen, einen Vermögensberater nur deshalb zu konsultieren, damit dieser eine bereits gefasste Veranlagungsentscheidung absichert. Der Grund für ein derartiges Vorgehen könnte etwa darin liegen, dass der Vorstand vermeiden will, später dem Vorwurf einer mangelhaften Informationsgrundlage ausgesetzt zu sein[403].

c. Beiziehung eines Vermögensverwalters

Zur Beantwortung der Frage, welche Tätigkeiten ein Geschäftsleiter an Dritte übertragen darf und wann ein solches „Outsourcing" eine Sorgfaltspflichtverletzung darstellt, wird in der Literatur zwischen Leitungs- und Hilfsaufgaben differenziert[404]. Grundlegende Entscheidungen bzgl. Investitionsvorhaben werden zweifellos als Leitungsaufgaben zu qualifizieren sein[405]. Derartige Kernbereiche der Organtätigkeit dürfen nicht an gesellschaftsfremde Personen und Unternehmen ausgelagert werden[406].

Daraus ist zu schließen, dass es jedenfalls unzulässig wäre, den gesamten Veranlagungsprozess an einen Portfolio- bzw. Vermögensverwalter zu übertragen. Eine solche Situation läge etwa dann vor, wenn der Wertpapierdienstleister auch im Bezug auf die Anlageziele und das Veranlagungsrisiko keinerlei Begrenzungen unterliegen würde und er hier völlig freie Hand hätte. Beschränkt sich die Tätigkeit des Vermögensverwalters jedoch ausschließlich auf die Umsetzung der von der Geschäftsleitung vorgegebenen Anlageziele und -richtlinien, so ist eine derartige Auslagerung aus aktienrechtlicher Sicht unproblematisch. Konkret bedeutet dies, dass der Vorstand die Auswahl der einzelnen Anlagetitel bedenkenlos delegieren darf, sofern er die grundlegende Ausrichtung der Veranlagung vorgibt[407] und etwaige Kontroll- und Überwachungspflichten einhält[408]. Auf die einzelnen Sorgfaltspflichten, die die Unternehmensleitung in dieser Konstellation zu beachten hat, wird nun im Folgenden näher eingegangen.

---

402 Vgl. *Fleischer*, Die „Business Judgement Rule": Vom Richterrecht zur Kodifizierung, ZIP 2004, 658 (691); vgl. *Ulmer*, Haftungsfreistellung bis zur Grenze grober Fahrlässigkeit bei unternehmerischen Fehlentscheidungen von Vorstand und Aufsichtsrat? DB 2004, 859 (860); vgl. *Spindler* in Goette/Habersack/Kalss, Münchener Kommentar zum Aktiengesetz⁴ (2014) Band 2, § 93 Rz. 48.

403 Vgl. *Bunz*, Der Schutz unternehmerischer Entscheidungen durch das Geschäftsleiterermessen (2011) 176.

404 *Hüffer*, Die Leitungsverantwortung des Vorstands in der Management Holding, in Liber Amicorum Happ (2006) 99.

405 Vgl. *Henze*, Leitungsverantwortung des Vorstands, BB 2000, 209 (210).

406 *Hüffer*, Die Leitungsverantwortung des Vorstands in der Management Holding, in Liber Amicorum Happ (2006) 99.

407 Vgl. diesbezüglich für die Privatstiftung: *Steiner*, Vermögensveranlagung in Stiftungen – Rechtliche Rahmenbedingungen, ZfS 2007, 46 (69); *Hofmann*, Überlegungen zur Verantwortung des Stiftungsvorstands bei Investitionsentscheidungen, PSR 2010, 173 (174).

408 Vgl. *Spindler* in Goette/Habersack/Kalss, Münchener Kommentar zum Aktiengesetz⁴ (2014) Band 2, § 76 Rz. 18; vgl. *Fleischer* in Spindler/Stilz, Aktiengesetz² (2010) § 76 Rz. 66.

2. Die Pflichten des Vorstands bei Beiziehung eines Anlageberaters bzw. bei Beauftragung eines Vermögensverwalters

a. Allgemeines

Es versteht sich von selbst, dass der Vorstand durch die Auslagerung der Veranlagungstätigkeit bzw. durch die Beiziehung eines Anlageberaters nicht von jeder Verantwortung frei wird. Vielmehr trifft ihn sowohl bei der Auswahl[409] des Wertpapierdienstleisters, als auch bzgl. der an diesen zu richtenden Vorgaben eine Sorgfaltsverpflichtung. Darüber hinaus obliegt es dem Geschäftsleiter, den Finanzmarktspezialisten bei dessen Tätigkeit zu überwachen und gegebenenfalls auf etwaige Fehlentwicklungen zu reagieren[410]. Das Leitungsorgan sollte bei der Beiziehung von Anlageberatern bzw. bei der Auslagerung der Veranlagungstätigkeit möglichst transparent vorgehen und mit dem Berater bzw. Verwalter getroffene Vereinbarungen sorgfältig dokumentieren. Bei einem verlustbringenden Veranlagungsvorhaben muss die Geschäftsleitung schließlich stets damit rechnen, zivilrechtlich zur Verantwortung gezogen zu werden. Sind in einem Prozess relevante Tatsachen nicht nachweisbar, so wird dies maßgeblichen Einfluss auf den Ausgang des Verfahrens haben[411].

b. Sorgfältige Auswahl

Entscheidet sich der Vorstand für die Beiziehung eines Beraters bzw. für die Auslagerung der Portfolioverwaltung, so hat er den jeweiligen Wertpapierdienstleister sorgfältig auszuwählen[412]. Tut er dies nicht, liegt culpa in eligendo vor und die Geschäftsleitung wird für daraus resultierende Schäden gegenüber der Gesellschaft regresspflichtig. Der Finanzmarktspezialist muss in der Lage sein, die ihm übertragene Aufgabe objektiv und

---

[409] Siehe diesbezüglich allgemein zur Beiziehung unternehmensfremder Berater: *Fleischer*, Vertrauen von Geschäftsleitern und Aufsichtsratsmitgliedern auf Informationen Dritter, ZIP 2009, 1397 (1403); *Binder*, Geschäftsleiterhaftung und fachkundiger Rat, AG 2008, 274 (284 ff.); siehe diesbezüglich allgemein zur Auslagerung von Tätigkeiten: *Vetter* in Krieger/Schneider, Handbuch Managerhaftung[2] (2010) § 18 Rz. 74.

[410] Vgl. diesbezüglich allgemein zur Beiziehung unternehmensfremder Berater: *Fleischer*, Vertrauen von Geschäftsleitern und Aufsichtsratsmitgliedern auf Informationen Dritter, ZIP 2009, 1397 (1404); siehe diesbezüglich allgemein zur Auslagerung von Tätigkeiten: *Spindler* in Goette/Habersack/Kalss, Münchener Kommentar zum Aktiengesetz[4] (2014) Band 2, § 76 Rz. 18; vgl. *Fleischer* in Spindler/Stilz, Aktiengesetz[2] (2010) § 76 Rz. 66.

[411] *Ratka/Rauter*, Handbuch Geschäftsführerhaftung[2] (2011) Rz. 2/227.

[412] Siehe bereits FN. 409.

sachkundig wahrzunehmen[413]. Darüber hinaus ist auch die Seriosität des Experten entsprechend zu überprüfen[414].

Unter dem Gesichtspunkt der Objektivität sollte die Geschäftsleitung etwa bei der Wahl eines Beraters darauf achten, dass dieser nicht zugleich auch Anbieter von Anlageinstrumenten ist bzw. keine konzernrechtliche Verbindung mit einem solchen Unternehmen besteht. Ansonsten könnte das Wertpapierdienstleistungsunternehmen daran interessiert sein, sich ausschließlich auf die Empfehlung hauseigener Produkte zu beschränken[415]. Fraglich ist auch, in wie weit jene Unbefangenheit im Falle einer von dritter Seite gewährten Vergütung für den Anlageberater gegeben ist. Zu denken ist hier etwa an Retrozessionen[416] oder an von Kapitalanlagegesellschaften gewährte Bestandsprovisionen[417]. Zwar sieht § 39 WAG 2007 ein prinzipielles Verbot der Vorteilsannahme im Zusammenhang mit der Erbringung von Wertpapierdienstleistungen vor, doch finden sich in Abs. 3 leg. cit. zahlreiche Ausnahmen, welche diesen Grundsatz durchbrechen[418]. Auch das in § 39 Abs. 3 Z. 2 lit. b WAG 2007 normierte Erfordernis, welches eine Vorteilsgewährung nur dann zulässt, wenn diese „darauf ausgelegt ist, die Qualität der für die Kunden erbrachten Dienstleistungen zu verbessern", ist nicht dazu geeignet, den Mangel an Objektivität zu heilen. Zwar kann dieses abstrakte[419] Kriterium durchaus zur Folge haben, dass eine zur Sorgfaltswidrigkeit verleitende Ausgestaltung von „Inducements" nicht zulässig ist[420], doch besteht hinsichtlich dieses Erfordernisses quasi eine Bereichsausnahme für die Anlageberatung[421]. Auf Grund der Tatsache, dass die Höhe der Provision, die der Anlageberater für die Vermittlung eines Anlageproduktes erhält, je nach Anbieter stark variieren kann, besteht daher stets die Gefahr, dass der Dienstleister der Maximierung seines Entgeltsanspruches Vorrang vor den Interessen der Gesellschaft einräumt[422]. Derartige, u.U. von Eigeninteressen beeinflusste Ratschläge darf ein ordentlicher und gewissenhafter Geschäftsleiter nicht zur Grundlage seiner Investitionsentscheidungen machen. Bei der Auswahl eines geeigneten Veranlagungsexperten ist somit darauf zu achten, dass die Höhe der Entlohnung in keinem Zusammenhang mit den konkret vorgeschlagenen Anlageprodukten steht und auch von dritter Seite keine derartigen

---

[413] Vgl. *Fleischer*, Vertrauen von Geschäftsleitern und Aufsichtsratsmitgliedern auf Informationen Dritter, ZIP 2009, 1397 (1403); Die gleichen Anforderungen sind auch an jenen unternehmensfremden Dritten zu stellen, an den eine bestimmte Tätigkeit ausgelagert werden soll.

[414] Vgl. *Fleischer*, Vertrauen von Geschäftsleitern und Aufsichtsratsmitgliedern auf Informationen Dritter, ZIP 2009, 1397 (1403); dies muss auch im Falle der Auslagerung einer Tätigkeit gelten.

[415] *Fuchs* in Fuchs, Wertpapierhandelsgesetz (2009) § 31 Rz. 79.

[416] Siehe: *Gruber* in Gruber/Raschauer, Kommentar zum Wertpapieraufsichtsgesetz 2007 (2011) § 39 Rz. 29 ff.

[417] Siehe: *Gruber* in Gruber/Raschauer, Kommentar zum Wertpapieraufsichtsgesetz 2007 (2011) § 39 Rz. 32 ff.

[418] Vgl. *Assmann*, Interessenkonflikte und „Inducements" im Lichte der Richtlinie über Märkte für Finanzinstrumente (MiFID) und der MiFID-Durchführungsrichtlinie, ÖBA 2007, 40 (49).

[419] AA-41, 23. GP 6.

[420] Vgl. *Assmann*, Interessenkonflikte und „Inducements" im Lichte der Richtlinie über Märkte für Finanzinstrumente (MiFID) und der MiFID-Durchführungsrichtlinie, ÖBA 2007, 40 (52).

[421] *Assmann*, Interessenkonflikte und „Inducements" im Lichte der Richtlinie über Märkte für Finanzinstrumente (MiFID) und der MiFID-Durchführungsrichtlinie, ÖBA 2007, 40 (51).

[422] Vgl. *Assmann*, Interessenkonflikte und „Inducements" im Lichte der Richtlinie über Märkte für Finanzinstrumente (MiFID) und der MiFID-Durchführungsrichtlinie, ÖBA 2007, 40 (49).

Anreize geschaffen werden bzw. diese, wie nach allgemeinem Auftragsrecht[423], an den Kunden herauszugeben sind. Als Entlohnungsmodell bietet sich für die Geschäftsleitung hier etwa die Vereinbarung eines Stundenhonorars an. Um ähnliche Konfliktsituationen bei der Beauftragung eines Portfolioverwalters zu vermeiden, sollte mit diesem ein erfolgsabhängiger Provisionsanspruch vereinbart werden, da somit für den Wertpapierdienstleister kein Anreiz verbleibt, durch häufige, nicht im Kundeninteresse liegende Umschichtungen des Depots provisionsauslösende Umsätze zu erzielen und so durch die Entgegennahme von sog. Kick-back Zahlungen[424] seine Einnahmen zu erhöhen („Churning")[425].

Unabhängig von der Art der Entlohnung des Vermögensberaters bzw. -verwalters gilt, dass diese als marktüblich zu qualifizieren sein muss. Liegt das vereinbarte Honorar weit über jener Schwelle, so handelt der Unternehmensleiter sorgfaltswidrig und wird gegenüber der Gesellschaft regresspflichtig[426].

Eine sorgfältige Auswahl setzt überdies voraus, dass der Finanzmarktexperte die notwendige Sachkenntnis für die ihm anvertraute Tätigkeit besitzt, wobei die wohl herrschende Ansicht davon ausgeht, dass eine formale Qualifikation grundsätzlich ausreichend ist[427]. Hat der beauftragte Anlageberater bzw. Portfolioverwalter eine entsprechende Konzession der FMA, welche ihm die gewerbliche Erbringung der jeweiligen Wertpapierdienstleistung gestattet[428], so darf sich der Vorstand auf dessen fachliche Eignung verlassen. Zu weitgehend wäre es hingegen, würde man vom ihm auch eine inhaltliche Qualitätskontrolle fordern[429]. Insbesondere eine Beraterleistung wird die Geschäftsleitung nämlich nur dann in Anspruch nehmen, wenn die erforderlichen Kenntnisse nicht in eigener Person vorgewiesen werden können. Besäße der Vorstand jene Fähigkeiten ohnehin selbst, so hätte er diese auch entsprechend einzusetzen[430]. Es wäre somit höchst widersprüchlich, die Zulässigkeit der Konsultation eines Beraters einerseits vom Fehlen einer eigenen Expertise abhängig zu machen und andererseits die Unternehmensleitung zu einer inhaltlichen Überprüfung der Befähigung zu verpflichten.

---

[423] *Koziol*, Die Haftung der depotführenden Bank bei Provisionsvereinbarungen mit externen Vermögensverwaltern ihrer Kunden, ÖBA 2004, 483 (484); *Brandl/Klausberger* in Brandl/Saria, Wertpapieraufsichtsgesetz[2] (2010) § 39 Rz. 27.

[424] Siehe zu diesem Begriff FN. 372.

[425] Vgl. zu dieser Problematik: *Schäfer* in Schäfer/Sethe/Lang, Handbuch der Vermögensverwaltung (2012) § 21 Rz. 19.

[426] *Ratka/Rauter*, Handbuch Geschäftsführerhaftung[2] (2011) Rz. 9/312.

[427] Vgl. *Fleischer*, Vertrauen von Geschäftsleitern und Aufsichtsratsmitgliedern auf Informationen Dritter, ZIP 2009, 1397 (1403); vgl. *Kalss* in Kalss/Kunz, Handbuch für den Aufsichtsrat (2010) § 16 Rz. 9; dies muss auch im Falle der Auslagerung einer Tätigkeit gelten.

[428] Siehe zu diesem Erfordernis: § 3 Abs. 2 Z. 1 und 2 WAG 2007.

[429] So etwa *Binder*, Geschäftsleiterhaftung und fachkundiger Rat, AG 2008, 274 (285 f.).

[430] Vgl. *Spindler* in Goette/Habersack/Kalss, Münchener Kommentar zum Aktiengesetz[4] (2014) Band 2, § 93 Rz. 25.

Dem Vorstand obliegt es zudem, Nachforschungen bzgl. der Seriosität der in Frage kommenden Dienstleister vorzunehmen[431]. Derartige Informationen können aus Fachzeitschriften, Tageszeitungen und natürlich durch Internetrecherche gewonnen werden. So wird etwa auf der Homepage der österreichischen Finanzmarktaufsicht regelmäßig vor dubiosen Wertpapierdienstleistungsunternehmen gewarnt. Natürlich sind nur aus seriösen Quellen stammende Informationen zu berücksichtigen. Gerüchten und sonstigen unbelegten Äußerungen müssen keine Aufmerksamkeit geschenkt werden.

c.   Informations- und Vorgabepflichten des Vorstands

aa. Informationspflichten

Die Wohlverhaltensnormen des WAG 2007 verpflichten den Wertpapierdienstleister, die finanzielle Situation sowie das Ziel, das der Kunde durch die Veranlagung erreichen will, zu erfragen und seine Tätigkeit daran auszurichten[432]. Handelt es sich bei dem Kunden um eine juristische Person, so wird diese durch ihre jeweiligen Organe vertreten[433]. Der Geschäftsleitung kommt somit die Pflicht zu, den Anlageberater bzw. den Vermögensverwalter mit den entsprechenden Daten zu versorgen[434], die diesem wiederum eine sorgfaltsgemäße Leistungserbringung ermöglichen sollen.

Zu besagten Informationen zählen zunächst jene über das Volumen der geplanten Investition. Der Geschäftsleitung obliegt es zu bestimmen, welcher Teil des Unternehmensvermögens nicht zur Deckung laufender Kosten oder etwaiger Anschaffungen benötigt wird und somit veranlagt werden kann. Hierbei handelt es sich um eine Leitungsaufgabe des Vorstands, welche nicht an Dritte übertragen werden darf[435].

Gleiches gilt für die Entscheidung über den geplanten Anlagehorizont. Auch diesen hat die Unternehmensleitung selbständig festzulegen[436] und anschließend dem Wertpapierdienstleister mitzuteilen.

Eine weitere wesentliche Information, die der Finanzexperte für die Umsetzung der Anlagestrategie bzw. für die Suche nach geeigneten Titeln benötigt, ist das Ziel, welches durch die Kapitalveranlagung erreicht werden soll[437]. Während es einem auf eigene Rechnung

---

[431]   Vgl. *Fleischer*, Vertrauen von Geschäftsleitern und Aufsichtsratsmitgliedern auf Informationen Dritter, ZIP 2009, 1397 (1403); dies muss auch im Falle der Auslagerung einer Tätigkeit gelten.

[432]   Vgl. *Brandl/Klausberger* in Brandl/Saria, Wertpapieraufsichtsgesetz² (2010) § 38 Rz. 26.

[433]   *Graf* in Gruber/Raschauer, Kommentar zum Wertpapieraufsichtsgesetz 2007 (2011) § 44 Rz. 61.

[434]   Vgl. dazu allgemein: *Fleischer*, Expertenrat und Organhaftung, KSzW 2013, 3 (9).

[435]   Siehe zur Unübertragbarkeit von Leitungsaufgaben etwa: *Hüffer*, Die Leitungsverantwortung des Vorstands in der Management Holding, in Liber Amicorum Happ (2006) 93 (106).

[436]   Vgl. *Graf* in Gruber/Raschauer, Kommentar zum Wertpapieraufsichtsgesetz 2007 (2011) § 44 Rz. 61.

[437]   Siehe: *Graf* in Gruber/Raschauer, Kommentar zum Wertpapieraufsichtsgesetz 2007 (2011) § 44 Rz. 29.

agierenden Kunden selbstverständlich frei steht, für die Hoffnung auf überdurchschnittliche Erträge auch ein entsprechendes Risiko in Kauf zu nehmen, hat sich der Vorstand als Fremdvermögensverwalter[438] stets am objektiven Unternehmenswohl zu orientieren[439] und die durch den Unternehmensgegenstand gezogenen Grenzen zu respektieren[440]. Wie bereits erwähnt[441] resultiert daraus, dass ein ordentlicher und gewissenhafter Geschäftsleiter primär an der Erhaltung der Kaufkraft des investierten Kapitals, zuzüglich eines geringfügigen Wertzuwachses, interessiert sein wird[442]. Beauftragt die Unternehmensleitung nun einen Portfolioverwalter, so trifft sie die Pflicht, diese Zielsetzung klar und unmissverständlich zu kommunizieren. Dies nicht zuletzt deshalb, weil es dem Wertpapierdienstleister Aufschluss darüber gibt, welches Maß an Risiko er im Rahmen seiner Tätigkeit eingehen darf[443]. Der Vermögensverwalter ist nämlich gem § 44 Abs. 4 WAG 2007 verpflichtet, eben jene Risikopräferenz zu ermitteln. Häufig werden die Kunden dabei (entsprechend dem von der Wirtschaftskammer herausgegebenen Leitfaden zur Anwendung der Wohlverhaltensregeln nach dem Wertpapieraufsichtsgesetz 2007[444]) in risikoscheue (konservative), risikobereite und spekulative Anleger unterteilt. Während der Vorstand den Vermögensverwalter somit darauf hinzuweisen hat, dass er eine risikoscheue (konservative) Veranlagung wünscht[445], stellt sich die Situation bei der Beauftragung eines Anlageberaters etwas anders dar. Zu beachten ist hier, dass dieser grundsätzlich nur die einzelnen Wertpapiere auf ihre Eignung für den Kunden hin überprüft[446], nicht aber, inwieweit diese sich in ein bereits bestehendes Portfolio bzw. Veranlagungskonzept einfügen. Letzteres hat der Vorstand zu beurteilen und entsprechend an den Berater weiterzuleiten. Daher kann es durchaus legitim sein, den Finanzmarktexperten mit der Suche nach riskanten Anlagetiteln zu betrauen, sofern dies im Hinblick auf eine möglichst breite Streuung notwendig scheint. Entscheidend ist schließlich stets die Gesamtausrichtung des Wertpapierdepots und nicht das Risikoprofil eines einzelnen Anlagetitels[447].

[438] *Hopt* in Hopt/Wiedemann, Aktiengesetz Großkommentar[4] (2008) Band 3, § 93 Rz. 144; *Strasser* in Jabornegg/Strasser, Kommentar zum Aktiengesetz[5] (2010) §§ 77-84 Rz. 98a.

[439] *Nowotny* in Doralt/Nowotny/Kalss, Kommentar zum Aktiengesetz[5] (2012) § 70 Rz. 11.

[440] *Heidlinger/Schneider* in Jabornegg/Strasser, Kommentar zum Aktiengesetz[5] (2010) § 17 Rz. 13; *Gruber* in Doralt/Nowotny/Kalss, Kommentar zum Aktiengesetz[2] (2012) § 17 Rz. 12.

[441] Siehe Kapitel B.I.

[442] Vgl. diesbezüglich für die Privatstiftung: *Hofmann*, Überlegungen zur Verantwortung des Stiftungsvorstands bei Investitionsentscheidungen, PSR 2010, 173 (177).

[443] *Graf* in Gruber/Raschauer, Kommentar zum Wertpapieraufsichtsgesetz 2007 (2011) § 44 Rz. 29.

[444] Leitfaden zur Anwendung der Wohlverhaltensregeln nach dem Wertpapieraufsichtsgesetz 2007, http://www.bwg.at/bwg/bwg_v4.nsf/sysPages/m1.html/$file/WAG-Leitfaden_2007_Final%20Version_25092007.pdf (29.03.2013).

[445] Diese ergibt sich aus der Hilfsfunktion der Veranlagungsgeschäfte. Im Leitfaden wird eine konservative Veranlagung wie folgt definiert: „Hohe Sicherheits- und Liquiditätsbedürfnisse überwiegen die Renditeerwartung. Im Vordergrund stehen Stabilität und kontinuierliche Entwicklung der Anlage sowie die Substanzerhaltung des Vermögens unter Verzicht auf höhere Erträge".

[446] *Graf* in Gruber/Raschauer, Kommentar zum Wertpapieraufsichtsgesetz 2007 (2011) § 44 Rz 20.

[447] Vgl. diesbezüglich zur Portfolioverwaltung: *Benicke*, Pflichten des Vermögensverwalters beim Investitionsprozess, ZGR 2004, 760 (777).

bb. Pflicht zur Vereinbarung einer Anlagerichtlinie?

Fraglich ist zudem, ob der Unternehmensleiter im Falle der Beauftragung eines unternehmensfremden Vermögensverwalters verpflichtet ist, mit diesem eine Anlagerichtlinie zu vereinbaren. Eine solche enthält i.d.R. Bestimmungen bzgl. des jeweiligen Anteils einer Wertpapiergattung am Gesamtportfolio oder legt eine prozentuale Höchstgrenze fest[448]. Sinn und Zweck einer derartigen Vereinbarung besteht darin, den Ermessensspielraum des Dienstleisters zu beschränken und die Anlageziele näher auszuführen[449]. Während die h.L.[450] davon ausgeht, dass im Verhältnis Verwalter zu Kunde keine Verpflichtung zur Aufstellung derartiger Regelungen bestehe, wird man bei einem die Gesellschaftsinteressen vertretenden Vorstand zu einem anderen Ergebnis kommen müssen. So wurde bereits erwähnt, dass die Geschäftsleitung pflichtwidrig handelt, wenn dem Finanzdienstleister im Rahmen der Auslagerung ein zu großes Ermessen zugebilligt wird[451]. Um dies zu verhindern, bedarf es einer Anlagerichtlinie[452], anhand derer die Investitionstätigkeit des Vermögensverwalters konkretisiert wird. Zwar kann es durchaus auch nachteilig sein, wenn der Wertpapierdienstleister zu strengen Vorgaben unterworfen wird, da es ihm dann u.U. nicht möglich ist, auf eine veränderte Marktsituation angemessen zu reagieren[453], allerdings besteht selbstverständlich jederzeit die Möglichkeit, mit dem Vorstand in Kontakt zu treten, ihn auf diese Umstände hinzuweisen und die ursprüngliche Richtlinie zu modifizieren.

d. Überwachungs- und Kontrollpflichten

aa. Allgemeines

Während die bisher ausgeführten Geschäftsleiterpflichten jene Phase vor der Leistungserbringung durch den externen Finanzmarktexperten betreffen, gilt es nun zu klären, welche Anforderungen der sorgfältig agierende Vorstand nach der Konsultation eines Veranlagungsberaters bzw. während der Verwaltung von Gesellschaftskapital durch einen Portfolioverwalter erfüllen muss.

---

[448] *Schäfer* in Schäfer/Sethe/Lang, Handbuch der Vermögensverwaltung (2012) § 8 Rz. 4.
[449] *Benicke*, Wertpapiervermögensverwaltung (2006) 557.
[450] Siehe etwa: *Graf* in Gruber/Raschauer, Kommentar zum Wertpapieraufsichtsgesetz 2007 (2011) § 44 Rz. 14.
[451] Siehe Kapitel B.VI.1.c.; vgl. diesbezüglich für die Privatstiftung: *Steiner*, Vermögensveranlagung in Stiftungen – Rechtliche Rahmenbedingungen, ZfS 2007, 46 (69).
[452] Vgl. diesbezüglich für die Privatstiftung: *Steiner*, Vermögensveranlagung in Stiftungen – Rechtliche Rahmenbedingungen, ZfS 2007, 46 (48 f.).
[453] Vgl. diesbezüglich für die Privatstiftung: *Steiner*, Vermögensveranlagung in Stiftungen – Rechtliche Rahmenbedingungen, ZfS 2007, 46 (52). Die Vereinbarung einer präzisen Anlagerichtlinie wird hier aber ebenfalls als notwendig angesehen.

bb. Bei Beiziehung eines Anlageberaters

Werden dem Unternehmensleiter von einem Anlageberater diverse Titel vorgeschlagen, so darf er sich nicht blindlings darauf verlassen, dass jener Experte die nötige Sachkunde besitzt, um zu beurteilen, ob ein Finanzanlagetitel für die Gesellschaft geeignet ist oder nicht[454]. Um den ihm auferlegten Sorgfaltsanforderungen gerecht zu werden, hat der Vorstand die vom Dritten erarbeiteten Veranlagungsvorschläge auch einer Plausibilitätskontrolle zu unterziehen[455]. Ziel dieser Überprüfung ist es, offenkundige Mängel bei der Beratung aufzudecken[456] und die Gesellschaft vor Schaden zu bewahren. Entscheidend ist somit, ob ein ordentlicher und gewissenhafter Geschäftsleiter zu dem Schluss käme, dass die empfohlenen Wertpapiere nicht mit den von ihm aufgestellten Vorgaben vereinbar sind. Dies wäre etwa dann der Fall, wenn der Anlageberater ausschließlich den Erwerb von Aktien empfiehlt, obwohl klar kommuniziert wurde, dass der Veranlagungshorizont ein eher kurzer ist. Auf Grund der hohen Volatilität dieser Wertpapiergattung[457] bestünde somit die Gefahr, dass mit Ablauf der geplanten Haltedauer, also jenem Zeitpunkt, in dem das investierte Kapital wieder für andere Zwecke benötigt wird, ein Verkauf der Anlagetitel nur mit großen Verlusten möglich wäre. Derart grundlegende Kenntnisse des Kapitalmarkts dürften von einem Geschäftsleiter, welcher mit Unternehmensvermögen Finanzinstrumente an- und verkauft, durchaus erwartet werden.

cc. Bei Beiziehung eines Vermögensverwalters

Bedient sich die Geschäftsleitung eines Vermögensverwalters um Kapital zu veranlagen, so trifft dieser die finale Investitionsentscheidung[458]. Bei der Auslagerung einer Tätigkeit an einen externen Dritten hat der Vorstand deren ordnungsgemäße Erledigung bzw. Durchführung zu überprüfen[459]. Den zentralen Beurteilungsmaßstab bilden hierbei die vereinbarte Veranlagungsstrategie bzw. die vorgegebenen Anlagerichtlinien. Um eine sachgerechte Bewertung der Performance und der akquirierten Wertpapiere vornehmen zu können, sollte mit dem Vermögensverwalter vertraglich festgelegt werden, dass die Informationen, die dieser im Rahmen des Rechercheprozesses gewinnen konnte, an die Geschäftsleitung auszuhändigen

---

[454] AA betreffend der Beiziehung eines Rechtsberaters: *Geymayer*, Die Haftung des Vorstands einer Aktiengesellschaft für fehlgeschlagene Prozessführung, GesRZ 1999, 31 (31).

[455] Vgl. dazu allgemein: *Fleischer*, Expertenrat und Organhaftung, KSzW 2013, 3 (9).

[456] *Fleischer*, Vertrauen von Geschäftsleitern und Aufsichtsratsmitgliedern auf Informationen Dritter, ZIP 2009, 1397 (1404).

[457] *Bauer* in Kalss/Kunz, Handbuch für den Aufsichtsrat (2010) § 40 Rz. 76.

[458] Vgl. *Frölichsthal/Hausmaninger/Knobl/Oppitz/Zeipelt*, Kommentar zum Wertpapieraufsichtsgesetz (1998) § 11 Rz. 12.

[459] Vgl. *Spindler* in Goette/Habersack/Kalss, Münchener Kommentar zum Aktiengesetz⁴ (2014) Band 2, § 76 Rz. 18; vgl. *Fleischer* in Spindler/Stilz, Aktiengesetz² (2010) § 76 Rz. 66; siehe auch bzgl. der unternehmensinternen Delegation: *Semler*, Leitung und Überwachung der Aktiengesellschaft² (1996) Rz. 24; *Mutter*, Unternehmerische Entscheidungen und Haftung des Aufsichtsrats der Aktiengesellschaft (1994) 35 f.

sind. Die Vereinbarung von Informations- bzw. Kontrollrechten zählt schließlich zu den zentralen Vorstandspflichten im Rahmen des „Outsourcing"[460].

Weicht der Wertpapierdienstleister von den an ihn gerichteten Vorgaben bzw. den Anlagerichtlinien offensichtlich ab, so hat das Leitungsorgan mit ihm Kontakt aufzunehmen und die Gründe für das Abgehen von der Vereinbarung zu erfragen. Sind diese überzeugend, so müssen die bisherigen Regelungen entsprechend angepasst werden. Anderenfalls hat der Vorstand mit Nachdruck auf die Einhaltung der Vorgaben zu bestehen und bei wiederholten Abweichungen auch einen Verwalterwechsel in Betracht zu ziehen.

Um diesen Sorgfaltsanforderungen nachzukommen, ist es erforderlich, dass der Organwalter bzgl. der vom gesellschaftsfremden Dritten getätigten Geschäfte im Bilde ist[461]. Ob diesbezüglich eine vertragliche Vereinbarung getroffen werden muss, hängt von den Umständen des Einzelfalls ab. So ist eine derartige Berichtspflicht für die Portfolioverwaltung bereits in § 50 WAG 2007 normiert. Diese sieht vor, dass der Rechtsträger dem Kunden (bzw. dessen Vertreter) periodisch Informationen über die auf Rechnung der Gesellschaft getätigten Wertpapiergeschäfte zukommen zu lassen hat. Wie häufig eine derartige Berichterstattung vorzunehmen ist, hängt davon ab, ob die Aktiengesellschaft als Privatkunde i.S.d. § 1 Z. 14 WAG 2007 oder als professioneller Kunde i.S.d. § 1 Z. 13 i.V.m. § 58 Abs. 1 WAG 2007 anzusehen ist. Letzteres wird wohl nur dann der Fall sein, wenn der Vorstand mit den Gegebenheiten des Finanzmarktes und dem Umgang mit Finanzanlageprodukten vertraut ist (§ 58 Abs. 1 leg. cit.) oder die Aktiengesellschaft zwei der in § 58 Abs. 2 Z. 2 normierten Schwellwerte überschreitet. Während für Privatkunden in Abs. 2 präzise normiert wird, wie oft die Berichterstattung zu erfolgen hat, finden sich für professionelle Kunden keine derartigen Regelungen. Ist die AG als solcher einzustufen, so hat der Vorstand über die Häufigkeit der an ihn zu übermittelnden Informationen eine vertragliche Vereinbarung abzuschließen[462].

Berücksichtigt man, dass von einem Leitungsorgan, welches einzelne Aufgaben an außenstehende Dritte auslagert, verlangt wird, sich die Möglichkeit einer jederzeitigen Überprüfung der übertragenen Tätigkeit vorzubehalten[463], stellt sich die Frage, ob ein sorgfältiger und gewissenhafter Geschäftsleiter nicht von der Option, die ihm § 50 Abs. 3 Z. 1 leg. cit. bietet, Gebrauch zu machen hat. Der Kunde (bzw. der Vorstand als dessen Vertreter[464]) kann den Vermögensverwalter nämlich verpflichten, ihn über jedes getätigte Wertpapiergeschäft zu informieren. Da die Geschäftsleitung bzgl. der finanziellen Verhältnisse

460 *Spindler* in Goette/Habersack/Kalss, Münchener Kommentar zum Aktiengesetz[4] (2014) Band 2, § 76 Rz. 18.
461 Vgl. *Spindler* in Goette/Habersack/Kalss, Münchener Kommentar zum Aktiengesetz[4] (2014) Band 2, § 76 Rz. 18.
462 Vgl. *Brandl/Klausberger* in Brandl/Saria, Wertpapieraufsichtsgesetz[2] (2010) § 50 Rz. 6.
463 *Spindler* in Goette/Habersack/Kalss, Münchener Kommentar zum Aktiengesetz[4] (2014) Band 2, § 76 Rz. 18.
464 *Graf* in Gruber/Raschauer, Kommentar zum Wertpapieraufsichtsgesetz 2007 (2011) § 44 Rz. 61.

der Gesellschaft ständig auf dem Laufenden zu sein hat[465], scheint es erforderlich, diese Möglichkeit auch wahrzunehmen.

Die Notwendigkeit der tatsächlichen Ausübung dieses Rechts zeigt sich auch im Hinblick auf die Kontrollbefugnis des Aufsichtsrats. Diesem ist es nämlich erlaubt, die Vermögenswerte der Aktiengesellschaft einzusehen und zu überprüfen, wozu auch die im Unternehmensbesitz befindlichen Wertpapiere zählen (siehe § 95 Abs. 3 AktG). Weist die Geschäftsleitung den externen Dienstleister somit nicht dahingehend an, dass jede Veränderung im Depot bekanntzugeben ist, so trifft ihn nur die Pflicht zur Übersendung einer periodischen Aufstellung. Da eine derartige Aufstellung allerdings nur alle paar Monate zu übermitteln ist, hätte das Aufsichtsorgan keinerlei Möglichkeit zu beurteilen, ob seit dem letzten Bericht Änderungen im Unternehmensportfolio vorgenommen wurden. Fehlt es nun aber bereits an so grundlegenden Informationen wie der aktuellen Portfoliozusammensetzung, wäre eine (sinnvolle) Ausübung des Kontrollrechts, welches das Gesetz dem Aufsichtsrat einräumt, nicht möglich.

Besteht die Geschäftsleitung auf einer separaten Berichterstattung für jedes einzelne Geschäft und ist die AG als Privatkunde einzustufen, so muss eine periodische Aufstellung nur einmal jährlich übermittelt werden (§ 50 Abs. 2 Z. 2 WAG 2007). Eine Ausnahme besteht lediglich für derivative Finanzprodukte, sofern das Portfolio solche enthält[466]. Wird die Gesellschaft hingegen als professioneller Kunde angesehen, ist es Aufgabe der Parteien, eine entsprechende Regelung zu vereinbaren[467]. Ein sorgfältiger und gewissenhafter Geschäftsleiter wird sich hierbei an der für Privatkunden vorgesehenen Berichtsperiode (somit alle 12 Monate, ausgenommen derivative Finanzinstrumente) orientieren können, da angesichts der Einzelberichterstattung eine häufigere Übermittlung der Aufstellung nicht notwendig erscheint.

Für den Fall, dass der Gesamtwert des Portfolios eine gewisse Schwelle unterschreitet, sollte jedoch eine zusätzliche Benachrichtigungspflicht statuiert werden, damit die Unternehmensleitung in der Lage ist, auf diese Situation angemessen zu reagieren (vgl. diesbezüglich die für Privatkunden in § 50 Abs. 4 WAG 2007 enthaltene Regelung). Auch im Falle der Auslagerung einer Unternehmensfunktion muss dem Vorstand nämlich stets ein unverzügliches Einschreiten möglich sein[468].

Kommt es innerhalb der Gesellschaft zu Änderungen, welche Auswirkungen auf den Anlagezweck, die Risikobereitschaft oder den Anlagehorizont haben, so hat die Geschäftsführung den Portfolioverwalter unverzüglich über diese neuen Umstände zu

[465] *Feltl/Pucher*, Corporate Compliance im österreichischen Recht – Ein Überblick, wbl 2010, 265 (269); *Ratka/Rauter*, Handbuch Geschäftsführerhaftung^2 (2011) Rz. 9/186.
[466] *Brandl/Klausberger* in Brandl/Saria, Wertpapieraufsichtsgesetz^2 (2010) § 50 Rz. 7.
[467] *Brandl/Klausberger* in Brandl/Saria, Wertpapieraufsichtsgesetz^2 (2010) § 50 Rz. 6.
[468] *Spindler* in Goette/Habersack/Kalss, Münchener Kommentar zum Aktiengesetz^4 (2014) Band 2, § 76 Rz. 18.

informieren und ihn gegebenenfalls entsprechend anzuweisen[469]. Auf ein derartiges Weisungsrecht darf ein ordentlicher und gewissenhafter Vorstand nicht vertraglich verzichten. Während die Zulässigkeit eines derartigen Verzichts im Außenverhältnis strittig ist[470], verstößt das Leitungsorgan nämlich jedenfalls gegen die in § 84 AktG normierte Sorgfaltspflicht, wenn er sich im Zuge der Auslagerung einer Tätigkeit an einen unternehmensfremden Dritten einer der wesentlichsten Eingriffsmöglichkeiten begibt[471].

VII. Verhalten bei Verfehlung der Veranlagungsziele

Wird das durch die Veranlagung angestrebte Ziel nicht erreicht oder weist das Gesamtportfolio gar Verluste auf, so stellt sich für den Vorstand die Frage, welches Verhalten er zu setzten hat, um einer Haftung zu entgehen. Zunächst wird es notwendig sein, die Gründe für den ausbleibenden Ertrag zu eruieren. Diese können sowohl in einer ungünstigen Portfoliozusammensetzung bzw. einer Übergewichtung einzelner (von Kursverlusten betroffenen) Titel aber auch in globalen Krisen, welche zu branchenübergreifenden Einbrüchen auf dem Finanzmarkt führen, liegen.

Wurde im Rahmen der Veranlagung ein externer Berater oder Verwalter hinzugezogen, so hat der Geschäftsleiter diesen zu kontaktieren und die Ursache für den Misserfolg zu erfragen[472]. Dies ist bereits im Hinblick auf potentielle Regressforderungen gegen den unternehmensfremden Dritten unumgänglich. Unterlässt das Leitungsorgan die gebotene Kontaktaufnahme, kann darin ein Mitverschulden am eingetretenen Schaden gesehen werden, was zur Minderung des Schadenersatzanspruches der Aktiengesellschaft führen[473] und in weiterer Folge eine Haftung des Vorstands wegen Verletzung der Sorgfaltspflicht nach sich ziehen kann. Ist es dem beauftragten professionellen Portfolioverwalter über einen längeren Zeitraum nicht möglich, die zur Substanzerhaltung notwenigen Zuwächse zu generieren, so bedarf es einer kritischen Prüfung, in deren Rahmen die vom Verwalter ausgewählten Titel vergleichbaren Finanzprodukten gegenüberzustellen sind. Zeigt sich hierbei, dass die Leistung

---

[469] Vgl. diesbezüglich für die Privatstiftung: *Steiner*, Vermögensveranlagung in Stiftungen – Rechtliche Rahmenbedingungen, ZfS 2007, 46 (51).

[470] Vgl. *Graf* in Gruber/Raschauer, Kommentar zum Wertpapieraufsichtsgesetz 2007 (2011) § 44 Rz. 17.

[471] Vgl. *Spindler* in Goette/Habersack/Kalss, Münchener Kommentar zum Aktiengesetz⁴ (2014) Band 2, § 76 Rz. 18, welcher fordert dass die Auslagerung von Unternehmensfunktionen derart ausgestaltet sein muss „dass die ordnungsgemäße Erledigung der ausgelagerten Aktivitäten und Prozesse jederzeit kontrolliert werden kann und ein kurzfristiges Eingreifen möglich ist".

[472] Vgl. diesbezüglich die Pflicht des Vermögensinhabers zur Kontaktaufnahme mit dem Vermögensverwalter: *Schäfer* in Schäfer/Sethe/Lang, Handbuch der Vermögensverwaltung (2012) § 21 Rz. 39.

[473] Vgl. *Brandl/Hohensinner*, Feststellungsbegehren und Mitverschuldenseinwand in Gerichtsverfahren wegen Anlageberatungsfehlern, ÖBA 2004, 602 (605).

des beigezogenen Dritten unterdurchschnittlich war, so werden personelle Konsequenzen unausweichlich sein[474].

Eine allgemeine Pflicht, verlustbringende Anlagetitel unverzüglich zu verkaufen bzw. eine entsprechende Weisung zu geben, besteht zweifelsohne nicht, wäre es doch auch möglich, dass künftige Kurssteigerungen den bisher eingetretenen (aber noch nicht realisierten) Verlust verringern oder gar zu Gewinnen führen[475]. Auch von einem ordentlichen und gewissenhaften Geschäftsleiter kann jedoch nicht erwartet werden, dass er die weitere Entwicklung am Finanzmarkt absolut zuverlässig prognostizieren kann[476]. Wie bereits erwähnt trifft die Unternehmensleitung nämlich keine Erfolgshaftung[477].

Fraglich ist jedoch, wie im Falle einer fehlerhaften Portfoliozusammensetzung zu reagieren ist, wenn also bspw. ein übergewichteter Titel starke Kursverluste erleidet. Eine Änderung der Portfoliostruktur würde zwangsläufig einen (zumindest teilweisen) Verkauf der jeweiligen Wertpapiere zur Folge haben. Könnte durch die Devestition jedoch nur mehr ein Bruchteil des ursprünglichen Erwerbspreises lukriert werden, hat der Vorstand zu entscheiden, ob ein Beibehalten der Übergewichtung nicht eher dem Unternehmenswohl entspricht als ein Abstoßen der Finanztitel. Im ersten Fall bestünde schließlich die Möglichkeit, dass sich der Kurs jenem zum Erwerbszeitpunkt wieder annähert und somit der Schaden verringert wird. Wie so oft handelt es sich auch hier letztlich um eine Ermessensentscheidung des Geschäftsleiters, für welche er nur dann haftet, wenn er außerhalb des ihm zugebilligten Handlungsfreiraumes agiert[478].

VIII. Berichtspflicht gegenüber dem Aufsichtsrat und Einholung der notwendigen Zustimmung

Das AktG sieht eine Vielzahl von Fällen vor, in denen dem Leitungsorgan die Aufgabe zukommt, den Aufsichtsrat über die aktuelle Situation im Unternehmen bzw. die geänderten Umstände in Form eines Berichtes zu informieren (siehe § 81 AktG). Dadurch soll dem Aufsichtsorgan die Möglichkeit gegeben werden, die Überwachung und Kontrolle des Geschäftsführerhandelns in adäquater Weise vorzunehmen[479].

---

[474] Vgl. diesbezüglich für die Privatstiftung: *Steiner*, Vermögensveranlagung in Stiftungen – Rechtliche Rahmenbedingungen, ZfS 2007, 46 (71).

[475] Vgl. *Brandl/Hohensinner*, Feststellungsbegehren und Mitverschuldenseinwand in Gerichtsverfahren wegen Anlageberatungsfehlern, ÖBA 2004, 602 (604).

[476] Vgl. *Rothenhöfer*, Mitverschulden des unrichtig informierten Anlegers? WM 2003, 2032 (2035).

[477] OGH 31.10.1973, 1 Ob 179/73, SZ 46/113 = EvBl 1974/83 = NZ 1974, 190 = HS 8451.

[478] Vgl. *Kapsch/Grama*, Business Judgement Rule: Pflichtwidrige oder bloß unglückliche Geschäftsentscheidung? ecolex 2003, 524 (524).

[479] *Nowotny* in Doralt/Nowotny/Kalss, Kommentar zum Aktiengesetz² (2012) § 81 Rz. 2.

Den Vorstand trifft zunächst gem § 81 Abs. 1 1. Satz AktG die Pflicht, dem Aufsichtsrat im Rahmen des Jahresberichts über grundsätzliche Fragen der künftigen Geschäftspolitik zu berichten sowie eine Vorschaurechnung zu erstellen, aus welcher sich die künftige Entwicklung der Vermögens-, Finanz- und Ertragslage ergibt. Insbesondere bei letzterer ist eine numerische einer verbalen Darstellung vorzuziehen[480]. Planbilanz, Plan-GuV sowie eine Plan-Geldflussrechnung sind feste Bestandteile jener Berichterstattung[481]. Kommt die Geschäftsleitung somit zu dem Schluss, dass eine Veranlagung des Gesellschaftsvermögens ein notwendiger Schritt ist, um dessen Substanz zu erhalten und kreiert dahingehend eine Strategie, so hat sie dem Aufsichtsorgan die wesentlichsten Eckdaten dieses Vorhabens, wie insbesondere die Höhe des Investitionsvolumens und die angestrebte Rendite im Zuge der Vorschaurechnung zu übermitteln.

Die Entwicklung der akquirierten Wertpapiere ist (neben einer Vielzahl weiterer Kennzahlen) in den verpflichtend aufzustellenden Quartalsberichte zu skizzieren, haben diese doch die Entwicklung der für die Gesellschaft getätigten Geschäfte abzubilden (§ 81 Abs. 1 2. Satz AktG).

Neben diesen periodischen Informationen ist der Aufsichtsrat darüber hinaus umgehend zu benachrichtigen, wenn ein wichtiger Anlass besteht (§ 81 Abs. 1 3. Satz 1. Fall AktG). Ob dies der Fall ist, hat das Leitungsorgan unter Einhaltung der gebotenen Sorgfalt zu entscheiden[482]. Ausschlaggebendes Kriterium wird hier die Höhe der geplanten Investition und somit seine Bedeutung für die künftige Entwicklung des Gesellschaftsvermögens sein. So kann das Vorhaben durchaus ein Volumen erreichen, welches einen ordentlichen und gewissenhaften Geschäftsleiter zur umgehenden Übersendung der Veranlagungsstrategie an den Aufsichtsrat veranlasst, auch wenn dies – bei Einhaltung des in der Satzung festgelegten Unternehmensgegenstandes – eher die Ausnahme, denn die Regel darstellen wird.

Darüber hinaus ist das Aufsichtsorgan über Umstände zu informieren, die für die Rentabilität oder Liquidität des Unternehmens von erheblicher Bedeutung sind (§ 81 Abs. 1 3. Satz 2. Fall AktG). Die Lehre fordert für die Annahme einer verpflichtenden Sonderberichterstattung hinsichtlich der Rentabilität eine negative Abweichung von mehr als 20 % vom geplanten EGT[483]. Ob die Gesamtheit der Veranlagungsgeschäfte für eine derartige Planungsabweichung verantwortlich sein kann, hängt auch hier maßgeblich vom Umfang der jeweiligen Investition ab. Da der An- und Verkauf von Finanztiteln in den meisten Fällen aber nur als Hilfsgeschäft betrieben werden darf[484], wird dieser i.d.R. höchstens teilkausal für eine so deutliche

---

[480]   Vgl. *Nowotny* in Doralt/Nowotny/Kalss, Kommentar zum Aktiengesetz² (2012) § 81 Rz. 5.

[481]   *Strasser* in Jabornegg/Strasser, Kommentar zum Aktiengesetz⁵ (2010) §§ 77-84 Rz. 10; *Nowotny* in Doralt/Nowotny/Kalss, Kommentar zum Aktiengesetz² (2012) § 81 Rz. 5.

[482]   *Strasser* in Jabornegg/Strasser, Kommentar zum Aktiengesetz⁵ (2010) §§ 77-84 Rz. 7.

[483]   *Nowotny* in Doralt/Nowotny/Kalss, Kommentar zum Aktiengesetz² (2012) § 81 Rz. 7.

[484]   So auch: *Winner* in Goette/Habersack/Kalss, Münchener Kommentar zum Aktiengesetz³ (2011) Band 4, § 179 Rz. 244; *Kalss*, Verantwortlichkeit von Vorstand und Aufsichtsrat bei Verwendung von Finanzinnovationen, in: Jahrbuch Wirtschaftsstrafrecht und Organverantwortlichkeit 2012, 143 (151).

Zielverfehlung sein. Ist der Vorstand auf dem Wertpapiermarkt tätig, kann dies aber durchaus zu Liquiditätsproblemen führen. So haben etwa Umstände wie Bonität und Zuverlässigkeit des Schuldners bzw. die Komplexität des Finanzanlageprodukts Einfluss auf dessen Handelbarkeit[485]. Verschlechtern sich diese Faktoren während des Veranlagungszeitraums bei einem Großteil der im Unternehmensportfolio gehaltenen Titel, so besteht die Gefahr, dass ein Verkauf jener Anlageinstrumente mit erheblichen Schwierigkeiten verbunden ist. Mangelt es zudem an alternativen Finanzierungsmöglichkeiten[486], hat das Leitungsorgan den Aufsichtsrat über diese Liquiditätsproblematik zu informieren.

Während die Geschäftsleitung bei den bisher genannten Fällen die Berichterstattung von sich aus vorzunehmen hat, besteht für den Aufsichtsrat die Möglichkeit, vom Vorstand jederzeit einen Bericht bzgl. der akquirierten Finanztitel einzufordern (vgl. § 95 Abs. 2 AktG). Diesem Verlangen hat das Leitungsorgan bei sonstiger Verhängung einer Zwangsstrafe nachzukommen (siehe etwa § 258 Abs. 1 AktG). Dass sämtliche weitergeleiteten Informationen der Wahrheit entsprechen müssen, bedarf keiner besonderen Hervorhebung (siehe ansonsten § 255 Abs. 1 Z. 5 AktG).

Wie im weiteren Verlauf der Arbeit noch zu zeigen sein wird, kann durchaus die Situation auftreten, dass das Leitungsorgan den Aufsichtsrat bzgl. einer Veranlagungsstrategie oder eines Finanzanlageprodukts nicht nur informieren, sondern vor der Umsetzung des Vorhabens sogar dessen Genehmigung einholen muss[487]. Ist dies der Fall, so trifft den Geschäftsleiter eine Vorlagepflicht[488].

---

[485] Vgl. *Bauer* in Kalss/Kunz, Handbuch für den Aufsichtsrat (2010) § 40 Rz. 29.
[486] Auf die Bedeutung von Finanzierungsmöglichkeiten für die Berichtspflicht hinweisend: *Nowotny* in Doralt/Nowotny/Kalss, Kommentar zum Aktiengesetz² (2012) § 81 Rz. 7.
[487] Siehe Kapitel C.V.
[488] *Kalss* in Doralt/Nowotny/Kalss, Kommentar zum Aktiengesetz² (2012) § 95 Rz. 94.

C. Sorgfaltspflichten des Aufsichtsrats bzgl. der Überwachung des am Finanzmarkt tätigen Vorstands

I. Allgemeines

Während der Vorstand die Geschäfte der Aktiengesellschaft zu leiten hat, ist es Aufgabe des Aufsichtsrats diese Geschäftsführung zu überwachen (siehe § 95 Abs. 1 AktG). Somit stellt sich auch für die Mitglieder dieses Organs die Frage, welches Maß an Sorgfalt sie bei der Kontrolle bzw. Beratung des am Finanzmarkt tätigen Unternehmensleiters aufzubringen haben. § 99 AktG normiert eine sinngemäße Anwendung des Maßstabes, den das Gesetz auch an das Handeln des Leitungsorgans anlegt. Dem Aufsichtsrat obliegt daher die ordentliche und gewissenhafte Erledigung der im Aktiengesetz für ihn vorgesehen Aufgaben[489]. Zu diesen zählen neben der Überwachung und Beratung der Geschäftsleitung[490] auch die Möglichkeit, bestimmte Geschäfte an die Zustimmung des Kontrollgremiums zu knüpfen (vgl. § 95 Abs. 5 AktG).

Im Folgenden soll nun geklärt werden, ob es Aufgabe des Aufsichtsorgans ist, die von der Unternehmensleitung getätigten Veranlagungsgeschäfte zu kontrollieren bzw. welches Maß an Sorgfalt dabei aufgebracht werden muss, um im Falle von verlustreichen Finanzgeschäften nicht selbst Schadenersatzforderungen der Gesellschaft ausgesetzt zu sein. Ebenso wie die Geschäftsleitung haftet nämlich auch der Aufsichtsrat nicht bereits deshalb, weil sich eine Entscheidung ex post betrachtet als falsch erweist[491].

II. Veranlagungsgeschäfte als Teil des Aufsichtsbereichs?

Der Tatsache, dass die Mitgliedschaft im Aufsichtsrat eine Nebentätigkeit darstellt[492], wird dadurch Rechnung getragen, dass der Kontrollbereich dieses Organs in der Regel nur erhebliche Geschäftsführungsmaßnahmen und nicht auch einzelne Geschäfte umfasst[493]. Maßgebliches

---

[489] *Strasser* in Jabornegg/Strasser, Kommentar zum Aktiengesetz[5] (2010) §§ 98, 99 Rz. 33.

[490] Siehe statt vieler: *Kalss* in Doralt/Nowotny/Kalss, Kommentar zum Aktiengesetz[2] (2012) § 95 Rz. 6.

[491] *Schauer* in Kalss/Kunz, Handbuch für den Aufsichtsrat (2010) § 34 Rz. 2; *Kalss* in Doralt/Nowotny/Kalss, Kommentar zum Aktiengesetz[2] (2012) § 99 Rz. 5; OGH 26.02.2002, 1 Ob 144/01k, RdW 2002, 342 = GES 2002, 26 = GesRZ 2002, 86 = ZIK 2002, 92 = wbl 2002, 325 = ecolex 2003, 34 = SZ 2002/26.

[492] *Schauer* in Kalss/Kunz, Handbuch für den Aufsichtsrat (2010) § 34 Rz. 9; *Kalss* in Doralt/Nowotny/Kalss, Kommentar zum Aktiengesetz[2] (2012) § 99 Rz. 5; *P. Doralt/W. Doralt* in Semler/v. Schenck, Arbeitshandbuch für Aufsichtsratsmitglieder[3] (2009) § 13 Rz. 45.

[493] *Strasser* in Jabornegg/Strasser, Kommentar zum Aktiengesetz[5] (2010) §§ 95-97 Rz. 17; *Kalss* in Doralt/Nowotny/Kalss, Kommentar zum Aktiengesetz[2] (2012) § 95 Rz. 11.

Kriterium für die Frage, ob ein Vorhaben der Aufsichtspflicht unterliegt oder nicht, ist der Einfluss, welchen dieses auf die Rentabilität und Liquidität der Gesellschaft hat[494].

Hinsichtlich der Veranlagung von Gesellschaftsvermögen werden erhebliche Auswirkungen auf die Rentabilität des Unternehmens etwa dann anzunehmen sein, wenn das Vorhaben – im Vergleich zu sonstigen unternehmerischen Tätigkeiten – ein gewisses finanzielles Volumen aufweist. Wird hingegen nur in äußerst geringem Maße in den Aufbau eines Portfolios investiert, sodass selbst erhebliche Kurseinbrüche kaum Einfluss auf das Gesamtergebnis der AG hätten, unterliegen derartige Geschäfte nicht der Kontrolle des Aufsichtsrats.

Auch erhebliche Auswirkungen auf die Liquidität des Unternehmens sind nur dann anzunehmen, wenn die Veranlagung freier Mittel mit einem gewissen finanziellen Aufwand betrieben wird. Darüber hinaus ist zudem auf den Aspekt der Handelbarkeit der sich im Portfolio befindlichen Titel abzustellen[495]. Werden Investitionen in Finanzprodukte daher nur in äußerst geringem Ausmaß betrieben und können besagte Anlageinstrumente zudem jederzeit veräußert werden, so stellen derartige Geschäfte keine nennenswerte Gefahr für die Liquidität des Unternehmens dar, weshalb das Aufsichtsorgan von einer Überprüfung jener Veranlagungstätigkeit absehen kann. Auch an dieser Stelle sei jedoch erwähnt, dass die Handelbarkeit von Wertpapieren wesentlich von der Zahlungsfähigkeit und dem Ruf des Schuldners abhängt[496]. Verschlechtern sich diese Faktoren im Laufe der Veranlagungsdauer bei mehreren Emittenten, so drohen für das Unternehmen u.U. Liquiditätsprobleme, wenn die gehaltenen Finanztitel nicht wie geplant veräußert werden können. In diesem Fall ist es für den Aufsichtsrat durchaus geboten, jene Kapitalanlagegeschäfte, wenn auch nachträglich, in die Überwachung miteinzubeziehen.

Selbstredend hat sich das Kontrollorgan auch dann mit einem Veranlagungsvorhaben auseinanderzusetzen, wenn ein solches die Zustimmungspflicht nach § 95 Abs. 5 AktG auslöst.

III. Retrospektive Überwachungs- und Kontrollpflichten des Aufsichtsrats

1. Inhalt der Überwachungspflichten

Sofern die Anlagetätigkeit der Unternehmensleitung von der Überwachungspflicht des Aufsichtsorgans umfasst ist, stellt sich in einem nächsten Schritt die Frage, welche Bestandteile des Entscheidungsprozesses es zu kontrollieren gilt. Zum Aufgabenbereich des Aufsichtsrats

---

[494] *Kalss*, Die Informationsversorgung des Aufsichtsrats durch den Vorstand, ARA 2010, 4 (5); vgl. *Semler*, Leitung und Überwachung der Aktiengesellschaft[2] (1996) Rz. 111; vgl. *Kalss* in Doralt/Nowotny/Kalss, Kommentar zum Aktiengesetz[2] (2012) § 95 Rz. 11.

[495] Siehe zum Liquiditätsrisiko bei Finanzanlageprodukten: *Bauer* in Kalss/Kunz, Handbuch für den Aufsichtsrat (2010) § 40 Rz. 29.

[496] *Bauer* in Kalss/Kunz, Handbuch für den Aufsichtsrat (2010) § 40 Rz. 29.

gehört es unter anderem, die vom Vorstand entwickelten Investitionspläne einer näheren Prüfung zu unterziehen[497]. Den zentralen Ansatzpunkt der Kontrolltätigkeit bildet somit die von der Geschäftsleitung erarbeitete Veranlagungsstrategie, welche im Rahmen des Jahresberichts oder, sofern das Leitungsorgan dies als notwendig erachtet, als Sonderbericht an das Überwachungsorgan zu übermitteln ist.

Darüber hinaus hat das Überwachungsorgan zu kontrollieren, ob der Vorstand ein Vorhaben auch nach dessen Umsetzung weiterhin verfolgt und, falls notwendig, entsprechende Korrekturen vornimmt[498]. Kam es etwa zu unvorhersehbaren Entwicklungen innerhalb des eigenen Unternehmens oder auf den internationalen Finanzmärkten, so ist darauf zu achten, ob diesen geänderten Umständen auch durch eine Anpassung der Veranlagungsstrategie Rechnung getragen wurde.

Grundsätzlich bezieht sich die Kontrollpflicht des Aufsichtsrats nur auf erhebliche Leitungsmaßnahmen und nicht auch auf einzelne Geschäfte[499]. Daraus folgt, dass das Überwachungsorgan in der Regel nicht verpflichtet ist, jedes einzelne Wertpapiergeschäft einer näheren Überprüfung zu unterziehen, unabhängig davon, ob dieses nun vom Vorstand oder einem externen Vermögensverwalter getätigt wurde. Dies wäre mit der Intention des Gesetzgebers, welcher den Aufsichtsrat als eine nicht ständig agierende Kontrollinstanz vorgesehen hat, nicht vereinbar[500]. Kommt es allerdings in einzelnen Geschäftsbereichen zu unerwarteten Ergebnissen, so sind auch diese näher zu beleuchten[501]. Derartige Fehlentwicklungen sind bereits aus den den Gang der Geschäfte darstellenden Quartalsberichten ersichtlich. Tritt somit der Fall ein, dass die im Rahmen der Formulierung der Veranlagungsstrategie aufgestellten Renditeziele nicht erreicht werden oder es gar zu Verlusten kommt, darf sich das Aufsichtsorgan nicht auf eine bloße Kontrolle des Veranlagungskonzeptes beschränken. Für die Erfüllung des den Aufsichtsrat treffenden Sorgfaltsmaßstabes wird es in solchen Situationen unumgänglich sein, auch die einzelnen im Unternehmensportfolio befindlichen Anlagetitel einer näheren Überprüfung zu unterziehen. Gleiches muss auch für den Fall gelten, dass die akquirierten Wertpapiere eine ungewöhnlich hohe und somit weit über das Ziel der Kapitalerhaltung hinausgehende Rendite erwirtschaften, liegt hier doch der Verdacht nahe, dass die Geschäftsleitung zu risikofreudig auf dem Finanzmarkt agiert.

Um den Kontrollpflichten nachzukommen, kann das Organ entweder gem § 95 Abs. 2 AktG einen Vorstandsbericht anfordern, in welchem dieser die Gründe für die hinter den Erwartungen zurückgebliebene bzw. für die unerwartet hohe Rendite darzulegen hat oder aber es macht von

---

497 *Strasser* in Jabornegg/Strasser, Kommentar zum Aktiengesetz[5] (2010) §§ 95-97 Rz. 10.
498 *Semler*, Leitung und Überwachung der Aktiengesellschaft[2] (1996) Rz. 139.
499 *Strasser* in Jabornegg/Strasser, Kommentar zum Aktiengesetz[5] (2010) §§ 95-97 Rz. 17; *Kalss* in Doralt/Nowotny/Kalss, Kommentar zum Aktiengesetz[2] (2012) § 95 Rz. 11.
500 Vgl. *Strasser* in Jabornegg/Strasser, Kommentar zum Aktiengesetz[5] (2010) §§ 95-97 Rz. 17.
501 Vgl. *Semler*, Leitung und Überwachung der Aktiengesellschaft[2] (1996) Rz. 151.

seinem Recht auf Augenschein gem § 95 Abs. 3 AktG Gebrauch. Dem Aufsichtsrat steht es nämlich frei, jederzeit Einsicht in den Wertpapierbestand des Unternehmens zu nehmen (siehe § 95 Abs. 3 AktG).

2. Beurteilungskriterien

Im Rahmen der retrospektiven Überwachung obliegt es dem beaufsichtigenden Organ zu untersuchen, ob im Zuge der Entwicklung des besagten Investitionskonzepts eine ausreichende Informationsgrundlage geschaffen und das mit einem solchen Vorhaben einhergehende Risiko richtig bewertet wurde bzw. ob diesem auch entsprechende Chancen gegenüberstehen[502]. Das Vorhaben muss somit den Kriterien der Ordnungsmäßigkeit, Rechtmäßigkeit, Wirtschaftlichkeit und Zweckmäßigkeit entsprechen[503]. Das dafür notwendige Datenmaterial hat die Geschäftsleitung bereitzustellen[504]. Der Aufsichtsrat darf prinzipiell darauf vertrauen, dass die Informationen, die er vom Vorstand erhält, vollständig sind und die Sachlage wahrheitsgemäß wiedergeben[505]. Eigenständige Nachforschungen müssen nur dann durchgeführt werden, wenn sich bei näherer Durchsicht zeigt, dass die Berichte offenkundig lückenhaft sind[506].

So hat das Aufsichtsorgan bereits bei der Prüfung der Ordnungsmäßigkeit zu kontrollieren, ob die vom Vorstand vorgelegten Unterlagen eine ausreichende Entscheidungsgrundlage für das Veranlagungsvorhaben darstellen[507].

Bei der Überprüfung der Rechtmäßigkeit des Vorstandshandelns ist insbesondere darauf zu achten, dass die durch den Gesellschaftsgegenstand gezogenen Grenzen eingehalten werden[508]. Sofern die Satzung diesbezüglich keine Regelung vorsieht, darf der Erwerb von Finanzanlagetiteln nämlich nur als Hilfsgeschäft betrieben werden[509].

Im Rahmen der Wirtschaftlichkeitsprüfung obliegt es dem Aufsichtsorgan, sich mit den Erträgen und Aufwendungen eines Vorhabens auseinanderzusetzen[510]. Den zentralen Überwachungsgegenstand bilden hier somit die ökonomischen Aspekte des Veranlagungskonzeptes. Zu kontrollieren ist neben den durch das Investment angestrebten

---

[502]   So für die vorausschauende Überwachung, aber verallgemeinerungsfähig: *Semler*, Leitung und Überwachung der Aktiengesellschaft[2] (1996) Rz. 257.
[503]   Siehe statt vieler: *Kalss* in Doralt/Nowotny/Kalss, Kommentar zum Aktiengesetz[2] (2012) § 95 Rz. 29.
[504]   *Semler*, Leitung und Überwachung der Aktiengesellschaft[2] (1996) Rz. 136.
[505]   *Strasser* in Jabornegg/Strasser, Kommentar zum Aktiengesetz[5] (2010) §§ 95-97 Rz. 11.
[506]   *Thümmel*, Aufsichtsrathaftung vor neuen Herausforderungen, AG 2004, 83 (86).
[507]   Vgl. dazu allgemein: *Semler*, Leitung und Überwachung der Aktiengesellschaft[2] (1996) Rz. 185.
[508]   *Hopt/Roth* in Hopt/Wiedemann, Aktiengesetz Großkommentar[4] (2006) Band 4, § 111 Rz. 304.
[509]   So auch: *Winner* in Goette/Habersack/Kalss, Münchener Kommentar zum Aktiengesetz[3] (2011) Band 4, § 179 Rz. 244; *Kalss*, Verantwortlichkeit von Vorstand und Aufsichtsrat bei Verwendung von Finanzinnovationen, in: Jahrbuch Wirtschaftsstrafrecht und Organverantwortlichkeit 2012, 143 (151); ähnlich in Bezug auf spekulative Finanzgeschäfte: *Hölters* in Hölters, Aktiengesetz[2] (2014) § 93 Rz. 159.
[510]   *Semler*, Leitung und Überwachung der Aktiengesellschaft[2] (1996) Rz. 191.

Erträgen und dem Volumen des Vorhabens auch der geplante Anlagehorizont sowie das daraus resultierende Verlustrisiko. Hier hat der Aufsichtsrat insbesondere darauf zu achten, dass die Geschäftsführung der Sicherung der Liquidität genügend Beachtung schenkt[511], zumal bei einer Fehleinschätzung hinsichtlich des Veranlagungsvolumens bzw. des Anlagehorizonts diesbezüglich Probleme entstehen könnten. Darüber hinaus gilt es zu klären, ob der Vorstand die für ihn geltenden Grundsätze einer ordnungsgemäßen Vermögensverwaltung[512], nämlich das Verbot der Spekulation, das Erfordernis einer produktiven Verwaltung sowie die Pflicht zur Diversifikation eingehalten hat. Letzteres macht es für den Aufsichtsrat erforderlich, sich auch mit der taktischen Asset Allocation auseinanderzusetzen. Zu gegebener Zeit ist zudem zu kontrollieren, inwieweit die prognostizierte Rendite auch tatsächlich erreicht wurde[513].

Das Kriterium der Zweckmäßigkeit ist dann als erfüllt anzusehen, wenn eine Maßnahme langfristig den größtmöglichen Beitrag zum Unternehmenserfolg leistet[514]. Entscheidet die Geschäftsleitung daher, einen Teil des Unternehmensvermögens in Wertpapiere zu investieren, so steht dieses Kapital während des Veranlagungszeitraums nicht für andere Maßnahmen zur Verfügung, weshalb es für den Aufsichtsrat zu untersuchen gilt, ob der An- und Verkauf von Anlagetiteln eher dem Gesellschaftswohl entspricht als eine sich bietende alternative Investitionsmöglichkeit.

Geht aus den periodisch zu erstattenden Berichten hervor, dass das auf der Strategie basierende Unternehmensportfolio nicht die angestrebte Rendite erzielt bzw. für ein konservatives Investitionskonzept unverhältnismäßig hohe Erträge erwirtschaftet, so sind auch die einzelnen im Unternehmensbesitz befindlichen Wertpapiere zu überprüfen. Entscheidend wird in diesem Fall sein, ob die Gesamtheit der gehaltenen Finanztitel den in der Veranlagungsstrategie – unter Beachtung des Sorgfaltsgebots – festgelegten Grundsätzen bzgl. des Volumens, der Risikobereitschaft, der Haltedauer und des Anlagezwecks entspricht.

Stellt der Aufsichtsrat fest, dass eine bereits umgesetzte Veranlagungsstrategie nicht für das Unternehmen geeignet oder unzweckmäßig ist, so wird die Frage aufkommen, wie er auf diesen (vermeintlichen) Missstand reagieren kann bzw. muss. Berücksichtigt man die Konzeption des Aufsichtsrats als Teil der Verwaltung[515] bzw. als Überwachungsorgan[516], so zeigt sich, dass in diesen Fällen dessen Überlegungen und Ansichten dem Vorstand bekanntzugeben sind und auf entsprechende Korrekturen zu drängen ist[517].

---

[511] *Lutter/Krieger*, Rechte und Pflichten des Aufsichtsrats[5] (2008) § 3 Rz. 83.
[512] Vgl. diesbezüglich zum Portfolioverwalter: *Graf* in Gruber/Raschauer, Kommentar zum Wertpapieraufsichtsgesetz 2007 (2011) § 44 Rz. 15; siehe auch bereits Kapitel B.IV.5.
[513] Siehe dazu allgemein: *Semler*, Leitung und Überwachung der Aktiengesellschaft[2] (1996) Rz. 191.
[514] *Semler*, Leitung und Überwachung der Aktiengesellschaft[2] (1996) Rz. 192; *Kalss* in Doralt/Nowotny/Kalss, Kommentar zum Aktiengesetz[2] (2012) § 95 Rz. 31.
[515] *Kalss* in Doralt/Nowotny/Kalss, Kommentar zum Aktiengesetz[2] (2010) § 95 Rz. 9.
[516] Vgl. *Strasser* in Jabornegg/Strasser, Kommentar zum Aktiengesetz[5] (2010) §§ 95-97 Rz. 7.
[517] *Semler*, Leitung und Überwachung der Aktiengesellschaft[2] (1996) Rz. 217.

IV. Begleitende Überwachungs- und Beratungspflichten des Aufsichtsrats

Neben der vergangenheitsbezogenen Überwachung ist es auch Aufgabe des Aufsichtsrats, den Vorstand bei für das Unternehmen wesentlichen Entscheidungen zu beraten[518] und noch nicht abgeschlossene oder im Planungsstadium befindliche Maßnahmen zu kontrollieren[519]. Eine derartige Interpretation der Aufsichtstätigkeit findet sich auch in Regel L 32 ÖCGK. Ähnlich wie bei der retrospektiven Überwachung bezieht sich die Pflicht zur Beratung und laufenden Kontrolle insbesondere auf strategische Entscheidungen[520]. Im Bezug auf den An- und Verkauf von Wertpapieren für die Gesellschaft ist somit auch hier primär das vom Vorstand zu erarbeitende Veranlagungskonzept Gegenstand des Meinungsaustausches zwischen Aufsichtsrat und Vorstand. Unzweifelhaft wird der Einfluss des Aufsichtsorgans auf den künftigen Erfolg des Vorhabens in diesem Stadium weitaus größer sein als dies bei einer reinen ex post-Kontrolle der Fall wäre[521]. So ist der Aufsichtsrat über eine bloße nachträgliche Prüfung bereits gesetzter Handlungen hinaus auch berechtigt und verpflichtet, im Zuge der Gespräche Änderungsvorschläge zu unterbreiten, also auch eigene Vorstellungen einfließen zu lassen[522]. Das Aufsichtsorgan kann etwa die Ansicht vertreten, dass die vorgelegte Strategie zu risikobehaftet oder nicht chancenorientiert genug ist, der Anlagehorizont zu kurz gewählt ist oder das gebundene Kapital vermutlich früher wieder benötigt wird. Des Weiteren kann auch eine Änderung bzgl. der Verteilung des Gesellschaftsvermögens auf die diversen Asset-Klassen angeregt werden. All diese Einwirkungsversuche sind für das Leistungsorgan jedoch keineswegs bindend. Der ordentliche und gewissenhafte Geschäftsleiter wird sich jedoch mit ihnen auseinandersetzen, auch wenn er letztlich u.U. zu einem anderen Ergebnis kommt[523].

Eine sinnvolle Beratung sowie eine laufende Kontrolle wird zweifelsfrei nur dann möglich sein, wenn der Aufsichtsrat über die zur Beurteilung des geplanten Vorhabens notwendigen Informationen verfügt. Diese hat die Geschäftsleitung im Rahmen ihrer Berichterstattung zu übermitteln[524].

Auch das geplante künftige Vorgehen, unabhängig davon, ob es sich um vom Überwachungsorgan im Zuge der Beratung vorgebrachte Vorschläge oder um vom Vorstand erarbeitete Maßnahmen handelt, ist, wie auch bei der vergangenheitsbezogenen Überwachung,

---

[518] *Strasser* in Jabornegg/Strasser, Kommentar zum Aktiengesetz[5] (2010) §§ 95-97 Rz. 15a; *Kalss* in Doralt/Nowotny/Kalss, Kommentar zum Aktiengesetz[2] (2012) § 95 Rz. 15; *Hügel*, Beratung durch Aufsichtsratsmitglieder, GesRZ 1996, 213 (215 f.).

[519] *Hügel*, Beratung durch Aufsichtsratsmitglieder, GesRZ 1996, 213 (215); *Strasser* in Jabornegg/Strasser, Kommentar zum Aktiengesetz[5] (2010) §§ 95-97 Rz. 7.

[520] *Hoffmann* in Kalss/Kunz, Handbuch für den Aufsichtsrat (2010) § 11 Rz. 50.

[521] *V. Schenck* in Semler/v. Schenck, Arbeitshandbuch für Aufsichtsratsmitglieder[3] (2009) § 7 Rz. 112.

[522] *Semler*, Leitung und Überwachung der Aktiengesellschaft[2] (1996) Rz. 258.

[523] *Kalss* in Doralt/Nowotny/Kalss, Kommentar zum Aktiengesetz[2] (2010) § 95 Rz. 17.

[524] *Lutter/Krieger*, Rechte und Pflichten des Aufsichtsrats[5] (2008) § 3 Rz. 94.

stets an den Kriterien der Ordnungsmäßigkeit, Rechtmäßigkeit, Zweckmäßigkeit und Wirtschaftlichkeit zu messen[525].

V. Zustimmungspflichtige Geschäfte

1. Die Veranlagungsstrategie bzw. der Wertpapiererwerb als zustimmungspflichtiges Geschäft?

a. Zustimmungspflicht gem § 95 Abs. 5 Z. 1 AktG?

Der Gesetzgeber sah es als notwendig an, gewisse vom Vorstand vorgenommene Geschäfte von der Zustimmung durch das Aufsichtsorgan abhängig zu machen. Diesbezüglich enthält § 95 Abs. 5 AktG einen Katalog genehmigungspflichtiger Maßnahmen, zu welchen gem Z. 1 auch der Erwerb und die Veräußerung von Beteiligungen und Unternehmen zählt. Die Frage, ob der An- und Verkauf von Wertpapieren zu Veranlagungszwecken unter diese Ziffer fällt, beantwortet § 228 UGB, auf welchen in der einschlägigen Bestimmung verwiesen wird. Dieser definiert Beteiligungen als „Anteile an anderen Unternehmen, die bestimmt sind, dem eigenen Geschäftsbetrieb durch eine dauernde Verbindung zu dienen". Die Intention des erwerbenden Unternehmens darf hier somit nicht ausschließlich in der Veranlagung von Kapital liegen[526]. Vielmehr soll dadurch die Zielgesellschaft verpflichtet werden, bei ihren Geschäftsentscheidungen die Anliegen des beteiligten Unternehmens zu berücksichtigen[527]. Da dies auf den Erwerb von Finanzprodukten zu Anlagezwecken nicht zutrifft, sind derartige Geschäfte nicht als Anteilerwerb gem § 95 Abs. 5 Z. 1 AktG zu qualifizieren.

b. Zustimmungspflicht gem § 95 Abs. 5 Z. 4 AktG?

Z 4 leg. cit. sieht eine allgemeine Zustimmungspflicht vor, wenn Investitionen bestimmte Anschaffungskosten im Einzelnen oder insgesamt in einem Geschäftsjahr übersteigen. Unter den Begriff der Investition fallen jene Anschaffungen, die langfristig einen Bestandteil des Gesellschaftsvermögens bilden sollen und somit dem Anlagevermögen zuzuordnen sind[528]. Bei Wertpapieren wird in der österreichischen Literatur hierfür eine geplante Haltedauer bzw. Haltefähigkeit von mehr als einem Geschäftsjahr als ausreichend angesehen[529]. Erfolgt die

---

[525] *Semler*, Leitung und Überwachung der Aktiengesellschaft[2] (1996) Rz. 257.
[526] *Kalss* in Doralt/Nowotny/Kalss, Kommentar zum Aktiengesetz[2] (2012) § 95 Rz. 107; *Nowotny* in Straube, UGB online, § 228 Rz. 28.
[527] *Nowotny* in Straube, UGB online, § 228 Rz. 29.
[528] *Bertl* in Kalss/Kunz, Handbuch für den Aufsichtsrat (2010) § 41 Rz. 5; *Seicht*, Investition und Finanzierung[10] (2001) 17.
[529] *Nowotny* in Straube, UGB online, § 198 Rz. 34; *Schiebel/Altenburger/Rohatschek* in Zib/Dellinger, UGB (2013) Band III, § 198 Rz. 35.

Veranlagung von Unternehmenskapital daher längerfristig, handelt es sich um eine Investitionsentscheidung gem § 95 Abs. 5 Z. 4 AktG.

Sofern die Satzung diesbezüglich keine Regelungen trifft, obliegt es dem Aufsichtsrat, eine angemessene Betragsgrenze festzulegen, ab deren Überschreitung ein Veranlagungskonzept bzw. ein Einzelvorhaben der Genehmigung durch das Aufsichtsorgan bedarf (siehe § 95 Abs. 5 4. Satz AktG). Hierbei gilt es für den Aufsichtsrat zu beachten, dass das gänzliche Fehlen einer Betragsgrenze zur Folge hat, dass jedes Finanzanlagegeschäft der Zustimmungspflicht unterliegt[530]. Aus § 95 Abs. 5 Z. 4 leg. cit. folgt, dass der Wertpapiererwerb immer dann das Einverständnis des beaufsichtigenden Organes erfordert, wenn entweder das Investitionsvolumen hinsichtlich eines einzigen Anlagetitels ein gewisses Ausmaß erreicht oder im Rahmen der Umsetzung der Veranlagungsstrategie ein auf das Geschäftsjahr bezogener Schwellwert überschritten wird. Ersteres ermöglicht dem Überwachungsorgan, die Entstehung eines Klumpenrisikos[531] bzw. einen Mangel an Diversifikation zu verhindern.

Ist bereits das Anlagekonzept genehmigungspflichtig und geht aus diesem hervor, dass auch die Betragsgrenze für bestimmte Einzelgeschäfte überschritten werden soll, so scheint es naheliegend, dass eine Zustimmung zur Gesamtstrategie auch gleichzeitig eine Zustimmung zu dem jeweiligen Vorhaben beinhaltet[532]. Ob es sich bei diesen Grenzen um absolute Zahlen oder um prozentuale Beschränkungen im Hinblick auf den Gesamtjahresumsatz der Aktiengesellschaft handelt, liegt im Ermessen des Aufsichtsrats[533].

c. Zustimmungspflicht gem § 95 Abs. 5 Z. 6 AktG?

Darüber hinaus ist der Erwerb eines Anlagetitels u.U. auch als Gewährung eines Darlehens bzw. Kredits zu qualifizieren. Ausschlaggebend ist, ob die Ausgabe des jeweiligen Wertpapieres für den Emittenten funktional einer Kreditaufnahme gleich kommt[534]. Sofern dies der Fall ist und solche Darlehensvergaben nicht „zum gewöhnlichen Geschäftsbetrieb" (siehe § 95 Abs. 5 Z. 6 AktG) gehören, sind derartige Finanzanlagegeschäfte unter § 95 Abs. 5 Z. 6 AktG zu subsumieren. Auch hier obliegt es dem Aufsichtsorgan (bzw. der Satzung), eine entsprechende Betragsgrenze festzusetzen, deren Überschreitung eine Zustimmungspflicht auslöst (siehe § 95 Abs. 5 4. Satz AktG).

---

530 Siehe dazu allgemein: *Kalss* in Doralt/Nowotny/Kalss, Kommentar zum Aktiengesetz[2] (2010) § 95 Rz. 131.
531 Siehe FN. 206.
532 Siehe dazu allgemein: *Reischauer*, Gedanken zur Aufsichtsratszustimmung nach § 95 Abs. 5 AktG, in: FS Strasser (1993) 287 (291).
533 *Kalss* in Doralt/Nowotny/Kalss, Kommentar zum Aktiengesetz[2] (2010) § 95 Rz. 130.
534 *Kalss*, Verantwortlichkeit von Vorstand und Aufsichtsrat bei Verwendung von Finanzinnovationen, in: Jahrbuch Wirtschaftsstrafrecht und Organverantwortlichkeit 2012, 143 (159).

d. Zustimmungspflicht kraft Satzung oder Aufsichtsratsbeschlusses

Neben den in § 95 Abs. 5 Z. 1 bis 14 AktG normierten Maßnahmen können in der Satzung bzw. durch Aufsichtsratsbeschluss auch noch weitere Arten von Geschäften der Zustimmungspflicht unterworfen werden (§ 95 Abs. 5 letzter Satz AktG). Sofern dies aus Gründen der Überwachung notwendig ist[535], besteht für das Kontrollorgan somit die Möglichkeit, sämtliche Finanzanlagegeschäfte von seiner Genehmigung abhängig zu machen.

2. Maßstab für die Erteilung der Zustimmung

Ist ein geplantes Veranlagungsvorhaben zustimmungspflichtig, so stellt sich die Frage, unter welchen Umständen eine derartige Genehmigung verweigert werden darf. Die ganz herrschende Ansicht[536] geht davon aus, dass der Aufsichtsrat nicht darauf beschränkt sei zu kontrollieren, ob sich die Entscheidung des Vorstands innerhalb des diesem zugebilligten Ermessensspielraums bewegt, sondern das Kontrollorgan hier eine eigenständige Bewertung des geplanten Vorhabens vorzunehmen habe. Somit könne der Aufsichtsrat seine Zustimmung auch zu Geschäften verweigern, welche unter Einhaltung der gebotenen Sorgfalt vorbereitet wurden und vom Vorstandsermessen gedeckt sind[537].

Dies ist zweifellos zutreffend, besteht für das Aufsichtsorgan doch auch die Möglichkeit, mittels Vorratsbeschluss bereits vorab gewisse Arten von Geschäften zu genehmigen, sofern diese hinreichend konkretisiert sind[538]. Auf Grund der Tatsache, dass hier eben noch nicht sämtliche Informationen über ein künftiges Vorhaben vorliegen[539], besteht für den Aufsichtsrat gar nicht die Möglichkeit, seine Genehmigung an die Einhaltung des Ermessensspielraums durch den Vorstand zu knüpfen. Vielmehr bedarf es in diesem Fall einer selbständigen Einschätzung des Kontrollorgans, ob eine bestimmte Art von Geschäft für das Gesellschaftswohl förderlich ist. Es besteht kein Grund, dem Aufsichtsrat im Rahmen derartiger Vorratsbeschlüsse eine eigenständige Bewertung zuzugestehen, ihn hingegen bei bereits ausgereiften, genehmigungspflichtigen Vorhaben auf eine Kontrolle des Vorstandsermessens zu beschränken. Bedarf ein Veranlagungsvorhaben somit der Zustimmung des Aufsichtsorgans,

---

[535]   *Kalss* in Doralt/Nowotny/Kalss, Kommentar zum Aktiengesetz[2] (2010) § 95 Rz. 81.
[536]   *Schima*, Zustimmungsvorbehalte als Steuerungsmittel des Aufsichtsrates in der AG und im Konzern, GesRZ 2012, 35 (37); *P. Doralt/W. Doralt*, Rechtsvergleichung und Rezeption in der Managerhaftung, in: FS Koziol (2010) 565 (584; FN. 90); *Habersack* in Goette/Habersack/Kalss, Münchener Kommentar zum Aktiengesetz[4] (2014) Band 2, § 111 Rz. 127; *Semler*, Leitung und Überwachung der Aktiengesellschaft (1996) Rz. 212; *Spindler* in Spindler/Stilz, Aktiengesetz[2] (2010) § 111 Rz. 72; unklar in diesem Zusammenhang *Kalss* in Doralt/Nowotny/Kalss, Kommentar zum Aktiengesetz[2] (2010) § 95 Rz. 22, welche zwar ausführt, dass die Genehmigung bei einer vertretbaren Entscheidung nicht verweigert werden darf, sich dabei aber wohl nicht auf zustimmungspflichtige Maßnahmen bezieht.
[537]   So etwa: *Schima*, Krida(-haftung) durch Aufsichtsratsmitglieder, RdW 1992, 294 (296); *Habersack* in Goette/Habersack/Kalss, Münchener Kommentar zum Aktiengesetz[4] (2014) Band 2, § 111 Rz. 127; *Semler*, Leitung und Überwachung der Aktiengesellschaft[2] (1996) Rz. 212.
[538]   *Kalss* in Doralt/Nowotny/Kalss, Kommentar zum Aktiengesetz[2] (2010) § 95 Rz. 98; *Reischauer*, Gedanken zur Aufsichtsratszustimmung nach § 95 Abs. 5 AktG, in: FS Strasser (1993) 287 (291 ff.).
[539]   *Kalss* in Doralt/Nowotny/Kalss, Kommentar zum Aktiengesetz[2] (2010) § 95 Rz. 98.

so steht es dem Kontrollgremium daher auch bei Einhaltung des Sorgfaltsgebots durch die Geschäftsleitung frei, jene Genehmigung zu verweigern, wenn es zu der Überzeugung gelangt, dass eine solche Investition nicht im Interesse der Gesellschaft liegt[540].

VI. Sonderfall: Überwachungsaufgaben des Aufsichtsrats bei Beiziehung eines Vermögensverwalters

Wie bereits ausgeführt, steht es dem Vorstand bei Vorliegen bestimmter Voraussetzungen frei, die Auswahl der einzelnen Finanzanlagetitel an einen unternehmensfremden Vermögensverwalter auszulagern. Hier stellt sich die Frage, wie weit die Kontrollpflichten des Aufsichtsrats in einer solchen Situation reichen. So ist in der Lehre durchaus strittig, ob zum Kreis der überwachungspflichtigen Personen nur der Vorstand[541] oder u.U. auch externe Dritte, sofern diese Geschäftsleiterfunktionen übernehmen, zählen[542]. Die letztgenannte Ansicht hat einiges für sich, wäre es doch nicht nachvollziehbar, wenn das Maß an Schutz, welches die Aktiengesellschaft durch die gesetzliche Einrichtung eines Überwachungsorganes genießt, bei der Auslagerung der Einzeltitelauswahl ein anderes sein soll als wenn der Vorstand diese Tätigkeit selbst übernimmt. Nichts anderes wäre jedoch der Fall, würde sich die Kontrolle des Aufsichtsrats ausschließlich auf die Rolle der Geschäftsleitung im Bezug auf die Beauftragung gesellschaftsfremder Experten beschränken[543]. Letzteres ist zwar Teil der Überwachungspflicht, es wäre allerdings verfehlt, sie nur darauf zu reduzieren.

Gegenstand der Beaufsichtigung ist daher zunächst die Einhaltung des den Vorstand bei einer solchen Auslagerung treffenden Sorgfaltsmaßstabes. Zu prüfen ist, ob die Übertragung der Aufgabe als solche überhaupt zulässig und zweckmäßig war, ob der unternehmensfremde Experte sorgfältig ausgewählt wurde und ob die Geschäftsleitung diesen ausreichend kontrolliert[544].

Da die Erarbeitung der Veranlagungsstrategie trotz Beiziehung eines Vermögensverwalters eine vom Vorstand vorzunehmende Geschäftsführungsmaßnahme darstellt[545], liegt diese natürlich auch in solchen Konstellationen im Überwachungsbereich des Aufsichtsrats. Sofern es nun in einzelnen Geschäftsbereichen zu unerwarteten Ergebnissen kommt, gilt es diese näher

---

540   Siehe dazu allgemein bereits in FN. 536.
541   So etwa: *Kalss* in Doralt/Nowotny/Kalss, Kommentar zum Aktiengesetz[2] (2010) § 95 Rz. 12.
542   So etwa: *Strasser* in Jabornegg/Strasser, Kommentar zum Aktiengesetz[5] (2010) §§ 95-97 Rz. 8.
543   So aber *Kalss* in Doralt/Nowotny/Kalss, Kommentar zum Aktiengesetz[2] (2010) § 95 Rz. 12; vgl. hinsichtlich der unternehmensinternen Delegation auch *Habersack* in Goette/Habersack/Kalss, Münchener Kommentar zum Aktiengesetz[4] (2014) Band 2, § 111 Rz. 21, 25, welcher jedoch eine direkte Kontrolle dann zulässt, wenn sich die Vorstandstätigkeit ausschließlich auf die Unternehmensplanung beschränkt, während leitende Angestellte für die Umsetzung sorgen.
544   *Lutter/Krieger*, Rechte und Pflichten des Aufsichtsrats[5] (2008) § 3 Rz. 68 f.; *Kalss* in Doralt/Nowotny/Kalss, Kommentar zum Aktiengesetz[2] (2010) § 95 Rz. 12.
545   Siehe dazu bereits in Kapitel B.VI.1.c.

zu beleuchten[546]. Tritt etwa die Situation ein, dass die Ergebnisse des Unternehmensportfolios stark von der angestrebten Rendite abweichen, so muss auch die Auswahl der einzelnen Wertpapiere einer kritischen Prüfung von Seiten des Aufsichtsorganes unterzogen werden. Nimmt nun ein professioneller Portfolioverwalter diese Selektion vor, so ist daher auch dessen Tätigkeit Gegenstand der Überwachung[547]. Nur ein derartiges Verständnis vom Aufgabenkreis des Aufsichtsrats gewährleistet, dass die Auslagerung von Teilen des Veranlagungsprozesses nicht zu einer Einschränkung der Kontrollmöglichkeiten führt. Dieses Ergebnis ist durchaus wünschenswert, bleibt doch auch das mit Wertpapiergeschäften üblicherweise einhergehende Risiko für die Gesellschaft gleich.

Dem Aufsichtsrat ist es jedoch untersagt, direkt mit dem professionellen Vermögensverwalter in Kontakt zu treten. Ansprechpartner ist stets der Vorstand bzw. das ressortzuständige Mitglied[548].

VII. Ermessensspielraum des Aufsichtsrats im Zusammenhang mit Wertpapiergeschäften

1. Bewusste unternehmerische Entscheidung

Die herrschende Lehre[549] geht davon aus, dass nicht nur dem Leitungs-, sondern auch dem Überwachungsorgan ein Ermessensspielraum zuzubilligen sei, sofern dieses unternehmerische Entscheidungen zu treffen habe. Auch der OGH befand, dass sich die diesbezüglich für den Vorstand geltenden Grundsätze „zwanglos auf die Aufsichtsratsmitglieder übertragen[550]" lassen. Übersteigt nun ein von der Geschäftsleitung ausgearbeitetes Veranlagungskonzept bzw. eine geplante Einzelinvestition ein bestimmtes Volumen oder werden Finanzanlagegeschäfte generell der Genehmigungspflicht unterworfen, so bedarf es für deren Umsetzung der Zustimmung des Aufsichtsrats[551]. Das Kontrollorgan ist hier also nicht mit einer nachträglichen Überprüfung des Vorstandshandelns konfrontiert, sondern muss die künftige Entwicklungen von Wertpapieren einschätzten, was naturgemäß mit einigen Unsicherheiten verbunden ist[552]. Eben jene Ungewissheit ist ein typisches Merkmal für unternehmerische Entscheidungen[553],

---

[546] Vgl. *Semler*, Leitung und Überwachung der Aktiengesellschaft[2] (1996) Rz. 151.
[547] Vgl. dazu allgemein: *Strasser* in Jabornegg/Strasser, Kommentar zum Aktiengesetz[5] (2010) §§ 95-97 Rz. 8.
[548] Vgl. dazu allgemein: *Strasser* in Jabornegg/Strasser, Kommentar zum Aktiengesetz[5] (2010) §§ 95-97 Rz. 8.
[549] *Kalss* in Doralt/Nowotny/Kalss, Kommentar zum Aktiengesetz[2] (2012) § 95 Rz. 28; *Strasser* in Jabornegg/Strasser, Kommentar zum Aktiengesetz[5] (2010) §§ 98, 99 Rz. 40; *Lutter*, Die Business Judgement Rule in Deutschland und Österreich, GesRZ 2007, 79 (87).
[550] OGH 26.02.2002, 1 Ob 144/01k, RdW 2002, 342 = GES 2002, 26 = GesRZ 2002, 86 = ZIK 2002, 92 = wbl 2002, 325 = ecolex 2003, 34 = SZ 2002/26.
[551] Vgl. *Bertl* in Kalss/Kunz, Handbuch für den Aufsichtsrat (2010) § 41 Rz. 5.
[552] *Griehser*, Business Judgement Rule und Entscheidungen des Aufsichtsrats? RdW 2009, 10 (12).
[553] Siehe statt vieler: *Schäfer*, Die Binnenhaftung von Vorstand und Aufsichtsrat nach der Renovierung durch das UMAG, ZIP 2005, 1253 (1256).

weshalb auch dem Aufsichtsrat bei einem zustimmungspflichtigen Veranlagungsgeschäft ein Handlungsspielraum zuzubilligen ist[554].

In der Literatur durchaus strittig ist hingegen, ob auch die Beratung des Vorstands durch die Kontrollinstanz eine unternehmerische Entscheidung darstellt. Zum Teil wird dies mit der Begründung verneint, dass der Vorstand an die Ansichten des Aufsichtsrats nicht gebunden sei und letztlich allein die Umsetzung einer Maßnahme zu verantworten habe. Eine Entscheidung durch das Aufsichtsorgan läge somit nicht vor[555]. Dem ist jedoch entgegenzuhalten, dass es sich auch bei der Beratung um einen entscheidungsintensiven Prozess handelt[556]. So muss das Aufsichtsorgan etwa abwägen, wie es auf das geplante Veranlagungskonzept reagiert bzw. welche Änderungen angeregt werden sollen. Auch derartige Einschätzungen erfordern ein Handeln unter Unsicherheit[557], besteht doch für das Kontrollorgan angesichts der Komplexität des Wirtschaftslebens keinerlei Möglichkeit, künftige ökonomische Entwicklungen mit absoluter Sicherheit zu prognostizieren[558].

2. Angemessene Informationsbasis

Nimmt der Aufsichtsrat mittels Zustimmungsvorbehalt oder indirekt durch die Beratung an der Geschäftsführung teil, so ist es notwendig, dass er während des Entscheidungsfindungsprozesses auf eine angemessene Informationsbasis zurückgreifen kann[559]. Es stellt sich nun die Frage, unter welchen Voraussetzungen dieses Kriterium als gegeben anzusehen ist, zumal den Aufsichtsrat grundsätzlich keine Pflicht trifft, eigene Recherchen durchzuführen[560]. Vielmehr ist der Vorstand gehalten, entscheidungsrelevante Daten an das Überwachungsorgan weiterzuleiten[561]. Auf derartige, von der Geschäftsleitung übermittelte Informationen bzgl. der Veranlagungsstrategie oder einzelner Wertpapiere darf sich der Aufsichtsrat grundsätzlich verlassen[562]. Lediglich wenn sich bei näherer Betrachtung zeigt, dass das Datenmaterial unvollständig oder offenkundig fehlerhaft ist, muss das Kontrollorgan eigenständig Erhebungen durchführen[563]. Dies wäre etwa dann der Fall, wenn die Geschäftsleitung beabsichtigt, einen Finanztitel zu erwerben und sich hierbei auf die Einschätzung einer Ratingagentur verlässt, ohne sich mit deren Beurteilung kritisch

---

554 Siehe dazu allgemein: *Kalss* in Doralt/Nowotny/Kalss, Kommentar zum Aktiengesetz² (2012) § 95 Rz. 28.
555 So etwa: *Kropff*, Informationsbeschaffungspflichten des Aufsichtsrats, in: FS Raiser (2005) 225 (230).
556 *Dreher*, Das Ermessen des Aufsichtsrats, ZHR 1994, 615 (616, 618).
557 Siehe zu diesem Erfordernis: *Schäfer*, Die Binnenhaftung von Vorstand und Aufsichtsrat nach der Renovierung durch das UMAG, ZIP 2005, 1253 (1256); *Hüffer*, Aktiengesetz¹¹ (2014) § 93 Rz. 18.
558 Vgl. *Griehser*, Business Judgement Rule und Entscheidungen des Aufsichtsrats? RdW 2009, 10 (12).
559 *Bunz*, Der Schutz unternehmerischer Entscheidungen durch das Geschäftsleiterermessen (2011) 228.
560 Siehe etwa *Strasser* in Jabornegg/Strasser, Kommentar zum Aktiengesetz⁵ (2010) §§ 95-97 Rz. 11, welcher darauf hinweist, dass sich dass der Aufsichtsrat grundsätzlich darauf vertrauen darf, vom Vorstand vollständig und wahrheitsgemäß informiert zu werden.
561 Vgl. *Kropff*, Informationsbeschaffungspflichten des Aufsichtsrats, in: FS Raiser (2005) 225 (237).
562 Siehe dazu allgemein: *Strasser* in Jabornegg/Strasser, Kommentar zum Aktiengesetz⁵ (2010) §§ 95-97 Rz. 11.
563 *Thümmel*, Aufsichtsratshaftung vor neuen Herausforderungen, AG 2004, 83 (86).

auseinanderzusetzen. Hier müsste der Aufsichtsrat auch auf eine etwaige Befangenheit der Rating-Agenturen, sowie auf die Intransparenz des Bewertungsverfahrens Rücksicht nehmen[564]. Sofern derartige Mängel jedoch nicht vorliegen, darf der Aufsichtsrat davon ausgehen, dass die Vorstandsberichte eine angemessene Informationsgrundlage darstellen[565].

Ist ersichtlich, dass den Angaben der Geschäftsführung nicht uneingeschränkt vertraut werden kann, so hat der Aufsichtsrat mehrere Möglichkeiten, auf diesen Missstand zu reagieren. Zum einen kann er sich an den Vorstand wenden und versuchen, etwaige Unklarheiten durch Rücksprache zu beseitigen bzw. diesen zur Ergänzung der Informationsgrundlage[566], etwa hinsichtlich des Investitionsvolumens, der Veranlagungsdauer oder des mit dem Vorhaben einhergehenden Risikos zu drängen. Weiters kann das Aufsichtsorgan auch einen externen Sachverständigen hinzuzuziehen[567], welcher das vorgeschlagene Veranlagungskonzept bzw. das Einzelgeschäft einer näheren Begutachtung unterzieht. Natürlich darf ein unternehmensfremder Fachmann aber nur dann konsultiert werden, wenn dies im Hinblick auf die Bedeutung des Vorhabens angemessen, zweckmäßig und wirtschaftlich ist[568]. Darüber hinaus hat auch der Aufsichtsrat auf eine sorgfältige Auswahl des Experten zu achten[569] und die Ergebnisse seiner Untersuchung einer Plausibilitätskontrolle zu unterziehen[570]. Insbesondere wenn die Quellen, auf denen die Einschätzung fußt, nicht angegeben werden oder das Gutachten Ungereimtheiten aufweist, ist auf eine Korrektur dieser Mängel zu drängen[571]. Eine Sorgfaltswidrigkeit des Aufsichtsorgans wäre etwa dann zu bejahen, wenn es dem Urteil des Sachverständigen blindlings vertraut, obwohl klar erkennbar ist, dass dessen Bewertung ausschließlich auf vom Emittenten veröffentlichten Informationen basiert und keinerlei Anstrengung unternommen wurde, um deren Richtigkeit durch die Heranziehung unabhängiger Quellen zu überprüfen.

3. Unbefangenheit des Aufsichtsrats

Ebenso wie das Leitungsorgan hat auch der Aufsichtsrat eine Treueverpflichtung gegenüber der Gesellschaft[572]. Aus dieser folgt, dass sämtliche im Rahmen der Organschaft zu treffenden Entscheidungen am Unternehmenswohl auszurichten[373] und etwaige Eigen- oder

---

[564] *Jobst/Kapoor*, Paradoxien im Ratingsektor, WM 2013, 680 (685).
[565] *Bunz*, Der Schutz unternehmerischer Entscheidungen durch das Geschäftsleiterermessen (2011) 236.
[566] *Strasser* in Jabornegg/Strasser, Kommentar zum Aktiengesetz[5] (2010) §§ 95-97 Rz. 11.
[567] *Kalss* in Doralt/Nowotny/Kalss, Kommentar zum Aktiengesetz[2] (2012) § 95 Rz. 66.
[568] Vgl. *Ratka/Rauter*, Handbuch Geschäftsführerhaftung[2] (2011) Rz. 9/309.
[569] *Kalss* in Kalss/Kunz, Handbuch für den Aufsichtsrat (2010) § 16 Rz. 8, *Habersack* in Goette/Habersack/Kalss, Münchener Kommentar zum Aktiengesetz[4] (2014) Band 2, § 111 Rz. 76.
[570] *Fleischer*, Vertrauen von Geschäftsleitern und Aufsichtsratsmitgliedern auf Informationen Dritter, ZIP 2009, 1397 (1404).
[571] *Fleischer*, Vertrauen von Geschäftsleitern und Aufsichtsratsmitgliedern auf Informationen Dritter, ZIP 2009, 1397 (1404).
[572] Siehe statt vieler: *P. Doralt/W. Doralt* in Semler/v. Schenck, Arbeitshandbuch für Aufsichtsratsmitglieder[3] (2009) § 13 Rz. 107.
[573] *Kalss* in Doralt/Nowotny/Kalss, Kommentar zum Aktiengesetz[2] (2012) § 99 Rz. 19;

Fremdinteressen hintanzustellen sind[574]. Auf Grund der Tatsache, dass die Mitgliedschaft im Aufsichtsrat als Nebentätigkeit konzipiert ist[575], kann es durchaus vorkommen, dass ein Mitglied auch eine Stellung bei jenem Unternehmen innehat, welches das Wertpapier, dessen Erwerb zur Disposition steht, emittiert. Auch wenn das Investitionsvolumen beim Erwerb von Finanztiteln zu Anlagezwecken in den meisten Fällen nicht hoch genug sein wird, um den Börsenkurs entscheidend zu beeinflussen und so sich oder der anderen Gesellschaft dadurch einen Vorteil zu verschaffen, hat der Mandatar dennoch die Interessenkollision gegenüber seinen Kollegen offenzulegen[576], sich gegebenenfalls seiner Stimme zu enthalten und auch sonst jede Art der Einflussnahme zu vermeiden[577].

4. Handeln zum Wohle der Gesellschaft

Auch der Aufsichtsrat handelt nicht sorgfaltswidrig, wenn bei Entscheidungen im Zusammenhang mit zustimmungspflichtigen Veranlagungsgeschäften bzw. im Rahmen von Beratungsgesprächen die naheliegende Wahrscheinlichkeit gegeben ist, dass diese dem Gesellschaftswohl dienen[578]. Hier besteht kein Unterschied zu jenen Anforderungen, die diesbezüglich an die Mitglieder des Vorstands zu stellen sind[579], weshalb auf die entsprechenden Ausführungen verwiesen werden kann[580].

---

[574]   *Frotz/Schörghofer* in Kalss/Kunz, Handbuch für den Aufsichtsrat (2010) § 18 Rz. 2; *P. Doralt/W. Doralt* in Semler/v. Schenck, Arbeitshandbuch für Aufsichtsratsmitglieder³ (2009) § 13 Rz. 107.
[575]   *Schauer* in Kalss/Kunz, Handbuch für den Aufsichtsrat (2010) § 34 Rz. 9; *Kalss* in Doralt/Nowotny/Kalss, Kommentar zum Aktiengesetz² (2012) § 99 Rz. 5; *P. Doralt/W. Doralt* in Semler/v. Schenck, Arbeitshandbuch für Aufsichtsratsmitglieder³ (2009) § 13 Rz. 45.
[576]   *P. Doralt/W. Doralt* in Semler/v. Schenck, Arbeitshandbuch für Aufsichtsratsmitglieder³ (2009) § 13 Rz. 110.
[577]   *Ulmer*, Aufsichtsratsmandat und Interessenkollision, NJW 1980, 1603 (1605, 1607).
[578]   Vgl. dazu allgemein: OGH 26.02.2002, 1 Ob 144/01k, RdW 2002, 342 = GES 2002, 26 = GesRZ 2002, 86 = ZIK 2002, 92 = wbl 2002, 325 = ecolex 2003, 34 = SZ 2002/26.
[579]   Vgl. *Bunz*, Der Schutz unternehmerischer Entscheidungen durch das Geschäftsleiterermessen (2011) 239.
[580]   Siehe bzgl. der Veranlagungsstrategie: Kapitel B.V.2.d.; siehe bzgl. eines Einzelvorhabens: Kapitel B.V.3.d.

D. Schaden

I. Art und Umfang des Schadenersatzes

Da § 84 AktG als Haftungsnorm konzipiert ist, kann ein Ersatzanspruch nur dann geltend gemacht werden, wenn die Gesellschaft einen Schaden erlitten hat[581]. Ob diese Voraussetzung vorliegt, bestimmt sich nach den allgemeinen Grundsätzen des § 1293 ABGB[582], wobei neben jeder Art von Vermögensminderung auch ein entgangener Gewinn als ausreichend angesehen wird[583]. Unter einer Minderung des Vermögens versteht man eine Verringerung der Aktiva bzw. einen Anstieg der Passiva, sofern damit keine entsprechende Gegenleistung verbunden ist[584]. Daraus folgt, dass der Zeitpunkt des Schadenseintritts bereits vor Realisierung eines Verlustes, wie etwa durch den Verkauf von im Portfolio gehaltenen Anlagetiteln, liegt.

In der Lehre finden sich Stimmen, wonach die Schadensdefinition im Bereich der Organhaftung generell jener für professionelle Vermögensverwalter ähnelt[585]. Sofern es sich um Schäden aus der Veranlagung von Unternehmensvermögen handelt, kann diesbezüglich auch auf die entsprechenden Ausführungen in der Literatur zur Anlageberaterhaftung[586] zurückgegriffen werden.

Aufbauend auf der von *Mommsen*[587] entwickelten Differenzhypothese bestimmt sich die Höhe des Schadens durch einen Vergleich zwischen dem Wert eines hypothetischen, von einem ordentlichen und gewissenhaften Geschäftsleiter verwalteten Gesellschaftsvermögens und der tatsächlichen Entwicklung desselben[588]. Die Berechnung des Vermögensnachteils erfolgt daher subjektiv[589], indem die Konsequenzen, die das sorgfaltswidrige Verhalten der Organe für das Unternehmenskapital nach sich zieht, ermittelt werden[590].

Bzgl. der Frage, inwieweit die Aktiengesellschaft durch den Abschluss von Finanzanlagegeschäften einen Schaden erlitten hat, bestehen diverse Möglichkeiten. So kann

---

[581]   *Schlosser*, Die Organhaftung der Vorstandsmitglieder der Aktiengesellschaft (2002) 106.
[582]   *Strasser* in Jabornegg/Strasser, Kommentar zum Aktiengesetz⁵ (2010) §§ 77-84 Rz. 100.
[583]   *Nowotny* in Doralt/Nowotny/Kalss, Kommentar zum Aktiengesetz² (2012) § 84 Rz. 23; a.A.: *Mertens*, Der Begriff des Vermögensschadens im Bürgerlichen Recht (1967) 165 ff., welcher den Schaden in der „Verkürzung des Potentials, das dem Subjekt für seine Zweckwahl zur Verfügung steht" sieht.
[584]   *Völkl/Lehner*, Organhaftung: (K)ein Sonderhaftungsrecht? ecolex 2013, 39 (40); *Reischauer* in Rummel, Kommentar zum ABGB³ II/2a (2007) § 1293 Rz. 5.
[585]   *Völkl/Lehner*, Organhaftung: (K)ein Sonderhaftungsrecht? ecolex 2013, 39 (40).
[586]   Siehe etwa: *M. Bydlinski*, Zum Schadenersatz bei volatilen Vermögenswerten, JBl 2011, 681; *P. Bydlinski*, Haftung für fehlerhafte Anlageberatung: Schaden und Schadenersatz, ÖBA 2008, 159; *Leupold/Ramharter*, Anlegerschaden und Kausalitätsbeweis bei risikoträchtiger Alternativanlage, ÖBA 2010, 718; *Welser*, Rechtsgrundlagen des Anlegerschutzes, ecolex 1995, 79.
[587]   *Mommsen*, Beiträge zum Obligationenrecht (1855) 3.
[588]   *Mertens/Can* in Zöllner/Noack, Kölner Kommentar zum Aktiengesetz³ (2010) Band 2/1, § 93 Rz. 59.
[589]   Vgl. *Völkl/Lehner*, Organhaftung: (K)ein Sonderhaftungsrecht? ecolex 2013, 39 (41).
[590]   Siehe dazu allgemein: *Koziol*, Haftpflichtrecht I³ (1997) Rz. 2/77.

etwa die Situation auftreten, dass eine Divergenz zwischen dem Ergebnis eines hypothetischen, von einem sorgfältigen Geschäftsleiter erstellten und umgesetzten Wertpapierportfolios und dem Wert des tatsächlichen Depots besteht[591]. Auch hier zeigt sich, dass eine Schadenersatzpflicht nicht nur dann in Frage kommt, wenn auf Grund eines zu riskanten Agierens auf dem Finanzmarkt der Wert des Depots unter jenen zum Erwerbszeitpunkt absinkt. Vielmehr können die Organe (bei Vorliegen der übrigen Voraussetzungen) bereits dann in Regress genommen werden, wenn das Portfolio zwar Zuwächse generiert, diese jedoch nicht jenes Maß erreichen, welches bei Einhaltung der in § 84 AktG normierten Sorgfalt erzielt hätte werden können. Zudem wäre es aber auch denkbar, dass ein ordentlicher und gewissenhafter Geschäftsleiter überhaupt von einer Veranlagung des Unternehmenskapitals abgesehen und die Gesellschaftsmittel für anderweitige (und letztlich gewinnbringendere) Zwecke aufgewendet hätte. Ein weiter möglicher Nachteil könnte der Gesellschaft dadurch entstehen, dass das verantwortliche Organ die Entscheidung hinsichtlich des Anlagehorizonts bzw. -volumens nicht mit genügend Umsicht trifft, wodurch das Unternehmen gezwungen wird, einen kostspieligen Kredit aufzunehmen, um laufende Kosten zu decken oder absehbare Anschaffungen zu tätigen.

II. Schadensbemessung und maßgeblicher Zeitpunkt

Entschließt sich die Gesellschaft, das gesamte Portfolio abzustoßen bzw. jene Wertpapiere, die außerhalb eines an sich geeigneten Veranlagungskonzeptes liegen zu verkaufen, so bereitet die Bemessung des Schadens keinerlei Probleme. Die Höhe des Schadenersatzes bestimmt sich dann nach der Differenz zwischen dem Verkaufserlös und dem Wert des hypothetischen, unter Beachtung der notwendigen Sorgfalt erstellten Wertpapierdepots[592]. Da im Bereich der Organhaftung eine subjektive Schadensberechnung erfolgt[593], gilt es sämtliche aus der Sorgfaltswidrigkeit resultierende Auswirkungen auf das Vermögen des Geschädigten zu eruieren[594]. Für die Schadensberechnung sind daher auch alle weiteren Nachteile, die das Unternehmenskapital im Zuge der pflichtwidrigen Fremdvermögensverwaltung erleidet, zu berücksichtigen. Beispielhaft sei hier wieder die Aufnahme eines Kredits mangels ausreichender liquider Mittel genannt. Maßgeblicher Zeitpunkt für die Ermittlung des Schadens

---

[591] Vgl. diesbezüglich zur Portfolioverwaltung: OGH 11.05.2010, 9 Ob 85/09d, ÖBA 2010, 533 = ecolex 2010, 749 = ZFR 2010, 179, ÖJZ 2010, 807, ÖBA 2010, 718 = JBl 2010, 713 = RdW 2010, 573 = ZIK 2011, 35.
[592] Vgl. diesbezüglich zur Portfolioverwalterhaftung: OGH 29.10.2013, 9 Ob 44/13 f, ÖBA 2014, 208 = RdW 2014, 66.
[593] *Völkl/Lehner*, Organhaftung: (K)ein Sonderhaftungsrecht? ecolex 2013, 39 (41).
[594] Vgl. *Koziol*, Haftpflichtrecht I³ (1997) Rz. 2/79.

ist der Schluss der mündlichen Streitverhandlung[595], wobei auch die zukünftigen Folgen für die Gesellschaft eine Rolle spielen[596].

Schwieriger gestaltet sich die Situation, wenn sich das Unternehmen dafür entscheidet, keine Änderungen an der Depotzusammensetzung vorzunehmen. Grund dafür könnte sein, dass die Mitglieder des in Anspruch genommenen Organs möglicherweise nicht in der Lage sein werden, ihren Zahlungsverpflichtungen nachzukommen und der Schaden somit nur durch einen entsprechenden Kursanstieg gemindert werden kann[597]. In der Literatur zur Anlageberaterhaftung wird auf die Gefahr hingewiesen, dass man dem Anleger Spekulation zu Lasten des Beraters ermögliche, wenn man die Berechnung des Geldersatzes, gleich wie bei Verkauf der Papiere, zu einem konkreten Stichtag vornehmen würde[598]. Auf den ersten Blick könnte jene unerwünschte Situation auch bei der Organhaftung auftreten. Die Gesellschaft wäre somit (im Rahmen der Verjährungsfrist) in der Lage abzuwarten, ob die zu risikobehaftete Anlagestrategie nicht doch noch Renditen erwirtschaftet, welche möglicherweise weit über jenen liegen, die ein sorgfaltsgemäß zusammengestelltes Portfolio erzielt hätte[599]. Ist dies nicht der Fall, bliebe immer noch die Möglichkeit einer auf § 84 AktG gestützten Schadenersatzklage.

Jene Argumentation übersieht jedoch, dass ein derartiges Zuwarten keineswegs völlig risikolos ist. Schließlich bestimmt sich der Umfang der Ersatzpflicht – sofern das sorgfaltslose Handeln nicht auch noch negativen Auswirkungen auf das sonstige Gesellschaftsvermögen hat – nach der Differenz zwischen dem Wert eines hypothetischen, pflichtgemäß zusammengestellten Portfolios und dem tatsächlichen Wert der Anlagetitel in ihrer Gesamtheit[600]. Dass derartige alternative Investitionen bei der Schadensberechnung zu berücksichtigen sind, ist auch im Bereich der Vermögensverwaltung[601] bzw. der Anlageberatung[602] unstrittig. Wartet die Unternehmensleitung nun ab, ob ein an sich ungeeignetes Depot nicht doch noch Renditen erzielt, so ist stets zu bedenken, dass auch bei dem hypothetischen Alternativinvestment das Risiko von Kursverlusten besteht, wodurch sich die Höhe des Schadenersatzanspruches

---

[595]   *Harrer* in Schwimann/Kodek, Praxiskommentar ABGB³ (2006) § 1323 Rz. 50, 53; *Mertens/Can* in Zöllner/Noack, Kölner Kommentar zum Aktiengesetz³ (2010) Band 2/1, § 93 Rz. 60.

[596]   Siehe dazu allgemein: *Koziol*, Haftpflichtrecht I³ (1997) Rz. 2/79.

[597]   Vgl. diesbezüglich zur Anlageberaterhaftung: *M. Bydlinski*, Zum Schadenersatz bei volatilen Vermögenswerten, JBl 2011, 681 (682).

[598]   So etwa: *P. Bydlinski*, Haftung für fehlerhafte Anlageberatung: Schaden und Schadenersatz, ÖBA 2008, 159 (161).

[599]   Vgl. diesbezüglich zur Anlageberaterhaftung: *P. Bydlinski*, Haftung für fehlerhafte Anlageberatung: Schaden und Schadenersatz, ÖBA 2008, 159 (161).

[600]   Vgl. diesbezüglich zur Portfolioverwalterhaftung: OGH 11.05.2010, 9 Ob 85/09d, ÖBA 2010, 533 = ecolex 2010, 749 = ZFR 2010, 179, ÖJZ 2010, 807, ÖBA 2010, 718 = JBl 2010, 713 = RdW 2010, 573 = ZIK 2011, 35; vgl. allgemein für die Vorstandshaftung: *Mertens/Can* in Zöllner/Noack, Kölner Kommentar zum Aktiengesetz³ (2010) Band 2/1, § 93 Rz. 59.

[601]   *Schäfer* in Schäfer/Sethe/Lang, Handbuch der Vermögensverwaltung (2012) § 21 Rz. 44; OGH 11.05.2010, 9 Ob 85/09d, ÖBA 2010, 533 = ecolex 2010, 749 = ZFR 2010, 179, ÖJZ 2010, 807, ÖBA 2010, 718 = JBl 2010, 713 = RdW 2010, 573 = ZIK 2011, 35.

[602]   *Welser*, Rechtsgrundlagen des Anlegerschutzes, ecolex 1995, 79 (82); *P. Bydlinski*, Haftung für fehlerhafte Anlageberatung: Schaden und Schadenersatz, ÖBA 2008, 159 (160 f.).

reduzieren würde[603]. Auch der Einwand, dass bei auf Substanzerhaltung ausgerichteten Portfolios kaum mit derart massiven Kursverlusten zu rechnen sei, ist bei näherer Betrachtung nicht haltbar. So hat die im Jahr 2008 beginnende Finanzmarktkrise gezeigt, dass selbst konservative Veranlagungsformen vor solchen nicht gefeit sind. Von einem gefahrlosen Spekulieren zu Lasten der in Regress genommenen Organmitglieder kann somit keine Rede sein.

---

[603] Vgl. diesbezüglich zur Anlageberaterhaftung: *Leupold/Ramharter*, Anlegerschaden und Kausalitätsbeweis bei risikoträchtiger Alternativanlage, ÖBA 2010, 718 (734).

E. Kausalität und Adäquanz

Auch im Bereich der Organhaftung bedarf es eines kausalen Zusammenhangs zwischen dem sorgfaltswidrigen Verhalten und dem entstandenen Schaden[604]. Je nachdem, ob die Sorgfaltswidrigkeit in einem aktiven Tun oder in einer Unterlassung liegt, ist Kausalität dann zu bejahen, wenn ohne das pflichtwidrige Handeln bzw. Unterlassen der Organe kein Schaden für die Gesellschaft entstanden wäre[605]. Den Mitgliedern des Vorstands und des Aufsichtsrats steht es frei zu beweisen, dass jener Vermögensnachteil auch bei rechtmäßigem Alternativverhalten eingetreten wäre[606].

Ebenso ist auch bei der Organhaftung die Adäquanztheorie zu berücksichtigen[607]. Inadäquanz ist gegeben, wenn die sorgfaltswidrige Handlung aus objektiver ex ante-Perspektive gänzlich ungeeignet war, den konkreten Schaden herbeizuführen und diese somit lediglich aufgrund außergewöhnlicher Umstände kausal für den Vermögensnachteil wurde[608]. In der hier geschilderten Thematik sind jedoch kaum Fälle denkbar, in denen sich die Verantwortlichen mit Erfolg auf das Fehlen jener Vorhersehbarkeit berufen können. So ist es etwa auch durchaus absehbar, dass eine negative Entwicklung des Finanzportfolios einen Liquiditätsmangel nach sich ziehen kann, welcher die Aufnahme eines kostspieligen Kredits notwendig macht.

---

[604] *Nowotny* in Doralt/Nowotny/Kalss, Kommentar zum Aktiengesetz[2] (2012) § 84 Rz. 23; *Kalss* in Doralt/Nowotny/Kalss, Kommentar zum Aktiengesetz[2] (2012) § 99 Rz. 44.
[605] Siehe dazu allgemein: *Reischauer* in Rummel, Kommentar zum ABGB[3] II/2a (2007) § 1295 Rz. 2.
[606] Siehe dazu allgemein: *Reischauer* in Rummel, Kommentar zum ABGB[3] II/2a (2007) § 1295 Rz. 1a.
[607] *Nowotny* in Doralt/Nowotny/Kalss, Kommentar zum Aktiengesetz[2] (2012) § 84 Rz. 23; *Mertens/Can* in Zöllner/Noack, Kölner Kommentar zum Aktiengesetz[3] (2010) Band 2/1, § 93 Rz. 55; *Schlosser*, Die Organhaftung der Vorstandsmitglieder der Aktiengesellschaft (2002) 110; *Kalss* in Doralt/Nowotny/Kalss, Kommentar zum Aktiengesetz[2] (2012) § 99 Rz. 44.
[608] *Enneccerus/Lehmann*, Lehrbuch des bürgerlichen Rechts – Recht der Schuldverhältnisse[15] (1958) 66.

F. Rechtswidrigkeitszusammenhang

Die Organe einer Aktiengesellschaft haben nur für jene Schäden einzustehen, deren Entstehung der in § 84 bzw. § 99 AktG normierte Verhaltensmaßstab verhindern sollte[609]. Entscheidend ist, ob sich ein Risiko verwirklicht hat, auf welches das jeweilige Gesetz abstellt[610]. Angesichts der Zielsetzung des für Vorstands- bzw. Aufsichtsratsmitglieder geltenden Sorgfaltsstandards, durch die Androhung einer Schadenersatzpflicht eine Verhaltenssteuerung zu erreichen[611] und dadurch Schäden vorzubeugen[612], ist der Rechtswidrigkeitszusammenhang somit stets dann gegeben, wenn ein Vermögensnachteil direkt (also über eine rein kausale Verknüpfung hinaus) auf die sorgfaltswidrige Verwaltung zurückgeführt werden kann. Werden bei der Auswahl von Einzeltiteln bspw. etwaige Korrelationseffekte[613] nicht berücksichtigt und verwirklicht sich anschließend das dadurch geschaffene Klumpenrisiko, so liegt der Auslöser des Schadens in der sorgfaltswidrigen Ausübung der Organstellung, einer Ursache, welche die einschlägigen Haftungsbestimmungen zu verhindern versuchen[614].

Anhand eines Beispiels[615] soll nun gezeigt werden, dass das Vorliegen jener Haftungsvoraussetzung keineswegs stets so eindeutig ist, wie im oben geschilderten Fall: Die Geschäftsleitung (bzw. auch der Aufsichtsrat, sofern das einzelne Wertpapiergeschäft auf Grund seines Volumens eine Zustimmungspflicht auslöst) holt bei der Auswahl eines Einzeltitels zwar Informationen bzgl. des allgemeine Kursrisikos ein, lässt jedoch das hohe Währungsrisiko unberücksichtigt. In der Folge bleiben etwaige Wechselkursschwankungen zwar aus, doch kommt es auf Grund von unvorhersehbaren Marktänderungen zu einem Einbruch des Börsenwertes. Hier gilt es nun zu klären, ob die Organe den eingetretenen Schaden zu ersetzen haben. Zwar wurde im Zusammenhang mit der Fremdwährungsproblematik die notwendige Sorgfalt außer Acht gelassen, doch trat die Vermögensminderung letztlich auf Grund eines Risikos ein, bei dessen Einschätzung ordentlich und gewissenhaft vorgegangen wurde. Bzgl. der Kausalität bestehen hier nämlich keine Zweifel, zumal davon ausgegangen werden kann, dass ein achtsames Organmitglied auf Grund des überproportionalen, aber letztlich nicht verwirklichten Fremdwährungsrisikos vom Erwerb des Finanzproduktes Abstand genommen hätte. Es stellt sich somit die Frage, ob jener Schaden

---

[609] Vgl. *Nowotny* in Doralt/Nowotny/Kalss, Kommentar zum Aktiengesetz[2] (2012) § 84 Rz. 25; *Kalss* in Doralt/Nowotny/Kalss, Kommentar zum Aktiengesetz[2] (2012) § 99 Rz. 44.

[610] *Rümelin*, Die Verwendung der Causalbegriffe im Straf- und Civilrecht, AcP 1900, 171 (306).

[611] *Bunz*, Der Schutz unternehmerischer Entscheidungen durch das Geschäftsleiterermessen (2011) 11 f.

[612] *Nowotny* in Doralt/Nowotny/Kalss, Kommentar zum Aktiengesetz[2] (2012) § 84 Rz. 2; auf den ähnlichen Regelungszweck von § 84 und § 99 AktG hinweisend: *Kalss* in Doralt/Nowotny/Kalss, Kommentar zum Aktiengesetz[2] (2012) § 99 Rz. 1.

[613] Siehe zu diesem Begriff bereits FN. 177.

[614] Siehe bereits FN. 612.

[615] Angelehnt an: *Wendehorst*, Anlageberatung, Risikoaufklärung und Rechtswidrigkeitszusammenhang, ÖBA 2010, 562 (567).

innerhalb des Rechtswidrigkeitszusammenhangs liegt. Ein solcher Nachteil ist schließlich nur dann zu ersetzen, wenn er auf Grund eines Vorfalls entsteht, den die entsprechende Haftungsbestimmung zu verhindern versucht[616]. Wie bereits ausgeführt, sollen die Organe durch die Normen der §§ 84 und 99 AktG dazu angehalten werden, ihre Tätigkeit mit der notwendigen Sorgfalt auszuüben[617], um so die Gesellschaft vor Schaden zu bewahren[618]. Darunter fällt etwa auch die Verpflichtung, Entscheidungen nur mit entsprechender Sachkenntnis zu treffen[619]. Diese Obliegenheit soll der Entstehung jener Art von Schäden entgegenwirken, die durch die Schaffung einer sorgfältigen Informationsgrundlage vermieden hätten werden können. Im vorgetragenen Beispiel ist der Grund für den Vermögensnachteil allerdings in der Realisierung eines Risikos zu sehen, welches von den handelnden Personen zuvor gewissenhaft evaluiert wurde und somit außerhalb des Schutzbereichs der §§ 84, 99 AktG liegt. Mangels Rechtswidrigkeitszusammenhangs scheidet daher eine Haftung der Organmitglieder aus.

Letztlich liefe es auch dem anerkannten Grundsatz, dass das ökonomische Risiko stets von den Eigentümern der Gesellschaft getragen werden muss[620], zuwider, würde man eine wirtschaftliche Entwicklung auf die Unternehmensleitung überwälzen, welche in keinerlei Verbindung mit dem Verstoß gegen das Sorgfaltsgebot steht.

Abschließend bleibt festzuhalten, dass die praktische Bedeutung des Rechtswidrigkeitszusammenhangs im Bereich der Organhaftung eher gering ist. So werden nur äußerst selten Fälle auftreten, in denen ein Ersatzanspruch der Gesellschaft auf Grund des Fehlens dieses Zurechnungselements ausscheidet[621].

---

[616] *Rümelin*, Die Verwendung der Causalbegriffe im Straf- und Civilrecht, AcP 1900, 171 (306).
[617] *Bunz*, Der Schutz unternehmerischer Entscheidungen durch das Geschäftsleiterermessen (2011) 11 f.
[618] Siehe dazu bereits FN. 612.
[619] *Strasser* in Jabornegg/Strasser, Kommentar zum Aktiengesetz[5] (2010) §§ 77-84 Rz. 95.
[620] *Lutter*, Die Business Judgement Rule in Deutschland und Österreich, GesRZ 2007, 79 (79).
[621] So für den Aufsichtsrat: *Schauer* in Kalss/Kunz, Handbuch für den Aufsichtsrat (2010) § 34 Rz. 52.

G. Verschulden

Anders als bei der (objektiven) Sorgfaltswidrigkeit geht es bei der Frage nach dem Verschulden darum, ob den Mitgliedern des Vorstands[622] bzw. des Aufsichtsrats[623] die schadensauslösende Handlung auch subjektiv vorgeworfen werden kann. Der Einwand, sie besäßen nicht die notwendigen Fähigkeiten oder Fachkenntnisse im Bereich des Wertpapiermarktes und seien daher für den eingetretenen Vermögensnachteil nicht verantwortlich, steht ihnen nicht offen[624]. Es können jedoch anderweitige Gründe, wie etwa unvorhersehbare gesundheitliche Umstände dazu führen, dass eine Haftung mangels Verschuldens ausscheidet[625]. Vorausgesetzt wird allerdings, dass sich jener Mangel auch auf die Einsichtsfähigkeit auswirkt. Erkennt ein Vorstands- bzw. Aufsichtsratsangehöriger hingegen, dass er krankheitsbedingt nicht mehr in der Lage ist, sein Amt in entsprechender Weise auszuführen, so muss er dieses niederlegen[626].

In der Praxis werden jedoch nur äußerst selten Situationen auftreten, in denen zwar eine objektive, nicht aber auch eine subjektive Pflichtwidrigkeit eines Organmitglieds vorliegt[627].

---

[622] *Kalss* in Kalss/Nowotny/Schauer, Österreichisches Gesellschaftsrecht (2008) Rz. 3/416.
[623] *Schauer* in Kalss/Kunz, Handbuch für den Aufsichtsrat (2010) § 34 Rz. 53.
[624] Vgl. dazu allgemein: OGH 10.01.1978, 3 Ob 536/77, SZ 46/113 = HS 11.291 = HS 11.302 = HS 11.305; OGH 26.02.2002, 1 Ob 144/01k, RdW 2002, 342 = GES 2002, 26 = GesRZ 2002, 86 = ZIK 2002, 92 = wbl 2002, 325 = ecolex 2003, 34 = SZ 2002/26; *Kalss* in Doralt/Nowotny/Kalss, Kommentar zum Aktiengesetz² (2012) § 99 Rz. 44; *Schauer* in Kalss/Kunz, Handbuch für den Aufsichtsrat (2010) § 34 Rz. 53.
[625] Vgl. *Reischauer* in Rummel, Kommentar zum ABGB³ II/2a (2007) § 1299 Rz. 5.
[626] *Hopt* in Hopt/Wiedemann, Aktiengesetz Großkommentar⁴ (2008) Band 3, § 93 Rz. 79.
[627] Vgl. OGH 26.02.2002, 1 Ob 144/01k, RdW 2002, 342 = GES 2002, 26 = GesRZ 2002, 86 = ZIK 2002, 92 = wbl 2002, 325 = ecolex 2003, 34 = SZ 2002/26.

H. Beweislastverteilung

I. Allgemeines

Die Frage, welche Partei in einem Rechtsstreit bzgl. bestimmter Tatsachen die Beweislast trifft, ist von großer praktischer Bedeutung. Kann im Verfahren der Sachverhalt nicht eindeutig festgestellt werden, so läuft die beweispflichtige Partei Gefahr, den Prozess zu verlieren, sofern es ihr nicht gelingt, ihre Behauptungen entsprechend zu untermauern[628]. Im Folgenden wird nun ausgeführt, welche Umstände die Gesellschaft nachweisen muss, um im Falle verlustbringender Finanzanlagegeschäfte erfolgreich gegen ihre Organe zu regressieren bzw. wann die Beweislast auf Seiten der Vorstands- bzw. Aufsichtsratsmitglieder liegt.

II. Schaden, Kausalität und Adäquanz

Nach allgemeinen Grundsätzen obliegt es der Gesellschaft zu beweisen, dass ihr im Zusammenhang mit dem An- und Verkauf von Wertpapieren ein Schaden entstanden ist. Auch bzgl. der Höhe des Vermögensnachteils trägt das Unternehmen die Beweislast[629]. Zudem hat die Gesellschaft nachzuweisen, dass ein adäquater Kausalzusammenhang zwischen dem rechtswidrigen Verhalten ihrer Organe und der dadurch eingetretenen Schädigung besteht[630].

III. Rechtswidrigkeit und Verschulden

Im Rahmen eines gerichtlichen Verfahrens obliegt es der klagenden Partei, die rechtsbegründenden Umstände zu beweisen, während die beklagte Partei jene Tatsachen vorzutragen hat, die einem Rechtsanspruch entgegenstehen[631]. Im Bereich der Organhaftung sieht § 84 Abs. 2 2. Satz AktG allerdings eine Ausnahme von diesem allgemeinen Grundsatz vor. So hat der Vorstand zu beweisen, dass er die Sorgfalt eines ordentlichen und gewissenhaften Geschäftsleiters eingehalten hat. Selbiges gilt für die Mitglieder des

---

[628] *Ratka/Rauter*, Handbuch Geschäftsführerhaftung[2] (2011) Rz. 2/227.

[629] Dies entspricht der h.L.: *Strasser* in Jabornegg/Strasser, Kommentar zum Aktiengesetz[5] (2010) §§ 77-84 Rz. 108; *Schlosser*, Die Organhaftung der Vorstandsmitglieder der Aktiengesellschaft (2002) 112; *Kalss* in Doralt/Nowotny/Kalss, Kommentar zum Aktiengesetz[2] (2012) § 99 Rz. 45.

[630] Siehe statt vieler: *Schlosser*, Die Organhaftung der Vorstandsmitglieder der Aktiengesellschaft (2002) 113 f.; *Kalss* in Doralt/Nowotny/Kalss, Kommentar zum Aktiengesetz[2] (2012) § 99 Rz. 45.

[631] Hierbei handelt es sich um ein allgemeines Prinzip des Prozessrechts; siehe auch: *Rosenberg*, Die Beweislast[5] (1965) 98 f.

Aufsichtsrats[632], da § 99 AktG auf die für die Geschäftsführung geltende Norm verweist. Welche Reichweite die vom Gesetzgeber gewählte Formulierung für die Verteilung der Beweislast hat, ist in der Lehre jedoch heftig umstritten. Auch die Rechtsprechung des OGH ist in diesem Bereich keineswegs einheitlich.

Ein Teil der Lehre geht davon aus, dass sowohl die Einhaltung der entsprechenden Sorgfalt als auch das Fehlen eines allfälligen Verschuldens von den Organmitgliedern nachgewiesen werden müsse[633]. Begründet wird dies damit, dass im Bereich der Organhaftung Sorgfaltswidrigkeit und Verschulden ohnehin häufig deckungsgleich seien[634], sofern man von Ausnahmefällen, wie einer die subjektive Vorwerfbarkeit ausschließende Krankheit[635] absehe. Eine Einschränkung der gesetzlich normierten Beweislastumkehr auf das Verschulden hätte somit zur Folge, dass die Norm des § 84 Abs. 2 2. Satz AktG praktisch bedeutungslos wäre[636]. Zudem sei das beklagte Organmitglied viel näher am Beweis als die von ihm vertretene Gesellschaft[637], zumal nur dieses in der Lage wäre, die Motive für eine getroffene Entscheidung zu erläutern[638]. Diese Ansicht teilt auch der OGH in einigen seiner Judikate[639].

Vereinzelt finden sich in der Lehre Stimmen, die die Beweispflicht für die objektive Sorgfaltswidrigkeit der Organe bei der Gesellschaft sehen[640]. Wie *Told*[641] ausführt, stützt eine historische Auslegung des Gesetzestextes zu weiten Teilen ein derartiges Verständnis der Beweislastumkehr. Auch der OGH[642] weißt in einer Entscheidung vom 21.12.2010 darauf hin, dass „die Gesellschaft…die inhaltliche Pflichtwidrigkeit oder die objektive Sorgfaltswidrigkeit, nicht aber das Verschulden zu behaupten und zu beweisen" habe.

Sowohl die weite als auch die enge Auslegung der Beweislastumkehr sind jedoch mit deutlichen Schwächen behaftet. So ist etwa das Argument, den Organmitgliedern sei der Beweis für die objektive Rechtmäßigkeit sowie für das Fehlen eines Verschuldens zumutbar,

---

[632] Vgl. *Kalss* in Doralt/Nowotny/Kalss, Kommentar zum Aktiengesetz[2] (2012) § 99 Rz. 45.

[633] *Lehner*, Die Beweislastumkehr bei der GmbH-Geschäftsführerhaftung, GesRZ 2005, 128 (133); *Spindler* in Goette/Habersack/Kalss, Münchener Kommentar zum Aktiengesetz[4] (2014) Band 2, § 93 Rz. 181.

[634] *Böhler*, Zur Beweislast bei der Organhaftung, in: FS Krejci (2001) Band I, 503 (507 f.); *Von Gerkan*, Die Beweislastverteilung beim Schadenersatzanspruch der GmbH gegen ihren Geschäftsführer, ZHR 1990, 39 (55); *Wiesner/Kraft* in Gummert/Weipert, Münchener Handbuch des Gesellschaftsrechts[3] (2007) Band 4, § 26 Rz. 5.

[635] Siehe FN. 625.

[636] OGH 26.02.2002, 1 Ob 144/01k, RdW 2002, 342 = GES 2002, 26 = GesRZ 2002, 86 = ZIK 2002, 92 = wbl 2002, 325 = ecolex 2003, 34 = SZ 2002/26.

[637] *Frotz*, Grundsätzliches zur Haftung von Gesellschaftsorganen und für Gesellschaftsorgane, GesRZ 1982, 98 (105).

[638] *Told*, Zum Entlastungsbeweis bei der Managerhaftung, wbl 2012, 181 (183).

[639] Siehe: OGH 09.01.1985, 3 Ob 521/84, GesRZ 1986, 97 = HS 16.256 = 16.869; OGH 10.05.1984, 7 Ob 565/84, RdW 1985, 44 = NZ 1985, 97 = HS 14.312 = HS 15.174.

[640] *Strasser* in Jabornegg/Strasser, Kommentar zum Aktiengesetz[5] (2010) §§ 77-84 Rz. 108.

[641] *Told*, Zum Entlastungsbeweis bei der Managerhaftung, wbl 2012, 181 (184 ff.).

[642] OGH 21.12.2010, 8 Ob 6/10f, GesRZ 2011, 230 = ÖBA 2011, 341 = RdW 2011, 139 = ZFR 2011, 175 = ecolex 2011, 505 = wbl 2011, 385 = SZ 2010/160.

weil sie am ehesten den entsprechenden Nachweis erbringen können[643], nicht haltbar. Gerade bei Veranlagungen, die bereits einige Jahre zurückliegen, wird es häufig schwierig sein, sämtliche entscheidungsrelevanten Unterlagen ausfindig zu machen[644]. Zudem muss beachtet werden, dass ein Organmitglied, welches Schadenersatzansprüchen der Gesellschaft ausgesetzt ist, in den allermeisten Fällen nicht mehr für das Unternehmen tätig ist, wodurch die Beschaffung der erforderlichen Dokumente zusätzlich erschwert wird[645]. Auch der von *Told*[646] vorgebrachte Vorschlag, das Organmitglied solle von sämtlichen Unterlagen eine Kopie anfertigen, um sich in einem möglichen künftigen Haftungsprozess entsprechend verteidigen zu können, dürfte an der praktischen Umsetzung scheitern. Berücksichtigt man, dass Vorstände und Aufsichtsratsmitglieder oft jahrelang im selben Unternehmen tätig sind, so wäre es beinahe unmöglich bzw. mit einem nicht zumutbaren Aufwand verbunden, wenn sämtliche in diesem Zeitraum getroffene Entscheidungen derart sorgfältig dokumentiert werden müssten. Auch eine Beschränkung der Beweislastumkehr auf das Verschulden scheint angesichts des daraus resultierenden geringen Anwendungsraumes der Norm nicht sonderlich überzeugend[647].

Vielfach wird in der Literatur deshalb eine vermittelnde Lösung vertreten, welche an die Rechtsprechung des BGH angelehnt ist[648]. Demnach treffe die Beweislast für die Einhaltung der entsprechenden Sorgfalt sowie eines Mangels an Verschulden zwar die Organmitglieder, doch habe die Gesellschaft Umstände nachzuweisen, die auf ein (objektiv) sorgfaltswidriges Handeln der Verantwortlichen schließen lassen[649]. Entscheidender Vorteil dieses Ansatzes ist, dass er Vorstands- und Aufsichtsratsmitglieder nicht in einen Beweisnotstand bringt, welcher letztlich eine Annäherung der Organ- an eine Erfolgshaftung zur Folge hätte[650]. Konsequent ist diese Mittellösung auch im Hinblick auf den bereits erörterten Schadensbegriff. Demnach obliegt es der Gesellschaft zu beweisen[651], dass eine Differenz zwischen dem Wert des tatsächlichen Anlageportfolios und dem Wert eines hypothetischen, von ordentlichen und

---

[643] *Frotz*, Grundsätzliches zur Haftung von Gesellschaftsorganen und für Gesellschaftsorgane, GesRZ 1982, 98 (105).
[644] Vgl dazu allgemein: *Reich-Rohrwig*, GmbH-Recht[2] (1997) Band I, Rz. 2/420.
[645] *Böhler*, Zur Beweislast bei der Organhaftung, in: FS Krejci (2001) Band I, 503 (520); *Ratka/Rauter*, Handbuch Geschäftsführerhaftung[2] (2011) Rz. 2/242; *Lehner*, Die Beweislastumkehr bei der GmbH-Geschäftsführerhaftung, GesRZ 2005, 128 (133).
[646] *Told*, Zum Entlastungsbeweis bei der Managerhaftung, wbl 2012, 181 (189 f.).
[647] OGH 26.02.2002, 1 Ob 144/01k, RdW 2002, 342 = GES 2002, 26 = GesRZ 2002, 86 = ZIK 2002, 92 = wbl 2002, 325 = ecolex 2003, 34 = SZ 2002/26.
[648] Siehe etwa: BGH 26.11.1990, II ZR 223/89, WM 1991, 281; BGH 21.03.1994, II ZR 260/92, ZIP 1994, 872.
[649] *Nowotny* in Doralt/Nowotny/Kalss, Kommentar zum Aktiengesetz[2] (2012) § 84 Rz. 25; Koppensteiner in Koppensteiner/Rüffler, GmbH-Gesetz[3] (2007) § 25 Rz. 29; *Böhler*, Zur Beweislast bei der Organhaftung, in: FS Krejci (2001) Band I, 503 (521); *Kalss* in Kalss/Nowotny/Schauer, Österreichisches Gesellschaftsrecht (2008) Rz. 3/410; *Kalss* in Doralt/Nowotny/Kalss, Kommentar zum Aktiengesetz[2] (2012) § 99 Rz. 45.
[650] *Told*, Zum Entlastungsbeweis bei der Managerhaftung, wbl 2012, 181 (188).
[651] Siehe zur Beweislast der Gesellschaft für den Schadenseintritt und die Schadenshöhe: *Strasser* in Jabornegg/Strasser, Kommentar zum Aktiengesetz[5] (2010) §§ 77-84 Rz. 108; *Schlosser*, Die Organhaftung der Vorstandsmitglieder der Aktiengesellschaft (2002) 112; *Kalss* in Doralt/Nowotny/Kalss, Kommentar zum Aktiengesetz[2] (2012) § 99 Rz. 45.

gewissenhaften Organmitgliedern erstellten Portfolios besteht[652]. Ein derartiger Nachweis kann jedoch nur gelingen, wenn zumindest angedeutet wird, worin das Versäumnis des Beklagten liegt oder anders gesagt, welche Abweichung zwischen dem tatsächlich gesetzten Verhalten und jener Entscheidung, die bei Einhaltung der gebotenen Sorgfalt getroffen worden wären, besteht.

Fraglich ist allerdings, welche Anforderungen diesbezüglich an die Gesellschaft zu stellen sind. *Böhler*[653] vertritt die Ansicht, dass es Aufgabe des Unternehmens sei, Tatsachen vorzutragen, die unter Zugrundelegung der allgemeinen Lebenserfahrung auf ein rechtswidriges Handeln der Organe schließen lassen. *Told*[654] kommt nach Analyse der einschlägigen OGH-Entscheidungen[655] zu dem Ergebnis, dass diesbezüglich bereits eine bloße Wahrscheinlichkeit genügen solle, weist jedoch zutreffend darauf hin, dass eine solche Interpretation im Ergebnis einer gänzlichen Beweislastumkehr äußerst ähnlich wäre. In einem ersten Schritt obliegt es somit dem klagenden Unternehmen, den Vorwurf des sorgfaltswidrigen Handelns zu substantiieren[656], ist es doch die Gesellschaft, die auf die relevanten Unterlagen und Dokumente zurückgreifen kann. Anschließend ist es dann Aufgabe des beklagten Organmitgliedes, die Gründe für die schadensauslösende Entscheidung – wie im hier thematisierten Fall etwa die Motive für den Erwerb eines konkreten Finanztitels – offenzulegen, um so zu beweisen, dass es zu keiner Überschreitung des Ermessensspielraumes kam[657].

Darüber hinaus hat der den Organen zugebilligte Handlungsfreiraum, anders als bei der Rechtsfigur der Business Judgement Rule, keinerlei Auswirkungen auf die Verteilung der Beweislast. Der Grund dafür liegt darin, dass dem amerikanischen Recht eine Beweislastumkehr, wie sie § 84 Abs. 2 2. Satz AktG normiert, fremd ist[658]. Vielmehr besteht im amerikanischen Rechtsraum sogar eine Vermutung sorgfaltsgemäßen Verhaltens zu Gunsten der Organe. Eine Übernahme jener Beweisregelungen, wie sie die Business Judgement Rule vorsieht, scheitert somit bereits an aktienrechtlichen Bestimmungen[659].

---

[652] Vgl. diesbezüglich zur Portfolioverwaltung: OGH 11.05.2010, 9 Ob 85/09d, ÖBA 2010, 533 = ecolex 2010, 749 = ZFR 2010, 179, ÖJZ 2010, 807, ÖBA 2010, 718 = JBl 2010, 713 = RdW 2010, 573 = ZIK 2011, 35; vgl. allgemein für die Vorstandshaftung: *Mertens/Can* in Zöllner/Noack, Kölner Kommentar zum Aktiengesetz[3] (2010) Band 2/1, § 93 Rz. 59.

[653] *Böhler*, Zur Beweislast bei der Organhaftung, in: FS Krejci (2001) Band I, 503 (521).

[654] *Told*, Zum Entlastungsbeweis bei der Managerhaftung, wbl 2012, 181 (187 f.).

[655] Siehe etwa: OGH 24.06.1998, 3 Ob 34/97i, RdW 1998, 671 = ecolex 1998, 774 = wbl 1999, 37 = HS 29.062 = HS 29.096 = HS 29.107 = HS 29.534; OGH 22.05.2003, 8 Ob 262/02s, GES 2003, 441 = RdW 2008, 448 = ZIK 2003, 212 = ecolex 2003, 763.

[656] *Told*, Zum Entlastungsbeweis bei der Managerhaftung, wbl 2012, 181 (188).

[657] *Told*, Zum Entlastungsbeweis bei der Managerhaftung, wbl 2012, 181 (188).

[658] *Heermann*, Wie weit reicht die Pflicht des Aufsichtsrates zur Geltendmachung von Schadenersatzansprüchen gegen Mitglieder des Vorstands? AG 1998, 201 (206).

[659] *Schlosser*, Die Organhaftung der Vorstandsmitglieder der Aktiengesellschaft (2002) 56.

I. Haftungsverteilung innerhalb und zwischen den Gesellschaftsorganen

I. Allgemeines

Aus Vereinfachungsgründen wurde im bisherigen Verlauf der Arbeit stets von der Haftung des Vorstands bzw. des Aufsichtsrats gesprochen. Natürlich kann es aber durchaus vorkommen, dass nur manche Mitglieder der beiden Organe gegenüber der Gesellschaft schadenersatzpflichtig werden, etwa weil nur diesen eine (objektive) Pflichtwidrigkeit[660] sowie ein Verschulden vorwerfbar ist[661]. Im Folgenden wird nun geklärt, unter welchen Voraussetzungen der einzelne Vorstands- oder Aufsichtsratsangehörige haftet bzw. wie sich die Situation darstellt, wenn beide Organe für den eingetretenen Vermögensnachteil ersatzpflichtig sind.

II. Haftungsverteilung innerhalb des mehrgliedrigen Vorstands

1. Rechtslage bei Gesamtgeschäftsführung

Sofern der Vorstand aus mehreren Personen besteht, haben diese grundsätzlich gemeinsam die Geschäfte der Gesellschaft zu führen[662] und für etwaige Schäden solidarisch zu haften (siehe § 84 Abs. 2 1. Satz AktG). Unterschiedliche Verschuldensgrade sind lediglich für Ersatzforderungen unter den Organmitgliedern, nicht jedoch hinsichtlich des Ausgleichsanspruchs des Unternehmens von Bedeutung[663]. Wird nun durch Stimmenmehrheit[664] ein Veranlagungskonzept oder der Erwerb eines konkreten Finanztitels beschlossen (und anschließend auch umgesetzt[665]), so stellt sich die Frage, wer die Verantwortung für künftige, aus einer Sorgfaltswidrigkeit resultierende Schäden trägt.

---

[660] Vgl. *Schauer* in Kalss/Kunz, Handbuch für den Aufsichtsrat (2010) § 34 Rz. 66.

[661] Vgl. *Nowotny* in Doralt/Nowotny/Kalss, Kommentar zum Aktiengesetz² (2012) § 84 Rz. 22; vgl. *Schlosser*, Die Organhaftung der Vorstandsmitglieder der Aktiengesellschaft (2002) 111.

[662] *Strasser*, Die Leitung der Aktiengesellschaft durch den Vorstand, JBl 1990, 552 (552); *Nowotny* in Doralt/Nowotny/Kalss, Kommentar zum Aktiengesetz² (2012) § 70 Rz. 20; *Ratka/Rauter*, Handbuch Geschäftsführerhaftung² (2011) Rz. 9/76.

[663] OGH 10.01.1978, 3 Ob 536/77, SZ 46/113 = HS 11.291 = HS 11.302 = HS 11.305; *Strasser* in Jabornegg/Strasser, Kommentar zum Aktiengesetz⁵ (2010) §§ 77-84 Rz. 104; *Nowotny* in Doralt/Nowotny/Kalss, Kommentar zum Aktiengesetz² (2012) § 84 Rz. 22;; *Hüffer*, Aktiengesetz¹¹ (2014) § 93 Rz. 57.

[664] Siehe zum Mehrstimmigkeitsprinzip statt vieler: *Strasser* in Jabornegg/Strasser, Kommentar zum Aktiengesetz⁵ (2010) § 70 Rz. 48; *Ratka/Rauter*, Handbuch Geschäftsführerhaftung² (2011) Rz. 9/76.

[665] Siehe *Schlosser*, Die Organhaftung der Vorstandsmitglieder der Aktiengesellschaft (2002) 103, welcher zutreffend darauf hinweist, dass nur die Umsetzung und nicht bereits der Beschluss eine Regresspflicht auslösen kann.

Bei Vorstandsmitgliedern, die für die Durchführung des konkreten Geschäfts gestimmt haben, ist dies unzweifelhaft der Fall[666]. Ist ein Angehöriger des Leitungsorgans bei der Beschlussfassung abwesend oder spricht er sich gegen die Veranlagungspläne aus, so trifft ihn dennoch die Pflicht, alle zumutbaren Maßnahmen zu ergreifen, um eine Umsetzung zu verhindern[667]. Als mögliche Interventionshandlung kommt etwa die Benachrichtigung des Aufsichtsrats in Betracht[668].

2. Rechtslage bei Ressortverteilung

Etwas anders stellt sich die Situation dar, wenn die Mitglieder die Veranlagung von Unternehmenskapital nicht gemeinsam vornehmen, sondern eine Verteilung der Ressorts beschlossen wird. Hier gilt es zunächst zu klären, wer eine derartige Aufteilung der Geschäftsbereiche überhaupt vornehmen darf bzw. welche haftungsrechtlichen Konsequenzen diese nach sich zieht.

Strasser[669] geht davon aus, dass es den Angehörigen des Leitungsorgans zwar frei stehe, eine Geschäftsverteilung zu beschließen, doch würde dies nichts daran ändern, dass die Mitglieder für sämtliche Schäden, die auf Grund einer von einem Vorstandsmitglied zu vertretenden Sorgfaltswidrigkeit entstehen, solidarisch haften. Ansonsten stünde es dem Vorstand frei, die gesetzlich normierte Gesamtverantwortlichkeit (siehe § 84 Abs. 2 1. Satz AktG) durch eine Aufteilung des Aufgabenfeldes abzuändern. Diese Kompetenz komme aber lediglich dem Aufsichtsrat bzw. der Hauptversammlung (mittels entsprechender Regelung in der Satzung) zu.

Die wohl herrschende Lehre vertritt hingegen die Ansicht, dass unter gewissen Umständen auch eine lediglich vorstandsintern beschlossene Aufgabenteilung die Verantwortlichkeit des ressortfremden Geschäftsführers reduziere[670]. Dies wäre etwa dann der Fall, wenn die beiden anderen Gesellschaftsorgane keine entsprechende Geschäftsverteilung vornehmen, obwohl eine gemeinsame Leitung sämtlicher Unternehmensbereiche nicht mehr zweckdienlich ist[671]. Folgt man diesem Lösungsansatz, so gehen auch die bereits erwähnten Bedenken[672] ins Leere. Der Vorstand könnte eine Abkehr von der gesetzlich normierten Gesamtverantwortlichkeit

---

[666] Siehe dazu allgemein: *Strasser* in Jabornegg/Strasser, Kommentar zum Aktiengesetz[5] (2010) §§ 77-84 Rz. 104.

[667] Siehe dazu allgemein: *Spindler* in Goette/Habersack/Kalss, Münchener Kommentar zum Aktiengesetz[4] (2014) Band 2, § 93 Rz. 166; *Schlosser*, Die Organhaftung der Vorstandsmitglieder der Aktiengesellschaft (2002) 103; *Nowotny* in Doralt/Nowotny/Kalss, Kommentar zum Aktiengesetz[2] (2012) § 84 Rz. 22; *Kalss* in Kalss/Nowotny/Schauer, Österreichisches Gesellschaftsrecht (2008) Rz. 3/415.

[668] *Schlosser*, Die Organhaftung der Vorstandsmitglieder der Aktiengesellschaft (2002) 103; *Strasser* in Jabornegg/Strasser, Kommentar zum Aktiengesetz[5] (2010) §§ 77-84 Rz. 104.

[669] *Strasser* in Jabornegg/Strasser, Kommentar zum Aktiengesetz[5] (2010) § 70 Rz. 33, 42.

[670] *Ratka/Rauter*, Handbuch Geschäftsführerhaftung[2] (2011) Rz. 9/431; *Resch*, Zur Ressortverteilung im Vorstand der Aktiengesellschaft, GesRZ 2000, 2 (3); *Hüffer*, Aktiengesetz[11] (2014) § 77 Rz. 14 f.

[671] *Ratka/Rauter*, Handbuch Geschäftsführerhaftung[2] (2011) Rz. 9/431; *Feltl*, Ressortverteilung und Überwachungspflichten zwischen Vorstandsmitgliedern, ARA 2010, 10 (11).

[672] Siehe: *Strasser* in Jabornegg/Strasser, Kommentar zum Aktiengesetz[5] (2010) § 70 Rz. 33.

nämlich nicht nach Belieben beschließen, sondern eben nur dann, wenn dies ebenfalls dem Interesse der Gesellschaft entspricht. Auch *Strasser*[673] vertritt die Ansicht, dass durchaus Situationen auftreten können, in denen die Geschäftsführung im Hinblick auf das Unternehmenswohl sogar die Pflicht treffe, eigenständig eine Ressortaufteilung vorzunehmen. Dies solle jedoch keinen Einfluss auf die haftungsrechtliche Komponente haben. Eine derartige Sichtweise steht freilich im Widerspruch zu der ebenfalls von *Strasser*[674] geäußerten These, dass eine rechtmäßig vorgenommene Geschäftsverteilung auch Auswirkungen auf die haftungsrechtliche Lage haben müsse, zumal nicht ersichtlich sei, wieso ein bereichsfremdes Vorstandsmitglied dieselbe Verantwortung für Schäden tragen solle wie der zuständige Geschäftsführer.

Für die hier zu erörternde Thematik heißt dies, dass eine Gesamtverantwortlichkeit für Verluste aus Wertpapiergeschäften nur dann besteht, wenn die Geschäftsführung – ohne dass dies im Hinblick auf das Gesellschaftswohl erforderlich wäre[675] – eine Ressortverteilung vornimmt, durch welche ein einzelnes Mitglied die Kompetenz erhält, über die Veranlagung von Gesellschaftskapital zu entscheiden. Hierbei wird es sich in der Regel um den Finanzvorstand bzw. den CFO des Unternemens handeln[676].

Auch die Zulässigkeit der „Herausnahme" dieser Aufgabe aus der Gesamtverantwortung des Leitungsorgans ist in den meisten Fällen gegeben. Lediglich Maßnahmen, die für die Unternehmensführung von grundsätzlicher Bedeutung sind und mehrere Ressorts betreffen, können nicht einzelnen Vorstandsmitgliedern übertragen werden[677]. Die Veranlagung liquider Gesellschaftsmittel erfüllt diese Voraussetzungen nicht, zumal es sich hierbei nur um Hilfsgeschäfte[678] handelt. In den Aufgabenbereich des Gesamtvorstands fällt es hingegen, dem Aufsichtsrat ein zustimmungspflichtiges Veranlagungsgeschäft vorzulegen[679] bzw. Berichtspflichten, die aus derartigen Investitionen resultieren, zu erfüllen[680].

Auch bei einer zulässigen Ressortaufteilung dürfen sich die Vorstandsmitglieder jedoch nicht ausschließlich auf ihr eigenes Aufgabengebiet beschränken, sondern müssen zudem die

---

[673] *Strasser* in Jabornegg/Strasser, Kommentar zum Aktiengesetz[5] (2010) § 70 Rz. 36.
[674] *Strasser* in Jabornegg/Strasser, Kommentar zum Aktiengesetz[5] (2010) § 70 Rz. 33.
[675] Vgl. *Ratka/Rauter*, Handbuch Geschäftsführerhaftung[2] (2011) Rz. 9/431.
[676] Siehe zum Aufgabenbereich eines CFO etwa: *Rapp/Wullenkord*, Unternehmenssteuerung durch den Finanzvorstand (CFO) (2011) 78.
[677] *Strasser*, Die Leitung der Aktiengesellschaft durch den Vorstand, JBl 1990, 552 (555); vgl. *Schärf*, Strategische Unternehmensplanung als Rechtspflicht des Vorstandes, RdW 2003, 69 (70); vgl. auch Regel 14 L des ÖCGK.
[678] Vgl. *Winner* in Goette/Habersack/Kalss, Münchener Kommentar zum Aktiengesetz[3] (2011) Band 4, § 179 Rz. 244; vgl. *Kalss*, Verantwortlichkeit von Vorstand und Aufsichtsrat bei Verwendung von Finanzinnovationen, in: Jahrbuch Wirtschaftsstrafrecht und Organverantwortlichkeit 2012, 143 (151).
[679] Siehe dazu allgemein: *Hoffmann-Becking*, Zur rechtlichen Organisation der Zusammenarbeit im Vorstand der AG, ZGR 1998, 497 (508); *Ratka/Rauter*, Handbuch Geschäftsführerhaftung[2] (2011) Rz. 9/432.
[680] Siehe dazu allgemein: *Strasser*, Die Leitung der Aktiengesellschaft durch den Vorstand, JBl 1990, 552 (555); *Hoffmann-Becking*, Zur rechtlichen Organisation der Zusammenarbeit im Vorstand der AG, ZGR 1998, 497 (508).

Tätigkeit ihrer Kollegen überwachen[681]. Liegen Hinweise vor, dass beim Erwerb von Finanzanlagetiteln nicht die notwendige Sorgfalt aufwendet wird, so obliegt es den übrigen Geschäftsleitern, entsprechend darauf zu reagieren. Ein derartiger Anhaltspunkt ist etwa dann gegeben, wenn das Unternehmensportfolio – entgegen der allgemeinen Entwicklung auf dem Finanzmarkt – keine entsprechenden Erträge generiert. Aber auch übermäßige Zuwächse erfordern erhöhte Aufmerksamkeit, zumal diese auf einen zu riskanten Veranlagungsstil hindeuten. Um seiner Kontrollpflicht nachzukommen, hat jedes Vorstandsmitglied das Recht, Fragen an den verantwortlichen Geschäftsführer zu richten, welche dieser wahrheitsgemäß zu beantworten hat[682]. Darüber hinaus steht jedem Angehörigen des Leitungsorgans die Möglichkeit offen, den Gesamtvorstand mit Entscheidungen bzgl. der Veranlagung des Gesellschaftsvermögens zu befassen, wodurch dem eigentlich zuständigen Mitglied seine diesbezüglichen Kompetenzen entzogen werden[683].

III. Haftungsverteilung innerhalb des Aufsichtsrats

Anders als beim Vorstand legt das Aktiengesetz beim Aufsichtsrat eine Mindestanzahl von drei Mitgliedern fest (siehe § 86 Abs. 1 AktG)[684]. Grund dafür ist, dass der Gesetzgeber den Aufsichtsrat als ein Organ konzipieren wollte, dessen Angehörige mit unterschiedlichen Fachkenntnissen ausgestattet sind, um so eine wirksame Kontrolle sämtlicher Unternehmensbereiche zu ermöglichen[685]. Mitunter wird das Aufsichtsorgan mit Situationen konfrontiert sein, deren Behandlung besonderes Wissen und Erfahrungen mit einer Materie voraussetzt. Die Überprüfung eines vom Vorstand erarbeiteten Veranlagungskonzeptes stellt ob der teilweise hohen Komplexität von Anlageprodukten[686] zweifelsohne eine solche Aufgabe dar. Konsequenz einer fachlich breit aufgestellten Überwachungsinstanz ist jedoch, dass keineswegs sämtliche Aufsichtsratsangehörigen ausgewiesene Kapitalmarktexperten sein werden. Jener unterschiedliche Wissensstand hat letztlich aber keinerlei Auswirkungen auf die Sorgfaltsanforderungen, die an die einzelnen Personen zu stellen sind[687].

Weist ein Aufsichtsratsmitglied besondere Kenntnisse im Bereich des Wertpapiermanagements auf, so genügt es nicht, wenn er von diesen bei der Beurteilung einer Veranlagungsstrategie

---

681 *Strasser* in Jabornegg/Strasser, Kommentar zum Aktiengesetz[5] (2010) § 70 Rz. 41.
682 *Strasser*, Die Leitung der Aktiengesellschaft durch den Vorstand, JBl 1990, 552 (556).
683 Siehe dazu allgemein: *Strasser* in Jabornegg/Strasser, Kommentar zum Aktiengesetz[5] (2010) § 70 Rz. 41; *Strasser*, Die Leitung der Aktiengesellschaft durch den Vorstand, JBl 1990, 552 (556); *Ratka/Rauter*, Handbuch Geschäftsführerhaftung[2] (2011) Rz. 9/438.
684 Sofern ein (Zentral-)Betriebsrat eingerichtet ist, steht diesem gem § 110 ArbVG das Recht zu, für je zwei dem Kontrollorgan angehörende Kapitalvertreter einen Arbeitnehmervertreter in den Aufsichtsrat zu entsenden (Drittelparität), wodurch sich die Mindestanzahl auf fünf Personen erhöhen kann.
685 Vgl. *Schauer* in Kalss/Kunz, Handbuch für den Aufsichtsrat (2010) § 34 Rz. 23.
686 Siehe FN. 394.
687 *Strasser* in Jabornegg/Strasser, Kommentar zum Aktiengesetz[5] (2010) §§ 98, 99 Rz. 33.

auch Gebrauch macht. Vielmehr kommt ihm als Experte die Aufgabe zu, auch seine (sachfremden) Kollegen mit entsprechenden Informationen und Spezialwissen zu versorgen[688]. Die übrigen Aufsichtsratsangehörigen sind dagegen verpflichtet, sich eine entsprechende Informationsgrundlage anzueignen, die eine eigenständige Beurteilung des geplanten Vorhabens ermöglicht[689]. Neben den Ausführungen des fachkundigen Kollegen kommen dafür etwa Auskünfte Dritter oder eine eigenständige Recherche in Betracht. Wertvolle Informationen über Veranlagungsinstrumente finden sich etwa in Fachzeitschriften, Datenbanken sowie in Meldungen von Brancheninformationsdiensten[690].

Des Weiteren gilt es zu beachten, dass das Kontrollorgan seine Entscheidungen grundsätzlich mit Beschluss trifft. Unter Berücksichtigung des Kausalitätserfordernisses kommt eine Haftung des einzelnen Aufsichtsratsmitglieds daher nur dann in Betracht, wenn sich dieses im Rahmen der Beschlussfassung sorgfaltswidriger Weise für das schadensauslösende Veranlagungsvorhaben ausspricht[691].

Abschließend ist noch festzuhalten, dass ein leicht fahrlässiges Aufsichtsratsmitglied gegenüber der Gesellschaft zu gleichen Teilen wie ein grob fahrlässig handelnder Mandatar haftet. Ein unterschiedlicher Grad an Sorgfaltswidrigkeit ist lediglich für Regressforderungen zwischen den Organangehörigen von Bedeutung[692].

IV. Haftungsverteilung zwischen den Gesellschaftsorganen

Schließlich sind auch Situationen denkbar, in denen sowohl Mitgliedern des Leitungs-, als auch jenen des Überwachungsorgans eine schadenskausale Pflichtwidrigkeit im Bezug auf den An- und Verkauf von Wertpapieren zu Anlagezwecken vorgeworfen werden kann. Zu denken ist etwa an Fälle, in denen der Vorstand eine für das Unternehmen ungeeignete Veranlagungsstrategie verfolgt und der Aufsichtsrat trotz erkennbarer Sorgfaltswidrigkeit keinerlei Interventionsmaßnahmen setzt. Hier haften die jeweiligen Mitglieder der Geschäftsleitung solidarisch mit den verantwortlichen Mandataren des Kontrollorgans[693].

---

[688]   Vgl. *Strasser* in Jabornegg/Strasser, Kommentar zum Aktiengesetz[5] (2010) §§ 98, 99 Rz. 34.
[689]   Siehe bereits FN. 688.
[690]   Vgl. diesbezüglich zur Portfolioverwaltung: *Fuchs* in Fuchs, Wertpapierhandelsgesetz (2009) § 31 Rz. 25; *Graf* in Gruber/Raschauer, Kommentar zum Wertpapieraufsichtsgesetz 2007 (2011) § 38 Rz. 13.
[691]   Siehe dazu allgemein: *Strasser* in Jabornegg/Strasser, Kommentar zum Aktiengesetz[5] (2010) §§ 98, 99 Rz. 33.
[692]   *P. Doralt/W. Doralt* in Semler/v. Schenck, Arbeitshandbuch für Aufsichtsratsmitglieder[3] (2009) § 13 Rz. 140.
[693]   *Strasser* in Jabornegg/Strasser, Kommentar zum Aktiengesetz[5] (2010) §§ 77-84 Rz. 104; *Schauer* in Kalss/Kunz, Handbuch für den Aufsichtsrat (2010) § 34 Rz. 66; *P. Doralt/W. Doralt* in Semler/v. Schenck, Arbeitshandbuch für Aufsichtsratsmitglieder[3] (2009) § 13 Rz. 139.

J. Verjährung

§ 84 Abs. 6 i.V.m. § 99 AktG sieht vor, dass Ersatzansprüche der Gesellschaft gegenüber ihren Organen – wie etwa für sorgfaltswidrig verursachte Vermögensnachteile aus Veranlagungsgeschäften – innerhalb von fünf Jahren verjähren. Ob es sich hierbei um eine subjektive oder eine objektive Verjährungsfrist handelt, lässt der Gesetzgeber jedoch offen. Im ersten Fall würde die Frist mit jenem Zeitpunkt zu laufen beginnen, in dem die Gesellschaft von Schaden und Schädiger Kenntnis erlangt (siehe § 1489 ABGB). Interpretiert man die Norm des § 84 Abs. 6 AktG hingegen als objektive Frist, so würde bereits die Entstehung des Schadens den Fristenlauf in Gang setzen[694]. Die Rechtsprechung geht teilweise davon aus, dass gar beide Fristen des § 1489 ABGB durch die entsprechende aktiengesetzliche Regelung verdrängt werden[695]. Es existiert jedoch auch eine höchstgerichtliche Entscheidung, wonach § 84 Abs. 6 AktG die dreißigjährige Verjährung nach § 1489 ABGB unberührt lasse[696]. In der Lehre herrscht bezüglich der Auslegung jener Norm ebenfalls weitestgehend Uneinigkeit[697].

Zuzustimmen ist jener (wohl herrschenden) Ansicht, die in § 84 Abs. 6 AktG eine subjektive Verjährungsfrist erblickt[698]. Den entscheidenden Anhaltspunkt liefert Abs. 4 S 3 leg. cit.[699]. Dieser sieht vor, dass die Gesellschaft erst nach fünf Jahren ab Schadensentstehung auf etwaige Ersatzansprüche verzichten bzw. einen diesbezüglichen Vergleich schließen kann. Folgt man nun jener Mindermeinung[700], die den Beginn der Verjährungsfrist mit dem Zeitpunkt des Schadenseintritts festsetzt, so könnte das Unternehmen frühestens dann über etwaige Ansprüche disponieren, wenn diese ohnehin bereits verjährt sind[701]. Somit setzt erst die Kenntnisnahme von Schaden und Schädiger durch eine Person, welche auf Grund ihrer Position

---

[694] *Strasser* in Jabornegg/Strasser, Kommentar zum Aktiengesetz⁵ (2010) §§ 77-84 Rz. 110.
[695] Siehe etwa: OGH 03.07.1975, 2 Ob 356/74, SZ 48/79 = GesRZ 1976, 26 = HS 9593 = HS 9597 = HS 9599 = HS 9600 = HS 9601 = HS 9602.
[696] OGH 20.12.1966, 8 Ob 276/66, HS 5534.
[697] Eine subjektive Frist befürwortend: *Strasser* in Jabornegg/Strasser, Kommentar zum Aktiengesetz⁵ (2010) §§ 77-84 Rz. 110; *Nowotny* in Doralt/Nowotny/Kalss, Kommentar zum Aktiengesetz² (2012) § 84 Rz. 39; *Ratka/Rauter*, Handbuch Geschäftsführerhaftung² (2011) Rz. 9/137; Die Anwendbarkeit des § 1489 ABGB verneinend: *Kastner*, Entscheidungen des OHG zum Aktiengesetz 1965, GesRZ 1975, 106 (106 f.); *Jakobi*, Zivilrechtliche Sorgfaltspflicht und Haftung der Organe der AG, GmbH und Genossenschaft, WiPolBl 1971, Beilage 3/4, 38 (42).
[698] Siehe FN. 697; anzumerken ist jedoch dass der Oberste Gerichtshof in einer Entscheidung zur Haftung des Abschlussprüfers vom 01.08.2013 die Ansicht vertrat, dass die in § 275 Abs. 5 UGB normierte Verjährungsfrist – deren Wortlaut mit jener in § 84 Abs. 6 AktG ident ist – eine objektive Frist sei: OGH 01.08.2013, 1 Ob 35/12x, GesRZ 2013, 52 = Zak 2012, 339 = wbl 2012, 644 = ecolex 2013, 24 = GES 2012, 391 = RdW 2012, 655 = ÖBA 2012, 837.
[699] *Strasser* in Jabornegg/Strasser, Kommentar zum Aktiengesetz⁵ (2010) §§ 77-84 Rz. 110.
[700] Siehe: *Kastner*, Entscheidungen des OHG zum Aktiengesetz 1965, GesRZ 1975, 106 (106 f.); *Jakobi*, Zivilrechtliche Sorgfaltspflicht und Haftung der Organe der AG, GmbH und Genossenschaft, WiPolBl 1971, Beilage 3/4, 38 (42).
[701] *Strasser* in Jabornegg/Strasser, Kommentar zum Aktiengesetz⁵ (2010) §§ 77-84 Rz. 110.

im Unternehmen auf eine Verfolgung des Regressanspruchs hinwirken kann[702], den Lauf der Fünfjahresfrist in Gang.

Da es sich bei der Aktiengesellschaft um eine juristische Person handelt und diese somit begünstigt i.S.d. § 1472 ABGB ist[703], richtet sich die objektive Verjährungsfrist nach § 1485 ABGB i.V.m. § 1472 ABGB. Unabhängig vom jeweiligen Kenntnisstand der Gesellschaft verjähren Ersatzansprüche somit jedenfalls nach vierzig Jahren[704].

---

[702] *Schlosser*, Die Organhaftung der Vorstandsmitglieder der Aktiengesellschaft (2002) 129.
[703] Vgl. *Gusenleitner-Helm* in Fenyves/Kerschner/Vonkilch, Klang-Kommentar zum ABGB³ (2012) § 1472 Rz. 2; vgl. *Mader/Janisch* in Schwimann/Kodek, Praxiskommentar ABGB³ (2006) § 1472 Rz. 2; vgl. *M. Bydlinski* in Rummel, Kommentar zum ABGB³ II/3 (2002) § 1472 Rz. 1.
[704] Diese Frage offen lassend: OGH 10.08.2010, 1 Ob 120/10v, Zak 2010, 358 = JBl 2011, 44 = ecolex 2010, 1149 = EvBl 2011/2; OGH 13.09.2012, 6 Ob 110/12p, GES 2012, 498 = wbl 2013, 43 = GesRZ 2013, 38 = RdW 2013, 76 = ZIK 2013, 77 = ecolex 2013, 956.

K. Geltendmachung von Schadenersatzansprüchen

Sofern die zuvor ausgeführten Haftungsvoraussetzungen vorliegen, hat die Aktiengesellschaft gegen ihre Organmitglieder einen Anspruch auf Ersatz des durch die Finanzanlagegeschäfte entstandenen Schadens. Im Folgenden wird ausgeführt, in wessen Zuständigkeit die Geltendmachung etwaiger Regressforderungen fällt bzw. unter welchen Umständen auch ein Gläubiger gegen Vorstands- bzw. Aufsichtsratsangehörige vorgehen kann.

Grundsätzlich gehört die Geltendmachung von Schadenersatzansprüchen gegenüber Organen zum Aufgabenbereich des Vorstands (siehe § 71 AktG). Steht die Verantwortung eines bereits ausgeschiedenen Vorstandsangehörigen bzw. eines Aufsichtsratsmitglieds im Raum, so ist ausschließlich dieser vertretungsbefugt[705].

In gewissen Fällen normiert das Gesetz hingegen eine konkurrierende Vertretungskompetenz des Aufsichtsrats[706]. So sieht etwa § 97 Abs. 1 2. Fall AktG vor, dass das Aufsichtsorgan befugt ist, die von der Hauptversammlung gegen Vorstandsmitglieder beschlossenen Rechtsstreitigkeiten zu führen. Hierfür genügt ein Beschluss mit einfacher Stimmenmehrheit (§ 134 Abs. 1 1. Satz AktG). Darüber hinaus ist eine etwaige Schadenersatzforderung durch den Aufsichtsrat auch dann geltend zu machen, wenn dies eine Minderheit von mindestens 10 % des Grundkapitals verlangt und die Ansprüche nicht offenkundig unbegründet sind (§ 134 Abs. 1 2. Satz AktG). Die Zuständigkeit des Aufsichtsorgans entfällt jedoch, wenn die Hauptversammlung für die Durchsetzung jener Forderungen einen besonderen Vertreter bestellt bzw. wenn ein solcher von der Minderheit bei Gericht beantragt wird (§ 134 Abs. 2 AktG).

Zudem kann das Kontrollorgan auch ohne bzw. sogar gegen den Willen der Hauptversammlung gerichtlich gegen die Vorstandsmitglieder vorgehen, sofern die Verantwortlichkeit eines seiner Mitglieder in Frage kommt (§ 97 Abs. 2 AktG). Hintergrund dieser Regelung ist, dass für den Aufsichtsrat eine Genehmigung seines Handelns durch die Hauptversammlung zwar gegenüber der Aktiengesellschaft haftungsbefreiende Wirkung entfaltet, nicht jedoch gegenüber etwaigen Gesellschaftsgläubigern[707]. Wie *Schlosser*[708] zutreffend ausführt, ist die bloß abstrakte Gefahr einer Haftung der Aufsichtsratsangehörigen hier nicht ausreichend, um eine Vertretungsbefugnis gem § 97 Abs. 2 AktG anzunehmen. Vielmehr bedürfe es diesbezüglich konkreter Anhaltspunkte, da ansonsten die in Abs. 1 leg. cit. normierte Hauptversammlungskompetenz praktisch bedeutungslos wäre[709].

---

[705] *Strasser* in Jabornegg/Strasser, Kommentar zum Aktiengesetz⁵ (2010) §§ 95-97 Rz. 105.
[706] *Schlosser*, Die Organhaftung der Vorstandsmitglieder der Aktiengesellschaft (2002) 143.
[707] *Strasser* in Jabornegg/Strasser, Kommentar zum Aktiengesetz⁵ (2010) §§ 95-97 Rz. 80.
[708] *Schlosser*, Die Organhaftung der Vorstandsmitglieder der Aktiengesellschaft (2002) 143 f.
[709] Siehe FN. 708.

Abgesehen von den eben genannten Ausnahmen ist der Aufsichtsrat jedoch nicht befugt, die Gesellschaft im Zuge von Rechtsstreitigkeiten mit Vorstandsmitgliedern zu vertreten[710]. Für eine ausschließliche Zuständigkeit des Kontrollorgans zur Geltendmachung von Schadenersatzansprüchen gegen Geschäftsleiter – wie von Teilen der Lehre befürwortet[711] – mangelt es an einer entsprechenden gesetzlichen Grundlage[712].

§ 84 Abs. 5 AktG räumt darüber hinaus auch den Gläubigern der Aktiengesellschaft das Recht ein, gerichtlich gegen Mitglieder des Leitungsorgans vorzugehen. Voraussetzung ist, dass von der Gesellschaft keine Befriedigung erlangt werden konnte und die Vorstandsangehörigen ihre in § 84 Abs. 1 1. Satz normierte Sorgfaltspflicht gröblich verletzt haben. Dies ist stets dann der Fall, wenn das Verhalten der in Anspruch genommenen Mandatare in außergewöhnlicher Art und Weise von der Maßfigur eines ordentlichen und gewissenhaften Geschäftsleiters abweicht, der Schadenseintritt als naheliegend vorhersehbar ist und jener Vermögensnachteil leicht verhindert hätte werden können[713]. Im Bezug auf die hier behandelte Thematik wäre ein derart gravierender Sorgfaltsverstoß etwa dann zu bejahen, wenn eine Finanzanlage erworben wird, der Vorstand im Vorfeld jedoch keinerlei Anstrengungen unternimmt, um sich näher über deren Eigenschaften zu informieren. Gleiches gilt für den Fall, dass das Leitungsorgan bzgl. des Finanzprodukts zwar eine Recherche durchführt, dieses jedoch trotz massiver Warnungen in der einschlägigen Fachpresse akquiriert.

Befindet sich die Aktiengesellschaft in Konkurs, so ist ausschließlich der Masseverwalter zur Geltendmachung von Schadenersatzansprüchen gegen Organmitglieder zuständig[714].

---

[710] *Strasser* in Jabornegg/Strasser, Kommentar zum Aktiengesetz[5] (2010) §§ 77-84 Rz. 105.
[711] Siehe beispielsweise: *Nowotny* in Doralt/Nowotny/Kalss, Kommentar zum Aktiengesetz[2] (2012) § 84 Rz. 40; *Kalss* in Kalss/Nowotny/Schauer, Österreichisches Gesellschaftsrecht (2008) Rz. 3/429.
[712] *Schlosser*, Die Organhaftung der Vorstandsmitglieder der Aktiengesellschaft (2002) 145.
[713] Vgl. *Reischauer* in Rummel, Kommentar zum ABGB[3] II/2b (2004) § 1324 Rz. 3; ähnlich, jedoch ohne das Kriterium der leichten Verhinderbarkeit: OGH 08.08.2002, 8 ObA 78/02g.
[714] *Schlosser*, Die Organhaftung der Vorstandsmitglieder der Aktiengesellschaft (2002) 137; *Kalss* in Kalss/Nowotny/Schauer, Österreichisches Gesellschaftsrecht (2008) Rz. 3/434; OGH 29.09.1987, 2 Ob 568/87, wbl 1988, 29 = HS 18.285 = HS 19.193.

Zusammenfassung der wesentlichsten Erkenntnisse

➤ Bei der Veranlagung von Gesellschaftsvermögen ist der Sorgfaltsmaßstab des Vorstands an jenem eines professionellen Vermögensverwalters zu orientieren, sofern nicht bereits mit den von Lehre und Rechtsprechung zur Organverantwortlichkeit entwickelten Grundsätzen das Auslangen gefunden werden kann. Insbesondere der von einem Portfolioverwalter durchzuführende Eignungstest (siehe § 44 Abs. 2 WAG 2007), sowie die Verpflichtung, sich vor und während der Erbringung der Wertpapierdienstleistung entsprechende Informationen anzueignen (siehe § 38 WAG 2007), geben Aufschluss darüber, welches Maß an Sorgfalt ein für die Gesellschaft am Finanzmarkt tätiger Vorstand aufzubringen hat.

➤ Sofern der Erwerb von Finanzanlageprodukten nicht einen Teil des Unternehmensgegenstandes darstellt, darf dieser nur in einer die eigentliche Haupttätigkeit unterstützende Art und Weise ausgeübt werden. Die Hilfsfunktion der Kapitalveranlagung liegt insbesondere darin, dass momentan nicht anderweitig benötigtes Vermögen vor einem Kaufkraftverlust geschützt werden soll. An dieser Zielsetzung orientiert sich auch das zulässige Risikopotential des Veranlagungsvorhabens, weshalb der Ermessensspielraum des Leitungsorgans diesbezüglich äußerst eingeschränkt ist.

➤ Der Vorstand hat eine Veranlagungsstrategie zu kreieren, welche für die Gesellschaft hinsichtlich des Investitionsvolumens und des Veranlagungshorizonts geeignet ist und deren Risikogehalt sich an der Zielsetzung der Substanzerhaltung orientiert.

➤ Der Vorstand ist beim Aufbau bzw. bei der Verwaltung eines Wertpapierportfolios nicht verpflichtet, auf eine bestimmte finanzwirtschaftliche Methode zurückzugreifen, zumal keines dieser Modelle eine allgemeine Gültigkeit für sich in Anspruch nehmen kann. Hinsichtlich der Veranlagung von Gesellschaftskapital besteht jedoch ein Spekulationsverbot, ein Diversifikationsgebot sowie die Pflicht zur produktiven Fremdvermögensverwaltung.

➤ Auch bei Auslagerung der Veranlagungstätigkeit an einen professionellen Vermögensverwalter hat die Festlegung der Veranlagungsstrategie durch den Vorstand zu erfolgen.

- Der Vorstand darf auf die Auskunft eines Anlageberaters nur dann vertrauen, wenn die Höhe seiner Entlohnung nicht je nach empfohlenem Finanzprodukt variiert und dessen Ratschlag somit frei von etwaigen Eigeninteressen ist.

- Veranlagungsgeschäfte liegen nur dann innerhalb des Überwachungsbereichs des Aufsichtsrats, wenn diese – gemessen an der sonstigen unternehmerischen Tätigkeit – ein gewisses finanzielles Volumen aufweisen bzw. wenn ein wesentlicher Teil des Unternehmensvermögens in Finanzanlageprodukte investiert wurde und diese darüber hinaus großteils nur schwer handelbar sind.

- Sofern es im Bereich der Veranlagungsgeschäfte nicht zu unerwarteten Ergebnissen kommt, hat sich der Aufsichtsrat lediglich mit der Veranlagungsstrategie zu befassen.

Literaturverzeichnis

Arendts, Die Nachforschungspflicht des Anlageberaters über die von ihm empfohlene Kapitalanlage, DStR 1997, 1649.

Assmann, Interessenkonflikte und „Inducements" im Lichte der Richtlinie über Märkte für Finanzinstrumente (MiFID) und der MiFID-Durchführungsrichtlinie, ÖBA 2007, 40.

Assmann/Schneider [Hrsg.], WpHG-Kommentar, 6. Aufl. (2012).

Assmann/Schütze [Hrsg.], Handbuch des Kapitalanlagerechts, 3. Aufl. (2007).

Baums, Risiko und Risikosteuerung im Aktienrecht, ZGR 2011, 218.

Benicke, Pflichten des Vermögensverwalters beim Investitionsprozess, ZGR 2004, 760.

Benicke, Wertpapiervermögensverwaltung (2006).

Binder, Geschäftsleiterhaftung und fachkundiger Rat, AG 2008, 274.

Böhler, Zur Beweislast bei der Organhaftung, in: Festschrift für Heinz Krejci zum 60. Geburtstag (2001) Band I, 503.

Brandl/Hohensinner, Feststellungsbegehren und Mitverschuldenseinwand in Gerichtsverfahren wegen Anlageberatungsfehlern, ÖBA 2004, 602.

Brandl/Saria [Hrsg.], Wertpapieraufsichtsgesetz, 2. Aufl. (2010).

Brömmelmeyer, Neue Regeln für die Binnenhaftung des Vorstands – Ein Beitrag zur Konkretisierung der Business Judgement Rule, WM 2005, 2065.

Bunz, Der Schutz unternehmerischer Entscheidungen durch das Geschäftsleiterermessen (2011).

Canaris, Die Feststellung von Lücken im Gesetz, 2. Aufl. (1983).

Cernicky, Die Vertretung der Aktiengesellschaft gegenüber Vorstandsmitgliedern, GesRZ 2002, 179.

Clouth/Lang [Hrsg.], MiFID Praktikerhandbuch (2007).

Däubler, Unternehmensrating – ein Rechtsproblem? BB 2003, 429.

Doralt/Nowotny/Kalss [Hrsg.], Kommentar zum Aktiengesetz, 2.Aufl. (2012).

Dreher, Das Ermessen des Aufsichtsrats, ZHR 1994, 615.

Ebenroth/Boujong/Joost/Strohn [Hrsg.], Handelsgesetzbuch, 2. Aufl. (2009).

Enneccerus/Lehmann, Lehrbuch des bürgerlichen Rechts – Recht der Schuldverhältnisse[15] (1958).

F. Bydlinski, Grundzüge der juristischen Methodenlehre, 2. Aufl. (2012).

F. Bydlinski, Juristische Methodenlehre und Rechtsbegriff, 2.Aufl. (2011).

F. Bydlinski, Möglichkeiten und Grenzen der Präzisierung aktueller Generalklauseln, in: Rechtsdogmatik und praktische Vernunft – Symposion zum 80. Geburtstag von Franz Wieacker (1990) 189.

Feltl, Ressortverteilung und Überwachungspflichten zwischen Vorstandsmitgliedern, ARA 2010, 10.

Feltl/Pucher, Corporate Compliance im österreichischen Recht – Ein Überblick, wbl 2010, 265.

Fenyves/Kerschner/Vonkilch [Hrsg.], Klang-Kommentar zum ABGB, 3. Aufl. (2012) [§§ 1451 – 1502].

Feyl, Gedanken zur Business Judgement Rule, GesRZ 2007, 89.

Fleischer, Aktuelle Entwicklung der Managerhaftung, NJW 2009, 2337.

Fleischer, Die „Business Judgement Rule": Vom Richterrecht zur Kodifizierung, ZIP 2004, 658.

Fleischer, Expertenrat und Organhaftung, KSzW 2013, 3.

Fleischer, Verantwortlichkeit von Bankgeschäftsleitern und Finanzmarktkrise, NJW 2010, 1504.

Fleischer, Vertrauen auf anwaltlichen Rat, NZG 2010, 121.

Fleischer, Vertrauen von Geschäftsleitern und Aufsichtsratsmitgliedern auf Informationen Dritter, ZIP 2009, 1402.

Fleischer/Goette [Hrsg.], Münchener Kommentar zum GmbH-Gesetz (2012) Band 2.

Fleischer/Schmolke, Klumpenrisiko im Bankenaufsichts-, Investment- und Aktienrecht, ZHR 2009, 649.

Frölichsthal/Hausmaninger/Knobl/Oppitz/Zeipelt [Hrsg.], Kommentar zum Wertpapieraufsichtsgesetz (1998).

Frotz, Grundsätzliches zur Haftung von Gesellschaftsorganen und für Gesellschaftsorgane, GesRZ 1982, 98.

Fuchs [Hrsg.], Wertpapierhandelsgesetz (2009).

Geymayer, Die Haftung des Vorstands einer Aktiengesellschaft für fehlgeschlagene Prozessführung, GesRZ 1999, 31.

Goette/Habersack/Kalss [Hrsg.], Münchener Kommentar zum Aktiengesetz, 3. Aufl. (2008) Band 1.

Goette/Habersack/Kalss [Hrsg.], Münchener Kommentar zum Aktiengesetz, 4. Aufl. (2014) Band 2.

Goette/Habersack/Kalss [Hrsg.], Münchener Kommentar zum Aktiengesetz, 3. Aufl. (2011) Band 4.

Griehser, Business Judgement Rule und Entscheidungen des Aufsichtsrats? RdW 2009, 10.

Gruber, Aktienrechtliche Zulässigkeit einer D&O-Versicherung, GesRZ 2012, 93.

Gruber/Raschauer [Hrsg.], Kommentar zum Wertpapieraufsichtsgesetz 2007 (2011).

Gummert/Weipert [Hrsg.], Münchener Handbuch des Gesellschaftsrechts, 3. Aufl. (2007) Band 4.

Habersack/Mühlbert/Schlitt [Hrsg.], Unternehmensfinanzierung am Kapitalmarkt (2008).

Haeseler, Beteiligungen aus betriebswirtschaftlicher Sicht, wbl 1989, 52.

Harrer, Grundlagen der Organhaftung, in: *Artmann/Rüffler/U. Torggler* [Hrsg.], Die Organhaftung – zwischen Ermessensentscheidung und Haftungsfalle (2013) 1.

Heermann, Wie weit reicht die Pflicht des Aufsichtsrates zur Geltendmachung von Schadenersatzansprüchen gegen Mitglieder des Vorstands? AG 1998, 201.

Henze, Leitungsverantwortung des Vorstands – Überwachungspflicht des Aufsichtsrats, BB 2000, 209.

Hoffmann-Becking, Zur rechtlichen Organisation der Zusammenarbeit im Vorstand der AG, ZGR 1998, 497.

Hofmann, Überlegungen zur Verantwortung des Stiftungsvorstands bei Investitionsentscheidungen, PSR 2010, 173.

Hölters [Hrsg.], Aktiengesetz, 2. Aufl. (2014).

Hopt/Wiedemann [Hrsg.], Aktiengesetz Großkommentar, 4. Aufl. (2008) Band 3.

Hopt/Wiedemann [Hrsg.], Aktiengesetz Großkommentar, 4. Aufl. (2006) Band 4.

Hüffer [Hrsg.], Aktiengesetz, 11. Aufl. (2014).

Hüffer, Die Leitungsverantwortung des Vorstands in der Management Holding, in Liber Amicorum Happ (2006) 93.

Hügel, Beratung durch Aufsichtsratsmitglieder, GesRZ 1996, 213.

IOSCO, Report on the Activities of Credit Rating Agencies (2003), http://www.iosco.org/library/pubdocs/pdf/IOSCOPD153.pdf (23.07.2013).

Jabornegg/Strasser [Hrsg.], Kommentar zum Aktiengesetz, 5. Aufl. (2010).

Jakobi, Zivilrechtliche Sorgfaltspflicht und Haftung der Organe der AG, GmbH und Genossenschaft, WiPolBl 1971, Beilage 3/4, 38.

Jobst/Kapoor, Paradoxien im Ratingsektor – Vertrauendürfen und Vertrauenmüssen von Vorstand, Aufsichtsrat und Abschlussprüfer auf Ratings erworbener Finanzprodukte, WM 2013, 680.

Kalss, Die Informationsversorgung des Aufsichtsrats durch den Vorstand, ARA 2010, 4.

Kalss, Verantwortlichkeit von Vorstand und Aufsichtsrat bei Verwendung von Finanzinnovationen, in: Jahrbuch Wirtschaftsstrafrecht und Organverantwortlichkeit 2012, 143.

Kalss/Kunz [Hrsg.], Handbuch für den Aufsichtsrat (2010).

Kalss/Nowotny/Schauer [Hrsg.], Österreichisches Gesellschaftsrecht (2008).

Kapsch/Grama, Business Judgement Rule: Pflichtwidrige oder bloß unglückliche Geschäftsentscheidung? ecolex 2003, 524.

Karner, Zur Haftung von Ratingagenturen, ÖBA 2010, 587.

Kastner, Aufsichtsrat und Realität, in: Festschrift für Rudolf Strasser zum 60. Geburtstag (1983) 843.

Kastner, Entscheidungen des OHG zum Aktiengesetz 1965, GesRZ 1975, 106.

Kock/Dinkel, Die zivilrechtliche Haftung von Vorständen für unternehmerische Entscheidungen – Die geplante Kodifizierung der Business Judgement Rule im Gesetz zur Unternehmensintegrität und Modernisierung des Anfechtungsrechts, NZG 2004, 441.

Koziol, Die Haftung der depotführenden Bank bei Provisionsvereinbarungen mit externen Vermögensverwaltern ihrer Kunden, ÖBA 2004, 483.

Koziol, Haftpflichtrecht I, 3. Aufl. (1997).

Kraus, Strukturierte Veranlagung von Stiftungsvermögen, ZfS 2007, 35.

Krieger/Schneider [Hrsg.], Handbuch Managerhaftung, 2. Aufl. (2010).

Kropff, Informationsbeschaffungspflichten des Aufsichtsrats, in: Festschrift für Thomas Raiser zum 70. Geburtstag (2005) 225.

Lehner, Die Beweislastumkehr bei der GmbH-Geschäftsführerhaftung, GesRZ 2005, 128.

Leupold/Ramharter, Anlegerschaden und Kausalitätsbeweis bei risikoträchtiger Alternativanlage – Zugleich eine Besprechung von OGH 4 Ob 28/10m und 9 Ob 85/09d, ÖBA 2010, 718.

Lutter, Bankenkrise und Organhaftung, ZIP 2009, 197.

Lutter, Die Business Judgement Rule in Deutschland und Österreich, GesRZ 2007, 79.

Lutter, Haftung und Verantwortlichkeit – Verantwortung von Organen und Beratern, DZWIR 2011, 265.

Lutter/Krieger [Hrsg.], Rechte und Pflichten des Aufsichtsrats, 5. Aufl. (2008).

M. Bydlinski, Zum Schadenersatz bei volatilen Vermögenswerten, JBl 2011, 681.

Markowitz, Portfolio Selection, Journal of Finance 7 (1952) 77.

Mertens, Der Begriff des Vermögensschadens im Bürgerlichen Recht (1967).

Mitteregger/Stubenböck/Wieser, Ratings – kann man ihnen noch vertrauen? ÖBA 2010, 263.

Möllers, Vermögensbetreuungsvertrag, graue Vermögensverwaltung und Zweitberatung, WM 2008, 93.

Mommsen, Beiträge zum Obligationenrecht (1855).

Mutter, Unternehmerische Entscheidungen und Haftung des Aufsichtsrats der Aktiengesellschaft (1994).

Nowotny, Selbstkontrahieren im Gesellschaftsrecht, RdW 1987, 35.

P. Bydlinski, Haftung für fehlerhafte Anlageberatung: Schaden und Schadenersatz, ÖBA 2008, 159.

P. Doralt/W. Doralt, Rechtsvergleichung und Rezeption in der Managerhaftung, in: Festschrift für Helmut Koziol zum 70. Geburtstag (2010) 565.

P. Schaub/M. Schaub, Ratingurteile als Entscheidungsgrundlage für Vorstand und Abschlussprüfer? ZIP 2013, 656.

Randow, Derivate und Corporate Governance, ZGR 1996, 594.

Rapp/Wullenkord, Unternehmenssteuerung durch den Finanzvorstand (CFO) (2011).

Ratka/Rauter, Handbuch Geschäftsführerhaftung, 2. Aufl. (2011).

Reich-Rohrwig, GmbH-Recht, 2. Aufl. (1997) Band I.

Reischauer, Gedanken zur Aufsichtsratszustimmung nach § 95 Abs. 5 AktG, in: Festschrift für Rudolf Strasser zum 70. Geburtstag (1993) 291.

Resch, Zur Ressortverteilung im Vorstand der Aktiengesellschaft, GesRZ 2000, 2.

Richrath, Aufklärung- und Beratungspflichten – Grundlagen und Grenzen, WM 2004, 653.

Rosenberg, Die Beweislast, 5. Aufl. (1965).

Rothenhöfer, Mitverschulden des unrichtig informierten Anlegers? – Zur Frage, ob eine Verkaufs- oder Anzeigeobliegenheit des geschädigten Anlegers besteht, WM 2003, 2032.

Rümelin, Die Verwendung der Causalbegriffe im Straf- und Civilrecht, AcP 1900, 171.

Rummel [Hrsg.], Kommentar zum ABGB I, 3. Aufl. (2000).

Rummel [Hrsg.], Kommentar zum ABGB II/2a, 3. Aufl. (2007).

Rummel [Hrsg.], Kommentar zum ABGB II/2b, 3. Aufl. (2004).

Rummel [Hrsg.], Kommentar zum ABGB II/3, 3. Aufl. (2002).

Säcker, Gesellschaftsrechtliche Grenzen spekulativer Finanztermingeschäfte - Überlegungen aus Anlass der Garantieerklärung der Bundesregierung für die Hypo Real Estate-Group, NJW 2008, 3313.

Schäfer, Die Binnenhaftung von Vorstand und Aufsichtsrat nach der Renovierung durch das UMAG, ZIP 2005, 1253.

Schäfer/Müller, Haftung für fehlerhafte Wertpapierdienstleistungen (1999).

Schäfer/Sethe/Lang [Hrsg.], Handbuch der Vermögensverwaltung (2012).

Schärf, Strategische Unternehmensplanung als Rechtspflicht des Vorstandes, RdW 2003, 69.

Schima, Business Judgement Rule und Verankerung im österreichischen Recht, GesRZ 2007, 93.

Schima, Krida(-haftung) durch Aufsichtsratsmitglieder, RdW 1992, 294.

Schima, Organ-Interessenkonflikte und Corporate Governance, GesRZ 2003, 199.

Schima, Zustimmungsvorbehalte als Steuerungsmittel des Aufsichtsrates in der AG und im Konzern, GesRZ 2012, 35.

Schima/Toscani, Die Vertretung der AG bei Rechtsgeschäften mit dem Vorstand (Teil 1), JBl 2012, 482.

Schlosser, Die Organhaftung der Vorstandsmitglieder der Aktiengesellschaft (2002).

Schopper, Haftung für Veranlagungsentscheidungen bei Portfolioverwaltung auf Einzelkundenbasis, ÖBA 2013, 17.

Schopper/Walch, Vorstandshaftung bei Vertrauen auf unrichtigen Rechtsrat, GES 2012, 215.

Schwark/Zimmer [Hrsg.], Kapitalmarktrechts-Kommentar, 4. Aufl. (2010).

Schwimann/Kodek [Hrsg.], Praxiskommentar ABGB, 3. Aufl. (2006).

SEC, Annual Report on NRSROs (2012), http://www.sec.gov/divisions/marketreg/ratingagency/nrsroannrep1212.pdf (30.07.2013).

Seicht, Investition und Finanzierung[10] (2001).

Semler, Leitung und Überwachung der Aktiengesellschaft, 2. Aufl. (1996).

Semler/v. Schenck [Hrsg.], Arbeitshandbuch für Aufsichtsratsmitglieder, 3. Aufl. (2009).

Sharpe, Capital Asset Prices: A theory of market equilibrium under conditions of risk, Journal of Finance 19 (1964) 425.

Smith v. Van Gorkom, 488 A.2d 858, 872 (Del. 1985).

Spindler, Finanzmarktkrise und Wirtschaftsrecht, AG 2010, 601.

Spindler/Stilz [Hrsg.], Aktiengesetz, 2. Aufl. (2010).

Steiner, Vermögensveranlagung in Stiftungen – Rechtliche Rahmenbedingungen, ZfS 2007, 47.

Steiner/Bruns/Stöckl, Wertpapiermanagement, 10. Aufl. (2012).

Strasser, Die Leitung der Aktiengesellschaft durch den Vorstand, JBl 1990, 552.

Straube [Hrsg.], UGB online: Wiener Kommentar zum Unternehmensgesetzbuch.

Terwedow/Klavina, Inwieweit dürfen sich Vorstand, Aufsichtsrat und Abschlussprüfer auf Ratings erworbener Finanzprodukte verlassen? Der Konzern 2012, 535.

Thümmel, Aufsichtsratshaftung vor neuen Herausforderungen, AG 2004, 83.

Told, Business Judgement Rule und ihre Anwendbarkeit in Österreich, GES 2015, 60.

Told, Zum Entlastungsbeweis bei der Managerhaftung, wbl 2012, 181.

Tolkmitt, Neue Bankbetriebslehre – Basiswissen zu Finanzprodukten und Finanzdienstleistungen, 2. Aufl. (2007).

Tönningsen, Die Regulierung von Ratingagenturen, ZBB/JBB 2011, 460.

U. Torggler, Business Judgement Rule und unternehmerische Ermessensentscheidung, ZfRV 2002, 133.

Ulmer, Aufsichtsratsmandat und Interessenkollision, NJW 1980, 1603.

Ulmer, Haftungsfreistellung bis zur Grenze grober Fahrlässigkeit bei unternehmerischen Fehlentscheidungen von Vorstand und Aufsichtsrat? DB 2004, 859.

Völkl, Der österreichische Corporate-Governance-Kodex im Licht der §§ 70 und 84 Aktiengesetz, GesRZ 2003, 73.

Völkl/Lehner, Organhaftung: (K)ein Sonderhaftungsrecht? ecolex 2013, 39.

Von Gerkan, Die Beweislastverteilung beim Schadenersatzanspruch der GmbH gegen ihren Geschäftsführer, ZHR 1990, 39.

Vortmann, Aufklärungs- und Beratungspflichten der Banken, 5. Aufl. (1998).

Weber-Rey/Buckel, Best Practice Empfehlungen des DCGK und die Business Judgement Rule, AG 2011, 845.

Welser, Rechtsgrundlagen des Anlegerschutzes, ecolex 1995, 79.

Wendehorst, Anlageberatung, Risikoaufklärung und Rechtswidrigkeitszusammenhang, ÖBA 2010, 562.

Zib/Dellinger [Hrsg.], Unternehmensgesetzbuch (2013) Band III.

Zingel, Die Verpflichtung zur bestmöglichen Ausführung von Kundenaufträgen nach dem Finanzmarkt-Richtlinien-Umsetzungsgesetz, BKR 2007, 173.

Zöllner/Noack [Hrsg.], Kölner Kommentar zum Aktiengesetz, 3. Aufl. (2010) Band 2/1.

Entscheidungsverzeichnis

Österreichische Judikatur

OGH 20.12.1966, 8 Ob 276/66, HS 5534.

OGH 31.10.1973, 1 Ob 179/73, SZ 46/113 = EvBl 1974/83 = NZ 1974, 190 = HS 8451.

OGH 03.07.1975, 2 Ob 356/74, SZ 48/79 = GesRZ 1976, 26 = HS 9593 = HS 9597 = HS 9599 = HS 9600 = HS 9601 = HS 9602.

OGH 10.09.1975, 1 Ob 173/75, SZ 48/89 = HS 9272 = HS 9419.

OGH 10.01.1978, 3 Ob 536/77, SZ 46/113 = HS 11.291 = HS 11.302 = HS 11.305.

OGH 30.01.1979, 5 Ob 686/78, EvBl 1979/135 = HS 11.308 = HS 11.456.

OGH 10.05.1984, 7 Ob 565/84, RdW 1985, 44 = NZ 1985, 97 = HS 14.312 = HS 15.174.

OGH 09.01.1985, 3 Ob 521/84, GesRZ 1986, 97 = HS 16.256 = 16.869.

OGH 29.09.1987, 2 Ob 568/87, wbl 1988, 29 = HS 18.285 = HS 19.193.

OGH 24.06.1998, 3 Ob 34/97i, RdW 1998, 671 = ecolex 1998, 774 = wbl 1999, 37 = HS 29.062 = HS 29.096 = HS 29.107 = HS 29.534.

OGH 26.02.2002, 1 Ob 144/01k, RdW 2002, 342 = GES 2002, 26 = GesRZ 2002, 86 = ZIK 2002, 92 = wbl 2002, 325 = ecolex 2003, 34 = SZ 2002/26.

OGH 08.08.2002, 8 ObA 78/02g.

OGH 22.05.2003, 8 Ob 262/02s, GES 2003, 441 = RdW 2008, 448 = ZIK 2003, 212 = ecolex 2003, 763.

OGH 08.05.2008, 6 Ob 28/08y, GesRZ 2008, 304 = wbl 2008, 359 = RdW 2008, 649 – HS 39.014 = HS 39.015 = HS 39.036 = HS 39.040 = HS 39.041 = HS 39.042 = HS 39.043 = HS 39.044 = HS 39.060 = HS 39.064 = HS 39.071.

OGH 11.05.2010, 9 Ob 85/09d, ÖBA 2010, 533 = ecolex 2010, 749 = ZFR 2010, 179, ÖJZ 2010, 807, ÖBA 2010, 718 = JBl 2010, 713 = RdW 2010, 573 = ZIK 2011, 35.

OGH 21.12.2010, 8 Ob 6/10f, GesRZ 2011, 230 = ÖBA 2011, 341 = RdW 2011, 139 = ZFR 2011, 175 = ecolex 2011, 505 = wbl 2011, 385 = SZ 2010/160.

OGH 13.09.2012, 6 Ob 110/12p, GES 2012, 498 = wbl 2013, 43 = GesRZ 2013, 38 = RdW 2013, 76 = ZIK 2013, 77 = ecolex 2013, 956.

OGH 01.08.2013, 1 Ob 35/12x, GesRZ 2013, 52 = Zak 2012, 339 = wbl 2012, 644 = ecolex 2013, 24 = GES 2012, 391 = RdW 2012, 655 = ÖBA 2012, 837.

OGH 29.10.2013, 9 Ob 44/13f, ÖBA 2014, 208 = RdW 2014, 66.

Ausländische Judikatur

BGE 99 II 176.

BGH 26.11.1990, II ZR 223/89, WM 1991, 281.

BGH 21.03.1994, II ZR 260/92, ZIP 1994, 872.

BGH 29.03.1994, XI ZR 31/93, WM 1994, 834.

BGH 20.09.2011, II ZR 234/09, WM 2011, 2092.

OLG Düsseldorf 13.06.1990, 6 U 234/89, WM 1991, 94.

OLG Düsseldorf 09.12.2009, 6 W 45/09, NJW 2010, 1504.

OLG Frankfurt am Main 27.06.1995, 16 U 156/94, WM 1996, 665.

OLG Karlsruhe 23.10.1988, 6 U 224/87, WM 1989, 1380.

The manufacturer's authorised representative in the EU is Springer Nature Customer Service Centre GmbH, Europaplatz 3, 69115 Heidelberg, Germany. If you have any concerns regarding our products, please contact ProductSafety@springernature.com

Printed and bound by CPI Group (UK) Ltd, Croydon, CR0 4YY

23/04/2026

02095645-0005